Administração
pública
gerencial

Central de Qualidade — FGV Management
ouvidoria@fgv.br

SÉRIE DIREITO DO ESTADO E DA REGULAÇÃO

Administração pública gerencial

Joaquim Falcão
Sérgio Guerra
Rafael Almeida

Organizadores

Copyright © 2013 Joaquim Falcão; Sérgio Guerra; Rafael Almeida

Direitos desta edição reservados à
EDITORA FGV
Rua Jornalista Orlando Dantas, 37
22231-010 | Rio de Janeiro, RJ | Brasil
Tels.: 0800-021-7777 | 21-3799-4427
Fax: 21-3799-4430
editora@fgv.br | pedidoseditora@fgv.br
www.fgv.br/editora

Impresso no Brasil | Printed in Brazil

Todos os direitos reservados. A reprodução não autorizada desta publicação, no todo ou em parte, constitui violação do copyright (Lei nº 9.610/98).

Os conceitos emitidos neste livro são de inteira responsabilidade dos autores.

1ª edição — 2013

Preparação de originais: Sandra Frank
Editoração eletrônica: FA Studio
Revisão: Fernanda Villa Nova de Mello | Tathyana Viana
Capa: aspecto:design

Ficha catalográfica elaborada pela
Biblioteca Mario Henrique Simonsen/FGV

Administração pública gerencial / Organizadores: Joaquim Falcão, Sérgio Guerra, Rafael Almeida. — Rio de Janeiro: Editora FGV, 2013.
328 p. — (Direito do Estado e da Regulação (FGV Management))

Publicações FGV Management.
Inclui bibliografia.
ISBN: 978-85-225-1298-0

1. Direito administrativo. 2. Administração pública. 3. Reforma administrativa. I. Falcão, Joaquim, 1943- . II. Guerra, Sérgio, 1964- . III. Almeida, Rafael. IV. Fundação Getulio Vargas. V. FGV Management. VI. Série.

CDD — 341.3

Nossa missão é construir uma Escola de Direito referência no Brasil em carreiras públicas e direito empresarial, formando lideranças para pensar o Brasil a longo prazo e ser referência no ensino e na pesquisa jurídica para auxiliar o desenvolvimento e avanço do país.

FGV Direito Rio

Sumário

Apresentação 11

Introdução 13

1 | A administração pós-moderna: a evolução e as mutações do direito administrativo 15
Roteiro de estudo 15
Caracterização 15
Dois pressupostos necessários 20
A noção de interesse público 24
A revisão do princípio da legalidade 31
A atuação administrativa e a busca pela sua legitimação 38
Os princípios da moralidade, da motivação e da transparência 49
Alguns reflexos do novo modelo 53
Questões de automonitoramento 54

2 | A passagem do Estado liberal ao Estado regulador e o Plano Diretor da Reforma do Estado 55

Roteiro de estudo 55
   O repensar do Estado 55
   O caso brasileiro 76
Questões de automonitoramento 85

3 | Administração direta, autárquica e fundacional: introdução às agências reguladoras e executivas 87

Roteiro de estudo 87
   Breve apresentação do tema 87
   Administração direta e descentralização administrativa 88
   Autarquias 92
   Agências reguladoras 98
   Agências executivas 111
   Fundações públicas 114
Questões de automonitoramento 119

4 | Os princípios, os atos administrativos e as atividades administrativas 121

Roteiro de estudo 121
   Princípios informativos do direito administrativo 121
   Atos administrativos 154
   Atividades administrativas 159
Questões de automonitoramento 161

5 | A administração consensual: o contrato de gestão com organizações sociais, os termos de parceria com organizações da sociedade civil de interesse público 163

Roteiro de estudo 163
Contextualização 163
Contratos administrativos e acordos
administrativos 168
Contrato de gestão 171
Termo de parceria com as organizações sociais
de interesse público 186
Das entidades parceiras e a Lei nº 8.666/1993 198
Questões de automonitoramento 204

6 | A participação do setor privado na ordem social: a gestão privada de saúde e educação 205

Roteiro de estudo 205
Saúde e educação: tratamento constitucional 205
Serviço público e atividade de interesse público:
breve reflexão em face dos direitos à saúde
e à educação 212
Gestão privada da saúde 217
Gestão privada da educação 237
Questões de automonitoramento 241

7 | Empresas públicas, sociedades de economia mista, privatização 243

Roteiro de estudo 243
Surgimento do Estado intervencionista 243
A descentralização e a opção pela criação de
empresas estatais 246

Conceito de empresas estatais, empresas públicas
e sociedades de economia mista 248
Regime jurídico das empresas estatais 256
Desestatização 276
Questões de automonitoramento 283

8 | Sugestões de casos geradores 285

*A administração pós-moderna: a evolução e as mutações
do direito administrativo (cap. 1)* 285

*A passagem do Estado liberal ao Estado regulador
e o Plano Diretor da Reforma do Estado (cap. 2)* 286

*Administração direta, autárquica e fundacional:
introdução às agências reguladoras e executivas
(cap. 3)* 287

*Os princípios, os atos administrativos e as atividades
administrativas (cap. 4)* 288

*A administração consensual: o contrato de gestão com
organizações sociais, os termos de parceria com
organizações da sociedade civil de interesse público
(cap. 5)* 289

*A participação do setor privado na ordem social:
a gestão privada de saúde e educação (cap. 6)* 291

*Empresas públicas, sociedades de economia mista,
privatização (cap. 7)* 292

Conclusão 295

Referências 297

Organizadores 319

Colaboradores 321

Apresentação

Aliada à credibilidade de mais de meio século de excelência no ensino de economia, administração e outras disciplinas ligadas à atuação pública e privada, a Escola de Direito do Rio de Janeiro da Fundação Getulio Vargas – FGV Direito Rio – iniciou suas atividades em julho de 2002. A criação desta nova escola é uma estratégia da FGV para oferecer ao país um novo modelo de ensino jurídico capaz de formar lideranças de destaque na advocacia e nas carreiras públicas.

A FGV Direito Rio desenvolveu um cuidadoso plano pedagógico para seu Programa de Educação Continuada, contemplando cursos de pós-graduação e de extensão. O programa surge como valorosa resposta à crise do ensino jurídico observada no Brasil nas últimas décadas, que se expressa pela incompatibilidade entre as práticas tradicionais de ensino do direito e as demandas de uma sociedade desenvolvida.

Em seu plano, a FGV Direito Rio assume o papel de formar profissionais preparados para atender às reais necessidades e expectativas da sociedade brasileira em tempos de globalização. Seus cursos reforçam o comprometimento da escola em inserir no mercado profissionais de direito capazes de lidar com áreas interdisciplinares, dotados de uma visão ampla das questões jurídicas e com sólidas bases acadêmica e prática.

A Série Fundamentos de Direito Constitucional é um importante instrumento para difusão do pensamento e do tratamento dado às modernas teses e questões discutidas nas salas de aula dos cursos de MBA e de pós-graduação, focados no direito público, desenvolvidos pela FGV Direito Rio.

Desta forma, esperamos oferecer a estudantes e advogados um material de estudo que possa efetivamente contribuir com seu cotidiano profissional.

Introdução

Este volume, dedicado ao estudo da administração pública gerencial, tem origem em profunda pesquisa e sistemática consolidação dos materiais de aula acerca de temas que despertam crescente interesse no meio jurídico e reclamam mais atenção dos estudiosos do direito. A intenção da Escola de Direito do Rio de Janeiro da Fundação Getulio Vargas é tratar de questões atuais sobre o tema, aliando a dogmática e a pragmática jurídicas.

A obra trata, de forma didática e clara, dos conceitos e princípios da administração pública gerencial, analisando as questões em face das condições econômicas do desenvolvimento do país e das discussões recentes sobre o processo de reforma do Estado.

O material aqui apresentado abrangerá assuntos relevantes, como:

❏ a administração pós-moderna: a evolução e as mutações do direito administrativo;
❏ a passagem do Estado Liberal ao Estado Regulador e o plano diretor da reforma do Estado;

- administração direta, autárquica e fundacional: introdução às agências reguladoras e executivas;
- os princípios, os atos administrativos e as atividades administrativas;
- a administração consensual: o contrato de gestão com organizações sociais, os termos de parceria com organizações da sociedade civil de interesse público;
- a participação do setor privado na ordem social: a gestão privada de saúde e educação; e
- empresas públicas, sociedades de economia mista, privatização.

Em conformidade com a metodologia da FGV Direito Rio, cada capítulo conta com o estudo de *leading cases* para auxiliar na compreensão dos temas. Com ênfase em casos práticos, pretendemos oferecer uma análise dinâmica e crítica das normas vigentes e sua interpretação.

Esperamos, assim, fornecer o instrumental técnico-jurídico para os profissionais com atuação ou interesse na área, visando fomentar a proposição de soluções criativas para problemas normalmente enfrentados.

1

A administração pós-moderna: a evolução e as mutações do direito administrativo

Roteiro de estudo

Caracterização

Na virada do século XX para o XXI ou, mais especificamente, a partir das décadas de 1980/90, assiste-se a profunda modificação de paradigmas políticos, econômicos e jurídicos. Passa-se do modelo do Estado do Bem-estar Social (ou Estado Intervencionista, ou Estado da Sociedade Industrial) para o do Estado Democrático de Direito (ou Estado Subsidiário, ou Estado da Sociedade de Risco). Com a queda do Muro de Berlim (1989) e com a desconstituição da União Soviética (1991) encerra-se o que Hobsbawm chamou de breve século XX (A Era dos Extremos. O Breve Século XX: 1914-1991. Rio de Janeiro: Cia. das Letras, 1996). Superam-se a bipolarização entre Estados Unidos e Rússia e a fase do equilíbrio pela ameaça do terror atômico. Novos fenômenos sociais e econômicos eclodem, sendo importante considerar a globalização e a era da informática, com as suas ambivalências representadas pelo desenvolvimento tecnológico e pelo aumento da pobreza entre os povos.[1]

O direito, como toda ciência, precisa acompanhar os fatos sociais e políticos da contemporaneidade, sempre procurando a atualização, sob pena de tornar-se obsoleto, ultrapassado. E assim também ocorre no direito administrativo. A globalização e a falência de determinadas ideologias estatais (o Estado socialista e o *welfare State*) levaram os Estados nacionais a se submeterem a determinadas mutações em suas organizações e na forma de prestação dos serviços essenciais à coletividade.

Conforme afirma Massimo Severo Giannini,[2] a diversidade de demandas advindas de uma sociedade cada vez mais pluralista ensejou a superação do Estado monoclasse, eis que, por intermédio dos partidos políticos, cada classe deve ter seus representantes no Legislativo e nos conselhos do ente máximo do grupo, ao menos naqueles de natureza territorial. Há diversidade e multiplicidade de interesses dos indivíduos, grupos, classes e organizações, e atenção do aparato estatal, por meio da configuração de políticas públicas a eles destinadas, da proteção ou regulação jurídica de direitos e situações ou, ainda, de atividades administrativas.

No entanto, como ressalta o autor, o Estado pluriclasse encontra-se à procura de um modelo, estando em transição institucional:

> A heterogeneidade dos Estados pluriclasses e a comprovação de que se encontram em um devenir explicam por que o Estado

---

[1] TORRES, Ricardo Lobo. Prefácio. In: MOREIRA NETO, Diogo de Figueiredo. *Mutações de direito público*. Rio de Janeiro: Renovar, 2006.
[2] GIANNINI, Massimo Severo. *Il pubblico potere*: stati e amministrazioni pubbliche. Bolonha: Il Mulino, 1986. p. 56.

pluriclasse não constitui um modelo e por que a locução teve e tem significado unicamente descritivo. O Estado monoclasse constitui um tipo, podendo dividir-se em vários regimes ou formas. Assim, pode-se adjetivá-lo como censitário, liberal, burguês, noções que substancialmente coincidem com os seus campos de referência (direito, economia, ciência política). Entretanto, isso não vale para o Estado pluriclasse, noção puramente estrutural (Estado de todas as classes), detentora de um único referencial (aspecto institucional), desprovido de referenciais da economia ou da ciência política. Explica-se assim a constante busca por essas referências, fato que caracteriza o pensamento contemporâneo. Todavia, a maior parte desses termos de referência ou são meramente descritivos (por exemplo, Estado da economia mista) ou são genéricos (por exemplo, Estado do socialismo, neocapitalista).[3]

Nesse início de século, observamos a continuação de um fenômeno globalizante, o que exige uma produção técnica e profissional dos bens e serviços demandados pelas sociedades. Por meio da transformação do Estado, pressionado pelas mudanças na sociedade, a administração pública percebeu a necessidade de se transcender para bem servir a coletividade, sua razão de ser. Com base nessa necessidade de transcendência, fez-se necessário o conhecimento dessas novas tendências para, quando da adaptação do poder público ao novo, encontrar respostas eficientes.

Consta, nesse contexto, que os pressupostos ideológicos do direito administrativo, se não foram totalmente ultrapassados, encontram-se em verdadeiro descompasso com a administração pública contemporânea, urgindo por uma releitura.

---

[3] Ibid., p. 140.

A crise dos paradigmas do direito administrativo, como exposto por Gustavo Binenbojm,[4] não constitui algo novo, mas é, em verdade, vício de origem. As transformações por que passou o Estado moderno apenas sublinharam e agravaram o descompasso entre as velhas categorias e as reais necessidades e expectativas das sociedades contemporâneas em relação à administração pública.

Daí por que, segundo Patrícia Baptista,[5] o direito administrativo contemporâneo tem a missão de harmonizar dois objetivos antagônicos – de um lado, aperfeiçoar os mecanismos de controle da administração e, de outro, assegurar sua eficiência.

Curiosamente, os princípios liberais não foram absorvidos pela administração pública. Como observa Diogo de Figueiredo Moreira Neto,[6] sob o pretexto do resguardo dos princípios da autoridade, da separação de poderes e da supremacia do interesse público, afastaram-se quaisquer interferências e controles dos demais poderes do Estado e dos administrados, de forma a dar ênfase às características imperativas que perpetuavam o modelo do Estado absolutista, tais como o poder de império, os privilégios administrativos, a atuação discricionária, a executoriedade e a autotutela.

Nesse sentido, elucidativa é a passagem de Gustavo Binenbojm que demonstra que o direito administrativo não surgiu da submissão do Estado à vontade heterônoma do legislador, mas de decisão autovinculativa do próprio Executivo:

---

[4] BINENBOJM, Gustavo. Da supremacia do interesse público ao dever de proporcionalidade: um novo paradigma para o direito administrativo. In: SARMENTO, Daniel (Org.). *Interesses públicos versus interesses privados*: desconstruindo o princípio da supremacia do interesse público. Rio de Janeiro: Lumen Juris, 2005a.
[5] BAPTISTA, Patrícia. *Transformações do direito administrativo*. Rio de Janeiro: Renovar, 2003. p. 23.
[6] MOREIRA NETO, Diogo de Figueiredo. *Curso de direito administrativo*. 14. ed. Rio de Janeiro: Forense, 2005. p. 127.

Narra a história oficial que o direito administrativo nasceu da subordinação do poder à lei e da correlativa definição de uma pauta de direitos individuais que passavam a vincular a administração pública. Essa noção garantística do direito administrativo, que se teria formado a partir do momento em que o poder *aceita* submeter-se ao direito e, por via reflexa, aos direitos dos cidadãos, alimentou o mito de uma origem *milagrosa* e de categorias jurídicas exorbitantes do direito comum cuja justificativa teórica seria a de melhor atender à consecução do interesse público.

A cada ano, repetimo-nos a nós mesmos e a nossos alunos a mesma fábula mistificadora: a de que a certidão de nascimento do direito administrativo foi a *Loi 28 Pluviose* do ano VIII, editada em 1800, nos albores da Revolução Francesa, organizando e *limitando externamente* a administração pública. Tal lei simbolizaria a superação da estrutura de poder do Antigo Regime fundada não no direito, mas na vontade do soberano (*quod regi placuit lex est*). A mesma lei que organiza a estrutura da burocracia estatal e define suas funções operaria como instrumento de *contenção* do seu poder, agora subordinado à vontade heterônoma do Poder Legislativo. [...]

Tal história seria esclarecedora, e até mesmo louvável, não fosse falsa. Descendo-se da superfície dos exemplos genéricos às profundezas dos detalhes, verifica-se que a história da origem e do desenvolvimento do direito administrativo é bem outra. E o diabo, como se sabe, está nos detalhes. A associação da gênese do direito administrativo ao advento do Estado de direito e do princípio da separação de poderes na França pós-revolucionária caracteriza erro histórico e reprodução acrítica de um discurso de embotamento da realidade repetido por sucessivas gerações, constituindo aquilo que Paulo Otero denominou *ilusão garantística da gênese*. O surgimento do direito administrativo, e de suas categorias jurídicas peculiares (supremacia do interesse público, prerrogativas da Administração, discricionariedade, insindicabilidade do mérito administrativo, dentre outras), representou antes uma forma de reprodução e sobrevivência das práticas administrativas do Antigo Regime que a sua superação. A jurisdicização embrionária da administração pública não logrou subordiná-la ao direito; ao revés, serviu-lhe apenas de revestimento e aparato retórico para sua perpetuação fora da esfera de controle dos cidadãos.[7]

Assim, o ponto crucial para a construção de uma administração pós-moderna está na revisão de paradigmas clássicos do direito administrativo de forte presença na estrutura brasileira, a saber, a noção de interesse público, a legalidade administrativa como vinculação positiva à lei e a formação da vontade administrativa.

Dois pressupostos necessários

O resgate liberal da administração pública, tardiamente ocorrido nesta passagem de milênio, apresenta dois fatores de destaque. Na classificação de Diogo de Figueiredo Moreira Neto,[8] um fator é "sociopolítico: o surgimento da sociedade como indispensável protagonista de um novo e expandido diálogo democrático", e outro é "juspolítico: a afirmação do constitucionalismo como indispensável instrumento de um novo e expandido diálogo liberal".

---

[7] BINENBOJM, Gustavo. "Da supremacia do interesse público ao dever de proporcionalidade", 2005, op. cit., p. 117-119, grifos no original.
[8] MOREIRA NETO, Diogo de Figueiredo. *Mutações de direito administrativo*. 2. ed. Rio de Janeiro: Renovar, 2001b. p. 12.

Sociedade participativa[9]

O desgaste evidente da tradicional representação política juntamente com uma revolução dos meios de comunicação que elevou os índices gerais de informação e educação tornaram a coletividade consciente do distanciamento entre o Estado e a sociedade, a quem ele representa. Em razão disso, a diversidade e o crescimento dos métodos participativos da coletividade surgiram naturalmente.

A sociedade contemporânea viu-se obrigada a expandir seu nível de participação política para conseguir inserir-se num novo mundo no qual foram derrubadas as barreiras do tempo e da distância por intermédio de fenômenos oriundos da informática (internet), através dos quais se internacionalizaram a economia e a cultura, e estabeleceu a diversidade de interesses de uma sociedade pluralista.

Em consequência, ampliou-se a exigência de abertura de novos canais, formais e informais, de atuação política, notadamente os que se apresentem como mais aptos para a defesa e a promoção desses múltiplos interesses, num processo que ganha momento num convívio social e daí ascende ao convívio político. Nasce, assim, um poderosíssimo fator de mudança, diretamente influente sobre a legitimidade das decisões políticas, denotando uma retomada da ação e da responsabilidade da sociedade na condução desses processos.[10]

---

[9] Para melhor compreensão do fenômeno da participação administrativa, é necessária a análise de duas premissas: o sentido contemporâneo de cidadania e a noção de democracia participativa. Ver: COMPARATO, Fábio Konder. A nova cidadania. In: _____. *Direito público*: estudos e pareceres. São Paulo: Saraiva, 1996. p. 3-24; CANOTILHO, José Joaquim Gomes. *Direito constitucional e teoria da Constituição*. 4. ed. Coimbra: Almedina, 1992.
[10] MOREIRA NETO, Diogo de Figueiredo. *Mutações de direito administrativo*, 2001b, op. cit., p. 13.

A configuração do estado democrático de direito, que emergiu após o segundo pós-guerra, levou o indivíduo para o centro das atenções da vida estatal e, em consequência, da vida administrativa.

Da condição de súdito, de mero sujeito subordinado à administração, o administrado foi elevado ao *status* de cidadão. Essa nova posição do indivíduo, amparada no desenvolvimento do discurso dos direitos fundamentais, demandou a alteração do papel tradicional da administração pública.[11]

Por isso, concorda-se com Marçal Justen Filho, que prega a personalização do direito administrativo, ao revelar que o núcleo da disciplina jurídica "não é o poder (e suas conveniências), mas a realização do interesse público – entendido como afirmação da supremacia da dignidade da pessoa humana".[12]

Convém ressaltar a posição de Ingo Wolfgang Sarlet, para quem

> os direitos fundamentais vinculam os órgãos administrativos em todas as suas formas de manifestação e atividades, na medida em que atuam no interesse público, no sentido de um guardião e gestor da coletividade.[13]

Assim, cristaliza-se a noção de que a administração pública encontra-se a serviço do cidadão, da coletividade. Ora, como um

---

[11] BAPTISTA, Patrícia Ferreira. *Transformações do direito administrativo*, 2003, op. cit., p. 129.
[12] JUSTEN FILHO, Marçal. Conceito de interesse público e a "personalização" do direito administrativo. *Revista Trimestral de Direito Público*, São Paulo, n. 26, p. 115-136, 1999.
[13] SARLET, Ingo Wolfgang. *A eficácia dos direitos fundamentais*. 3. ed. Porto Alegre: Livraria do Advogado, 2003. p. 347.

instrumento da sociedade, passou a ser vista como um serviço prestado ao público que, sob vários aspectos, necessita de toda cooperação e colaboração possíveis, como forma de obter uma atuação eficiente e legítima.[14]

Constitucionalismo[15]

O segundo fator constitui a afirmação do constitucionalismo, não apenas como foi classicamente concebido, ou seja, restrito a declarar liberdades, direitos e garantias, organizar poderes estatais e estabelecer metas programáticas, enfim, instituidor de um estado de direito, mas sim um constitucionalismo expandido, desenvolvido para instilar valores e processos legitimatórios e prestigiar a cidadania, configurando uma "Constituição administrativa duplamente valiosa, liberal e democrática, em que se assegure o primado do indivíduo e o da sociedade sobre o Estado".[16]

Nos últimos 100 anos, o constitucionalismo reuniu forças para se firmar como a ideologia central das ordens jurídicas, acarretando diversos reflexos na disciplina jurídica da administração pública, conforme bem elucida Patrícia Baptista na seguinte passagem:

> Com efeito, acostumado a um certo isolamento doutrinário, o direito administrativo não ficou imune ao avanço do constitu-

---
[14] MOREIRA NETO, Diogo de Figueiredo. *Mutações do direito administrativo*, 2001b, op. cit., p. 16.
[15] A constitucionalização do direito administrativo tem duas vertentes. A primeira consiste na inserção, no texto constitucional, de regras de direito administrativo, sendo característica marcante da CRFB e de suas emendas. A segunda é de natureza hermenêutica e origina-se da interpretação do direito à luz da Constituição. As transformações do direito administrativo decorrem do segundo fenômeno e, por isso, apenas este será abordado.
[16] MOREIRA NETO, Diogo de Figueiredo. *Mutações do direito administrativo*, 2001b, op. cit., p. 16.

cionalismo. Sobretudo depois da Segunda Guerra Mundial, o desenvolvimento da jurisprudência constitucional na Europa continental forçou a adaptação da jurisprudência administrativa, que, então, detinha o monopólio na aplicação e interpretação do direito público. Se até aquele momento o direito constitucional não dispunha de um mecanismo que lhe permitisse se impor como disciplina jurídica, a jurisdição constitucional veio preencher essa lacuna. Assim, entrou em declínio o modelo que havia feito do juiz administrativo a principal fonte de produção do direito público. A supremacia do direito administrativo deu lugar à supremacia do direito constitucional.[17]

Dessa forma, as normas de direito administrativo passam por uma filtragem constitucional, ou seja, o intérprete deve buscar harmonizá-las com os preceitos da Carta Magna. Significa dizer que não se podem desconsiderar, na interpretação da legislação administrativa, os princípios, implícitos e explícitos, previstos na Constituição.

A noção de interesse público

Como norteadora do direito administrativo tem sido tradicionalmente aceita a noção de que o interesse público é o fundamento e o fim do exercício de funções e da tomada de decisões pelo Estado.[18]

Uma primeira dificuldade na abordagem do tema é terminológica. Ora se menciona interesse público como a soma

---

[17] BAPTISTA, Patrícia. *Transformações do direito administrativo*, 2003, op. cit., p. 47.
[18] MEDAUAR, Odete. *Direito administrativo em evolução*. 2. ed. rev., atual. e ampl. São Paulo: Revista dos Tribunais, 2003. p. 188.

dos interesses particulares, ora se diz ser algo além dessa soma, significando um interesse específico da sociedade, distinto, por sua própria essência, dos interesses particulares.[19] Na verdade, o conceito de interesse público é daqueles ditos juridicamente indeterminados, que só ganham maior concretude a partir da disposição constitucional dos direitos fundamentais, em um sistema que contempla e pressupõe restrições ao seu exercício em prol de outros direitos, bem como de objetivos e aspirações da coletividade de caráter metaindividual, igualmente estampados na Constituição.[20] Ao Estado legislador e ao Estado administrador incumbe atuar como intérpretes e concretizadores de tal sistema, realizando as ponderações entre interesses conflitantes, guiados pelo postulado da proporcionalidade.[21]

---

[19] ARAGÃO, Alexandre Santos de. A "supremacia do interesse público" no advento do estado de direito e na hermenêutica do direito público contemporâneo. In: SARMENTO, Daniel (Org.). *Interesses públicos versus interesses privados*: desconstruindo o princípio da supremacia do interesse público. Rio de Janeiro: Lumen Juris, 2005b. p. 3: "As concepções anglo-saxônicas e europeias do interesse público sempre foram bastante distintas. Enquanto nos EUA e no Reino Unido o interesse público era considerado como intrinsecamente ligado aos interesses individuais, sendo próximo ao que resultaria de uma soma dos interesses individuais (satisfação dos indivíduos = satisfação do interesse público); nos Estados de raízes germânico-latinas o interesse público era considerado superior à mera soma dos interesses individuais, sendo superior e mais perene que eles, razão pela qual era protegido e perseguido pelo Estado, constituindo o fundamento de um regime jurídico próprio, distinto do que rege as relações entre os particulares".
[20] EMENTA: SERVIÇO PÚBLICO CONCEDIDO. TRANSPORTE INTERESTADUAL DE PASSAGEIROS. AÇÃO DECLARATÓRIA. PEDIDO DE RECONHECIMENTO DE DIREITO DE EMPRESA TRANSPORTADORA DE OPERAR PROLONGAMENTO DE TRECHO CONCEDIDO. AUSÊNCIA DE LICITAÇÃO. Afastada a alegação do recorrido de ausência de prequestionamento dos preceitos constitucionais invocados no recurso. Os princípios constitucionais que regem a administração pública exigem que a concessão de serviços públicos seja precedida de licitação pública. Contraria os arts. 37 e 175 da Constituição federal decisão judicial que, *fundada em conceito genérico de interesse público*, sequer fundamentada em fatos e a pretexto de suprir omissão do órgão administrativo competente, reconhece ao particular o direito de exploração de serviço público sem a observância do procedimento de licitação. Precedentes. Recurso extraordinário conhecido e a que se dá provimento [grifos nossos] (BRASIL. Supremo Tribunal Federal. RE nº 264.621. Segunda Turma. Relator: ministro Joaquim Barbosa. Julgado em 1 fev. 2005).
[21] BINENBOJM, Gustavo. "Da supremacia do interesse público ao dever de proporcionalidade", 2005, op. cit., p. 166-167.

Diogo de Figueiredo Moreira Neto aborda o assunto, buscando distinguir o interesse público primário e o interesse patrimonial disponível, assim como aproveitando a separação entre atos de império e atos de gestão:

Em outros termos e mais sinteticamente: está-se diante de duas categorias de interesses públicos, os *primários* e os *secundários* (ou *derivados*), sendo que os primeiros são *indisponíveis* e o regime público é indispensável, ao passo que os segundos têm natureza instrumental, existindo para que os primeiros sejam satisfeitos, e resolvem-se em relações *patrimoniais* e, por isso, *tornaram-se disponíveis* na forma da lei, não importando sob que regime.

Essa distinção entre as atividades administrativas, com o propósito de definir quais as que se situam ou podem se situar no campo do direito privado, ou seja, naquele em que prevalecem a autonomia da vontade e a disponibilidade, tem sido buscada de longa data no Direito Administrativo. Na esteira da então chamada doutrina do fisco construiu-se a separação entre *atos de império* (ou de autoridade) e *atos de gestão*, que prevaleceu durante todo o século XIX e, por sua importância, encontrou em H. Berthélemy o sistematizador que com ela influenciou durante muito tempo a jurisprudência administrativa francesa.[22]

Ocorre que, uma vez determinado o interesse público e a competência orgânico-funcional atribuída à administração pública para satisfazê-lo, origina-se um dever de atuar na sua persecução. Vale dizer que, uma vez por lei cometida uma competência à entidade, órgão ou agente, não mais lhe cabe senão

---

[22] MOREIRA NETO, Diogo de Figueiredo. Arbitragem nos contratos administrativos. *Revista de Direito Administrativo (RDA)*, Rio de Janeiro, v. 209, p. 84-85, 1997, grifos no original.

exercê-la. O interesse público torna-se indisponível para a administração pública, não importando de que natureza seja.

Aqui cabe outra distinção feita pelo professor Diogo de Figueiredo Moreira Neto:

> Distinguem-se, todavia, dois graus de interesse público: o substantivo, que diz respeito aos fins visados pela administração, e o adjetivo, que diz respeito aos meios disponíveis para atingi-lo, sendo que apenas o substantivo é indisponível.[23]

Outra questão relevante é que, após uma concepção monopolística do interesse público, emerge o entendimento de que a administração deve compartilhar com a sociedade tal atribuição, dando azo, no contexto do Estado pluriclasse, a uma multiplicidade de interesses, o que denota a fragilidade do princípio basilar da supremacia do interesse público.

No direito brasileiro, a doutrina tradicional[24] tem apontado, ao lado dos princípios constitucionalmente assegurados, a existência do princípio da supremacia do interesse público sobre o particular como forma de legitimar o desequilíbrio nas relações entre administração e administrado.

Recentemente, contudo, este dogma administrativo vem sendo desconstruído. Humberto Bergmann Ávila,[25] em um amplo e profundo estudo dedicado ao tema, sustenta a inexistência do princípio jurídico da supremacia do interesse público sobre

---

[23] MOREIRA NETO, Diogo de Figueiredo. *Curso de direito administrativo*, 2005, op. cit., p. 90.
[24] Confira-se, a propósito, DI PIETRO, Maria Sylvia Zanella. *Direito administrativo*. 12. ed. São Paulo: Atlas, 2000; MELLO, Celso Antônio Bandeira de. *Curso de direito administrativo*. 6. ed. São Paulo: Malheiros, 1995.
[25] ÁVILA, Humberto Bergmann. Repensando o princípio da supremacia do interesse público sobre o particular. In: SARMENTO, Daniel (Org.). *Interesses públicos versus interesses privados*: desconstruindo o princípio da supremacia do interesse público. Rio de Janeiro: Lumen Juris, 2005.

o particular, eis que afirma que "em vez de uma relação de contradição entre os interesses privado e público há, em verdade, uma conexão estrutural".²⁶ Ora, segundo o autor gaúcho, na Constituição de 1988, o interesse privado será um dos elementos que integram o interesse público, não sendo ambos conceitualmente inseparáveis, nem se podendo, de início, estabelecer uma relação de conflito entre eles.²⁷

Acresce ainda o professor que, ao trazer em si uma predefinição do resultado que deve advir de sua aplicação, a classificação de princípio torna-se uma contradição em termos. Ora, por definição, um princípio é norma de textura aberta que permite uma concretização gradual, permitindo o uso do processo de ponderação em sua aplicação. Nesta mesma senda, Gustavo Binenbojm defende:

> A norma de supremacia pressupõe uma necessária dissociação entre o interesse público e os interesses privados. Ocorre que, muitas vezes, a promoção do interesse público – entendido como conjunto de metas gerais da coletividade juridicamente consagradas – consiste, justamente, na preservação de um direito individual, na maior medida possível. A imbricação conceitual entre interesse público, interesses coletivos e interesses individuais não permite falar em uma regra de prevalência absoluta do público sobre o privado ou do coletivo sobre o individual. [...]
>
> Assim, o melhor *interesse público* só pode ser obtido a partir de um procedimento racional que envolve a disciplina constitucional de interesses individuais e coletivos específicos, bem como um juízo de ponderação que permita a realização de todos eles

---

²⁶ Ibid., p. 112.
²⁷ Loc. cit.

na maior extensão possível. O instrumento deste raciocínio ponderativo é o postulado da proporcionalidade.

A preservação, na maior medida possível, dos direitos individuais constitui porção do próprio interesse público. São metas gerais da sociedade política, juridicamente estabelecidas, tanto viabilizar o funcionamento da administração pública, mediante instituição de prerrogativas materiais e processuais, como preservar e promover, da forma mais extensa quanto possível, os direitos dos particulares. Assim, esse esforço de harmonização não se coaduna com qualquer regra absoluta de prevalência *a priori* dos papéis institucionais do Estado sobre os interesses individuais privados.[28]

No mesmo sentido, Daniel Sarmento leciona, sob uma nova perspectiva, que o princípio da supremacia do interesse público não pode se sobrepor aos direitos fundamentais dos cidadãos:

> Ora, estas mesmas conclusões valem para o princípio da supremacia do interesse público sobre o particular, afirmado pela doutrina brasileira, cuja incidência sobre os direitos fundamentais teria o condão de esvaziá-los por completo. Note-se, neste particular, que é bem diferente afirmar que a Administração deve perseguir interesses públicos, afetos à coletividade, e não aqueles dos governantes – o que pode justificar o reconhecimento de um princípio de tutela do interesse público – e sustentar que estes interesses da coletividade devam prevalecer sobre os direitos fundamentais dos cidadãos.[29]

---

[28] BINENBOJM, Gustavo. "Da supremacia do interesse público ao dever de proporcionalidade", 2005, op. cit., p. 166-168, grifo no original.
[29] SARMENTO, Daniel. Supremacia do interesse público? As colisões entre os direitos fundamentais e interesse da coletividade. In: ARAGÃO, Alexandre Santos de; MARQUES NETO, Floriano de Azevedo. *Direito administrativo e seus novos paradigmas*. Belo Horizonte: Fórum, 2008. p. 125.

Em linha contrária temos o professor Fábio Medina Osório. Afirma o mestre que

> a superioridade do interesse público sobre o privado, considerada internamente na ação administrativa, é uma norma constitucional implícita, que decorre da leitura teleológica e sistemática do conjunto de normas constitucionais que vinculam a administração pública.[30]

Percebe-se, pois, que o autor identifica o princípio da supremacia do interesse público sobre o particular com a finalidade pública.[31]

Apesar da divergência acadêmica, conforme bem preceitua Patrícia Baptista,

> fato é que não mais se mostra possível continuar reproduzindo e propagando acriticamente o dogma da supremacia do interesse público no direito administrativo. A par das dificuldades para seu enquadramento teórico, aqui já destacadas, operou-se uma substancial mudança no quadro político-jurídico que ensejou a sua formulação. Os novos rumos tomados pela filosofia jurídico-política contemporânea, alicerçados na jurisprudência dos

---

[30] OSÓRIO, Fábio Medina. Existe uma supremacia do interesse público sobre o privado no direito administrativo brasileiro? *Revista de Direito Administrativo (RDA)*, Rio de Janeiro, v. 220, p. 89, 2000.

[31] Este parece ser o entendimento do STF expressado no voto do ministro Celso de Mello na Adimc nº 1.003/DF: "A Constituição da República, ao fixar as diretrizes que regem a atividade econômica e que tutelam o direito de propriedade, proclama, como valores fundamentais a serem respeitados, a supremacia do interesse público, os ditames da justiça social, a redução das desigualdades sociais, dando especial ênfase, dentro dessa perspectiva, ao princípio da solidariedade, cuja realização parece haver sido implementada pelo Congresso Nacional ao editar o art. 1º da Lei nº 8.441/1992" (BRASIL. Supremo Tribunal Federal. Adimc nº 1.003/DF. Julgado em 1 ago. 1994. *DJU*, 10 set. 1999. Disponível em: <www.stf.gov.br>. Acesso em: 15 jul. 2010).

princípios e na teoria do discurso, apontam para uma revisão daquele axioma.³²

A revisão do princípio da legalidade

A legalidade é um dos princípios basilares e fundamentais do Estado brasileiro e possui ligação intrínseca com o ideário do estado de direito. Antes da Revolução Francesa, as normas jurídicas valiam apenas entre os particulares e não vinculavam o Estado, tendo em vista a regra absolutista de que o soberano não podia ficar submetido às mesmas normas destinadas aos seus súditos.³³ Posteriormente, com a transição do Estado absolutista para o Estado de direito, primeiramente concebido como Estado liberal, o aparato estatal passou a ficar vinculado às normas jurídicas que ele mesmo produzia, realizando-se uma transição da visão da sociedade *ex parte principis* para outra *ex parte populi*.

Resumidamente, a lei consistia num ato geral, abstrato, impessoal, público e previamente conhecido por todos, que visava garantir tanto a liberdade individual dos particulares quanto a segurança jurídica para o ordenamento e a coletividade.

Nesse sentido, entre as funções da legalidade, destacam-se, primordialmente, as de garantia da segurança jurídica, da democracia e da igualdade. Com leis gerais, abstratas, previamente estabelecidas por representantes do povo e conhecidas por todos os cidadãos, criam-se condições mínimas de estabilidade nas relações sociais e políticas, de maneira que sejam preservadas e efetivadas as garantias dos cidadãos perante o Estado e os particulares. Assim, pode-se afirmar que, desde o advento do

---

³² BAPTISTA, Patrícia. *Transformações do direito administrativo*, 2003, op. cit., p. 191.
³³ Cf. HOBBES, Thomas. *Leviatã*: ou matéria, forma e poder de um Estado eclesiástico e civil. São Paulo: Martin Claret, 2004. p. 131 e segs.

estado de direito, vige a ideia de que a legalidade consiste numa forma de legitimação do regramento das relações sociais por meio do direito, uma vez que as leis representam instrumentos de manifestação da vontade do poder soberano e destinam-se à disciplina tanto das instituições quanto dos cidadãos.[34]

No seu processo de instrumentalização, a legalidade vincula a atuação dos cidadãos e do Estado por meio de sentidos opostos. Em relação aos particulares, a legalidade apresenta uma vinculação negativa ao fixar limites para as condutas de cada um, ou seja, para os cidadãos, o que a lei não previr é permitido (assim, *e.g.*, quando se proíbe uma omissão, deve-se atuar comissivamente, e quando se proíbe uma ação, deve-se agir omissivamente); já em relação ao Estado, existe uma vinculação positiva, de maneira que a atuação estatal só pode ocorrer na medida daquilo que a lei permitir expressamente. Nesse sentido, evidencia-se a premissa antropológica da modernidade, que concebe o homem como ser fundamentalmente livre, devendo as restrições à sua liberdade ser excepcionais e necessariamente justificadas pelo ordenamento jurídico. Por seu turno, o Estado é considerado como mero instrumento (meio) para a consecução da liberdade individual. Logo, o aparato estatal somente pode ser mobilizado quando normas jurídicas (prévias, gerais, abstratas e impessoais) o autorizarem ou ordenarem.

A atividade administrativa, portanto, deveria estar integralmente vinculada à lei. Administrar seria executar a lei. Essa concepção foi incorporada no direito brasileiro, sendo ampla-

---

[34] Interessante é a observação de Alexandre Santos de Aragão. O autor destaca que, embora ao longo do tempo a lei já tenha sido a expressão da vontade de Deus, depois do príncipe, e agora da soberania popular, estes fundamentos são qualificações morais, tendo sempre constituído uma tentativa de instituir uma disciplina da atividade social (ARAGÃO, Alexandre Santos de. *Agências reguladoras e a evolução do direito administrativo econômico*. Rio de Janeiro: Forense, 2004a. p. 400).

mente defendida pela doutrina tradicional, como na lição de Hely Lopes Meirelles, tantas vezes reproduzida:[35]

> Na administração pública, não há liberdade nem vontade pessoal. Enquanto na administração particular é lícito fazer tudo que a lei não proíbe, na administração pública só é permitido fazer o que a lei autoriza. A lei para o particular significa "pode fazer assim", para o administrador significa "deve fazer assim".

Como bem observa Odete Medauar,[36] se analisada sob o aspecto do funcionamento da administração, sabe-se que a submissão total da administração à lei é impossível e provavelmente nunca ocorreu. Não são raras as vezes em que o vínculo de legalidade restringe-se à atribuição de competência, como atribuição de poder, sem indicar o modo de exercício e as finalidades pretendidas. Outras vezes o legislador faz uso de expressões de conteúdo de difícil determinação.

Em ambos os casos a lei não norteia a administração, o que acaba por criar zona de ampla liberdade administrativa, refletida na discricionariedade e nos atos de governo. Ademais, com a intensificação da intervenção estatal, desloca-se a primazia do Legislativo para o Executivo que, pouco a pouco, passa a exercer ampla função normativa, como legislador delegado e direto, seja por via de medidas provisórias, seja por regulamentos autônomos.[37] O administrador torna-se, então, autônomo

---

[35] MEIRELLES, Hely Lopes. *Direito administrativo brasileiro*. São Paulo: Revista dos Tribunais, 1991. p. 78. No mesmo sentido, MELLO, Celso Antônio Bandeira de. *Curso de direito administrativo*, 1995, op. cit., p. 48: "O princípio da legalidade é o da completa submissão da Administração às leis. Esta deve tão somente obedecê-las, cumpri-las, pô-las em prática".
[36] MEDAUAR, Odete. *Direito administrativo em evolução*, 2003, op. cit., p. 145.
[37] A existência, ou não, de regulamentos autônomos é objeto de ferrenha controvérsia na doutrina publicista pátria. Calcando-se nos princípios da legalidade e da separação de poderes, a posição conservadora sustenta a inexistência de regulamentos autônomos devido à sua incompatibilidade com a ordem constitucional iniciada em 1988. Não obs-

e dotado de muitos poderes, apesar do princípio da legalidade que o regia. Um dos mais claros sinais da erosão da lei formal como condição da atuação administrativa é representado pelo processo de deslegalização.[38] Outro fator que pode ser apontado é a desvalorização da lei.[39] Com a pluralidade de interesses sujeitos à tutela do Estado, sua atuação torna-se muito abrangente, ocasionando um processo de inflação legislativa, gerando incerteza e insegurança jurídica.[40] O ordenamento jurídico passa a figurar de forma incoerente, contraditória, embora se exija de seus aplicadores uma interpretação sistêmica.

Acrescenta-se, ainda, a crise da representação popular, isto é, os parlamentares não cumprem seu papel, atuando com vontade própria e de forma dissonante dos anseios do eleitorado, sofrendo influência financeira nas eleições, e acabam eleitos em nome de bandeiras políticas restritas. Nesse sentido é a lição de Patrícia Baptista:[41]

> Razões políticas também explicam a existência de uma crise da lei no Estado contemporâneo. Já não é de hoje que a lei vem

---

tante, em sentido contrário, entende-se que o regulamento autônomo estaria embutido no próprio princípio da legalidade, mais especificamente nas regras constitucionais que tratam do poder regulamentar do presidente da República (arts. 84, IV e VI, da CRFB e 25, I, do ADCT). Ademais, argumenta-se, no plano jurídico, que a fundamentação dos regulamentos autônomos pode ser dada pela doutrina estadunidense com a "teoria dos poderes implícitos"; já no plano prático, aduz-se que as demandas de agilidade pragmática da vida social e o caráter técnico de certas questões não seriam incompatíveis com a lentidão e a generalidade temática do Parlamento. Por seu turno, o STF já reconheceu, no caso do art. 237 da CRFB, a existência de regulamento autônomo no Brasil. Cf. CYRINO, André. *O poder regulamentar autônomo do presidente da República*: a espécie regulamentar criada pela EC nº 32/2001. Belo Horizonte: Fórum, 2005.
[38] MOREIRA NETO. *Mutações do direito administrativo*, 2001b, op. cit., p. 166. Cf. ARAGÃO, Alexandre Santos de. *Agências reguladoras e a evolução do direito administrativo econômico*, 2004a, op. cit., p. 418 e segs.
[39] Cf. OTERO, Paulo. *Legalidade e administração pública*: o sentido da vinculação administrativa à juridicidade. Coimbra: Almedina, 2003.
[40] MEDAUAR, Odete. *Direito administrativo em evolução*, 2003, op. cit., p. 146.
[41] BAPTISTA, Patrícia. *Transformações do direito administrativo*, 2003, op. cit., p. 99.

perdendo a sua característica de meio de expressão da vontade geral. Em primeiro lugar, porque as maiorias parlamentares, frequentemente, limitam-se a representar as diversas categorias de interesses sociais com capacidade de influir no processo político. Estabelece-se, pois, uma verdadeira luta desses interesses pela lei, o que, em última análise, vai repercutir no desprestígio da própria lei. Além do mais, é fato que o processo legislativo, mundo afora, vem sendo amplamente dominado pelo Executivo, seja através das reservas de iniciativa para a apresentação de projetos nas principais matérias, seja pela formação de amplas bases de sustentação parlamentar do Governo que, por meios legítimos ou não, garantem a aprovação de projetos governamentais.

Por último, cabe registrar ainda o reconhecimento da força normativa da Constituição e da evolução da jurisdição constitucional, que podem afastar a aplicação de leis em detrimento de uma eficácia direta das normas constitucionais, a proliferação de instâncias paraestatais de produção do direito, e.g., o Conselho de Autorregulamentação Publicitária (Conar), que, apesar de ser uma entidade privada, é obedecido como se pública fosse,[42] e a ampliação do espaço normativo do Poder Judiciário, não só na intensificação da formulação do direito no caso concreto, sob o argumento de estar conformando a vontade da Constituição, como também por meio da súmula vinculante.[43]

---

[42] Em sentido semelhante, verificando a convivência do Estado com sistemas de regras e condutas paralelas, alguns trabalhos enfocam a insuficiência da pretensão de abrangência total do direito sobre as relações sociais. Confira-se FARIA, José Eduardo. *O direito na economia globalizada*. São Paulo: Malheiros, 1999.
[43] A EC nº 45/2005 introduziu no Brasil a sistemática da súmula vinculante – art.103-A da CRFB. Mas é bem verdade que a força do precedente já se encontrava presente, vide a possibilidade de o relator negar seguimento a recurso em confronto com súmula ou com jurisprudência dominante do respectivo tribunal, do Supremo Tribunal Federal ou de tribunal superior (art. 557 do CPC).

Verifica-se, dessa forma, uma verdadeira crise do princípio da legalidade,[44] que tem sido pautada por inúmeros motivos e vem ensejando uma urgente reformulação na sua concepção e instrumentação, tanto por parte da doutrina e da jurisprudência como pelos próprios representantes do povo. O ministro do Supremo Tribunal Federal, Celso de Mello, em seu relatório na ADI nº 2.130/SC, julgada em 28 de agosto de 2001, bem sistematizou o atual panorama jurisdicional quanto ao princípio da legalidade:

> Se, por alguma razão, o TJ/SC eventualmente desatendeu as prescrições fundadas no referido diploma legislativo, deixando de observar, assim, o conteúdo desse mesmo estatuto legal – cujo teor constitui pauta vinculante de quaisquer resoluções administrativas, considerada a relação hierárquico-normativa que existe entre as fontes pertinentes a atos revestidos de desigual positividade jurídica –, ter-se-á, no caso ora em exame, uma típica situação de descumprimento de diretrizes legais, circunstância essa que, *por traduzir mera crise de legalidade*, não autorizará a instauração do processo de fiscalização abstrata de constitucionalidade [grifos nossos].

Não obstante todos os apontamentos, o princípio da legalidade subsiste com extrema importância para o direito, pois, afinal, continua sendo instrumento fundamental de garantia e implementação do estado democrático de direito e dos valores constitucionais da igualdade e da liberdade. Na verdade, a crise

---

[44] Ressalte-se que a crise do princípio da legalidade não se encerra no campo administrativo-constitucional, atingindo também seu reduto mais forte, a saber, o direito tributário. Sobre o assunto, ver TORRES, Ricardo Lobo. A legalidade tributária e seus subprincípios constitucionais. *Revista da Procuradoria Geral do Estado*, Rio de Janeiro, v. 58, p. 193-219, 2004.

está na visão originária do princípio que restringe a análise da legalidade à lei.

Hodiernamente, o princípio da legalidade já não pode ser visto pelo prisma normativista do positivismo jurídico (fórmulas típicas da pretensão de completude e da lei exaustiva) e necessita de uma completa releitura e remodelação. Com base nas transformações do Estado e no sempre acelerado processo de demandas sociais, a lei pode (e deve) continuar sendo a principal fonte de normas jurídicas e sociais. No entanto, não mais a única e exclusiva.

Nesse sentido, Odete Medauar sustenta que

> o princípio da legalidade também em outros ordenamentos passou a assentar em bases valorativas, "amarrando" a Administração não somente à lei votada pelo Legislativo, mas também aos preceitos fundamentais que norteiam todo o ordenamento.[45]

Por isso, conclui Alexandre Santos de Aragão que

> o que realmente devemos ter em mira, independentemente de qual seja o Poder ou a entidade emanadora, é que as normas jurídicas devem, em qualquer hipótese, atender o devido processo legal, em suas dimensões adjetivas e substantivas, e visar à realização dos valores constitucionais.[46]

Tanto é verdade que o Supremo Tribunal Federal editou, recentemente, a Súmula Vinculante nº 13, que se baseia na aplicação direta do princípio da moralidade administrativa, cujo teor é o seguinte:

---

[45] MEDAUAR, Odete. *Direito administrativo em evolução*, 2003, op. cit., p. 147.
[46] ARAGÃO, Alexandre Santos de. *Agências reguladoras a evolução do direito administrativo econômico*, 2004a, op. cit., p. 404.

A NOMEAÇÃO DE CÔNJUGE, COMPANHEIRO OU PARENTE EM LINHA RETA, COLATERAL OU POR AFINIDADE, ATÉ O TERCEIRO GRAU, INCLUSIVE, DA AUTORIDADE NOMEANTE OU DE SERVIDOR DA MESMA PESSOA JURÍDICA INVESTIDO EM CARGO DE DIREÇÃO, CHEFIA OU ASSESSORAMENTO, PARA O EXERCÍCIO DE CARGO EM COMISSÃO OU DE CONFIANÇA OU, AINDA, DE FUNÇÃO GRATIFICADA NA ADMINISTRAÇÃO PÚBLICA DIRETA E INDIRETA EM QUALQUER DOS PODERES DA UNIÃO, DOS ESTADOS, DO DISTRITO FEDERAL E DOS MUNICÍPIOS, COMPREENDIDO O AJUSTE MEDIANTE DESIGNAÇÕES RECÍPROCAS, VIOLA A CONSTITUIÇÃO FEDERAL.

Caminha-se, assim, para a construção de um princípio da legalidade não no sentido da vinculação positiva à lei, mas da vinculação da administração ao direito, entendido este como um sistema constitucional aberto sempre responsivo às mutações que se processam incessantemente no meio social e aos valores supranacionais, e que tem papel dominante, não apenas por ser o fundamento de validade de todo sistema, mas em razão da aplicabilidade imediata de todas as suas normas.[47] O princípio da legalidade ganha, nesse sentido, a conotação de princípio da juridicidade.

A atuação administrativa e a busca pela sua legitimação

No contexto até aqui exposto, percebe-se que a atuação administrativa passa a exercer funções de integração e densificação, eis que, a partir de prescrições abstratas, constrói a

---

[47] MOREIRA NETO, Diogo de Figueiredo. *Curso de direito administrativo*, 2005, op. cit., p. 115-116.

norma adequada ao caso concreto. O emprego dessa técnica acarreta a ampliação do exercício do poder discricionário que, até então, tinha seu emprego limitado aos casos fixados em lei e sob as condições gerais previstas na ordem jurídica vigente.

Ora, a formação da vontade administrativa não pode mais se dar pelos meios tradicionais, baseados nas ideias liberais. A discricionariedade deixa de ser um espaço de livre escolha do administrador para convolar-se em um resíduo de legitimidade,[48] a ser preenchido por procedimentos técnicos e jurídicos prescritos pela Constituição e pela lei, com vistas à otimização do grau de legitimidade da decisão administrativa. Sobre uma nova forma de controle da discricionariedade administrativa, a reflexividade, confiram-se os ensinamentos de Sérgio Guerra:

> Ao contrário da atuação executiva estatal por meio de largas margens de opção em torno do juízo de oportunidade, conveniência e modo de intervir, o atual Estado Regulador tem de atuar, de acordo com as bases da regulação administrativa, sob novos fundamentos decorrentes dos valores e princípios constitucionais voltados à precaução quanto aos riscos e à mediação, o que esvazia significativamente o espaço de conveniência e oportunidades administrativas.[49]

Nesse contexto, tem-se dado ênfase aos meios do exercício do direito de participação e à sua eficiência como mecanismos de legitimação das escolhas discricionárias da administração pública.

---

[48] A expressão é devida a Diogo de Figueiredo Moreira Neto (ibid., p. 561).
[49] GUERRA, Sérgio. *Discricionariedade e reflexividade*. Belo Horizonte: Forense, 2008. p. 211-212.

A legitimidade pelo consenso

Sem dúvida, em que pese a existência de mecanismos tradicionais de participação direta, tais como o plebiscito e o referendo, é pelo método do consenso que se denota a maior efetividade do direito de participação, sendo certo que este não deve ser considerado como uma atividade de direito privado da administração, mas como um modo de exercício da função administrativa, definido como "uma modalidade de ação e de preparação de decisões que decorre do avanço participativo".[50]

Adentrando nas justificativas do consensualismo nas relações entre Estado e sociedade civil, Diogo de Figueiredo Moreira Neto explica que

> não mais bastando o consenso na escolha de pessoas pelo voto formal, trata-se de buscar um consenso mais amplo sobre a escolha de políticas públicas através de outras formas institucionais que possam disciplinar com fidelidade e segurança o processo de formação da vontade participativa, ou seja, a crescente importância da processualidade adequada como instrumento democrático.
>
> Essa processualidade participativa, como qualquer outra técnica jurídica que se destine à ação do Estado para conferir-lhe previsibilidade no procedimento e efetiva garantia dos direitos das partes, envolve sempre uma cuidadosa reafirmação do sentido formal do direito ao devido processo, constitucionalmente garantido, na esteira da contribuição jurisprudencial e doutrinária dos Estados Unidos da América, berço do moder-

---

[50] DUARTE, David. *Procedimentalização, participação e fundamentação*: para uma concretização do princípio da imparcialidade administrativa como parâmetro decisório. Coimbra: Almedina, 1996. p. 112 apud BAPTISTA, Patrícia. *Transformações do direito administrativo*, 2003, op. cit., p. 179.

no direito participativo, ao fundar na cláusula constitucional do *due process of law*, enunciada na Emenda V, o direito de participar em processos regulamentares, abrindo aos sistemas constitucionais de todo o mundo, não apenas a possibilidade mas o dever de instituir processos participativos adequados para a satisfação tanto do conteúdo formal quanto do material da referida cláusula.[51]

Ressalte-se que o consensualismo não se restringe à via contratual. Diogo de Figueiredo Moreira Neto[52] realiza uma profunda análise sobre os institutos consensuais da gestão administrativa, estabelecendo gêneros e espécies de administração consensual. O primeiro é compreendido pelo consenso na tomada de decisão administrativa, que pode ser visto nas seguintes espécies:

❑ *Elemento coadjuvante*. A administração ouve os particulares e com eles negocia as soluções, mas se reserva a plenitude da decisão – sendo exemplos a coleta de opiniões e a audiência pública. Cite-se, por relevante, que o projeto de lei que visa disciplinar a nova estrutura orgânica da administração federal, elaborado pela comissão de juristas (a saber, Almiro do Couto e Silva, Carlos Ari Sundfeld, Floriano de Azevedo Marques Neto, Maria Coeli Simões Pires, Maria Sylvia Zanella Di Pietro, Paulo Eduardo Garrido Modesto, Sérgio de Andréa Ferreira) convocada pela Portaria nº 426, de 6 de dezembro de 2007, do Ministério do Planejamento, Orçamento e Gestão,

---

[51] MOREIRA NETO, Diogo de Figueiredo. Novas tendências da democracia: consenso e direito público na virada do século – o caso brasileiro. *Revista Brasileira de Direito Público*, Belo Horizonte, n. 3, p. 35-36, 2003b.
[52] MOREIRA NETO, Diogo de Figueiredo. *Mutações do direito público*. Rio de Janeiro: Renovar, 2006a. p. 315-349.

prevê, expressamente, tais instrumentos como uma forma de controle social:

> Art. 66. Controle social dos órgãos e entidades estatais é o exercido pela sociedade civil, por meio da participação nos processos de planejamento, acompanhamento, monitoramento e avaliação das ações da gestão pública e na execução das políticas e programas públicos.
>
> Parágrafo único. O controle social visa ao aperfeiçoamento da gestão pública, à legalidade, à efetividade das políticas públicas e à eficiência administrativa.
>
> Art. 67. São meios de controle social, entre outros:
> I. participação em consulta pública ou audiência pública;
> II. exercício do direito de petição ou de representação;
> III. denúncia de irregularidades;
> IV. atuação do interessado nos processos administrativos;
> V. participação em órgãos colegiados, na forma da lei.
>
> Art. 68. As entidades estatais buscarão manter ouvidorias, com o objetivo de receber, examinar e encaminhar reclamações, elogios e sugestões.
>
> §1º. O ouvidor terá acesso a todos os assuntos e contará com o apoio administrativo de que necessitar.
>
> §2º. O ouvidor produzirá anualmente ou, quando oportuno, relatório contendo apreciações críticas sobre a atuação estatal, publicando-o por meio eletrônico e encaminhando à autoridade superior.

❏ *Elemento determinante.* A administração deve ouvir os particulares, negociando as melhores soluções para o atendimento de todos os interesses juridicamente protegidos envolvidos na questão, e estará vinculada à decisão que vier a prevalecer, em obediência ao processo adotado. Cite-se, como exemplo de elemento determinante da consensualidade, o instituto do "diálogo concorrencial", que tem previsão na Diretiva nº 2004/18/CE da União Europeia, que o define nos seguintes termos:

> Diálogo concorrencial é o procedimento em que qualquer operador econômico pode solicitar participar e em que a entidade adjudicante conduz um diálogo com os candidatos admitidos nesse procedimento, tendo em vista desenvolver uma ou várias soluções aptas a responder às suas necessidades e com base na qual, ou nas quais, os candidatos selecionados serão convidados a apresentar uma proposta.

Sobre o tema, confira-se Andre Martins Bogossian, em artigo específico sobre o tema:

> A introdução da Diretiva fez face ao desafio de implementar regras aplicáveis a todos os 27 Estados-Membros que permitam a otimização dos processos de adjudicações dos contratos públicos, buscando assim atender às necessidades das administrações nacionais, bem como de uma maior integração no âmbito do mercado europeu. Um dos principais pontos de inovação encontrados na nova Diretiva, objeto do presente estudo, vem em resposta à inadequação, ou, mais precisamente, à ineficiência das soluções encontradas pelas legislações anteriores para os casos de contratos cujo objeto é particularmente complexo ou que a autoridade adjudicante não pode precisar previamente à publicação do edital a modalidade licitatória que se sucederá: o diálogo concorrencial (ou competitivo). A fundamentação para a adoção de tal instituto desenvolvida pelo Conselho Europeu está calcada em valores como a liberdade de estabelecimento,

de circulação de mercadorias e de prestação de serviços, todos muito caros a uma concepção de eficiência administrativa e livre iniciativa. Proclama também estar lastreada em princípios resultantes da conjugação das liberdades acima mencionadas, como a igualdade de tratamento, reconhecimento mútuo, transparência e proporcionalidade.[53]

O segundo instituto consensual da gestão administrativa consiste no consenso na execução administrativa, que pode se dar com (i) "característica sinérgico-sociopolítica de potenciar a capacidade de ação do Estado pela composição e pela soma de esforços",[54] ou seja, por via de vínculos criados com entidades extraestatais – pessoas jurídicas de direito privado que se aliam ao Estado e com ele mantêm um vínculo de colaboração de direito público; (ii) por contrato, em que a associação, por ser estável, produz uma parceria, sendo um tipo de relacionamento típico de empreendimentos de substrato econômico; (iii) por execução mista por coordenação e colaboração, que se caracteriza pelo vínculo não contratual que tem como instrumento apropriado o ato administrativo complexo.

O terceiro reside na prevenção de conflitos administrativos, que pode ocorrer por meio de comissões de conflito e por acordos substitutivos. O último gênero é a visão do consenso como meio de composição do conflito, da qual são espécies a conciliação, a mediação, a arbitragem, termos de ajuste de condutas e outros mecanismos similares.

---

[53] BOGOSSIAN, Andre Martins. O diálogo concorrencial. *Boletim de Direito Administrativo*, São Paulo, v. 26, n. 4, p. 432-448, abr. 2010.
[54] MOREIRA NETO, Diogo de Figueiredo. Novas tendências da democracia: consenso e direito público na virada do século. O caso brasileiro. *Revista Eletrônica sobre a Reforma do Estado (Rere)*, Salvador, n. 13, mar./abr./maio 2008b. Disponível em: <www.direitodoestado.com/revista/RERE-13-MAR%C7O-2008-DIOGO-DE-FIGUEIREDO-MOREIRA-NETO.PDF>. Acesso em: 10 dez. 2012.

Assim, alude-se à administração concertada em que a Administração renunciaria ao emprego de seus poderes com base na imperatividade e unilateralidade, aceitando realizar acordos com os particulares destinatários da aplicação concreta desses poderes, ganhando assim uma colaboração ativa dos administrados.[55]

No mesmo sentido, Ariño Ortiz, para quem o modelo estatal contemporâneo traduzir-se-ia em um Estado contratual:

Do ponto de vista organizativo e institucional isso significa a substituição do antigo modelo de Estado administrativo-burocrático, hierárquico, unitário, centralizado e gestor direto, por um novo tipo de Administração em que uma multiplicidade de organizações, governamentais, privadas e o que vem sendo denominado "terceiro setor" (público-privado), assumiriam a gestão de serviços com financiamento e controle do Estado. Isso não é uma invenção, é simplesmente a volta do antigo sistema da "concessão", do "concerto" ou da "empresa mista" como forma de realizar a gestão privada das atividades públicas. É também a volta do princípio da subsidiariedade, o qual recebe atualmente novas formulações. Assim, fala-se de uma das características mais importantes do Estado atual: sua condição de "Estado contratual", apontando a utilização pelo Estado de organizações privadas, com ou sem fins lucrativos, para alcançar os seus fins públicos.[56]

---

[55] FERNÁNDEZ, Tomás-Ramón; GARCÍA DE ENTERRÍA, Eduardo. *Curso de derecho administrativo*. 9. ed. Madri: Civitas, 1999. v. 1, p. 661.
[56] ARIÑO ORTIZ, Gaspar. El retorno a lo privado: ante una nueva encrucijada histórica – tiempo. In: _____ (Org.). *Privatización y liberalización de servicios*. Madri: Universidad Autónoma de Madrid, 1999. p. 19-35.

Percebe-se, pois, que a absorção da consensualidade pelo direito administrativo acarreta uma revisão dogmática da disciplina, uma vez que provoca uma mudança de eixo. São tendências que vão modificando a administração pública tradicional, fundada na imperatividade, na desigualdade, no privilégio e na desconfiança entre as partes, que se baseava, em suma, na crença, quase absoluta, de que a coerção seria o fator civilizatório primordial, para torná-la inspirada na flexibilidade, na colaboração, na competição e, sobretudo, na confiança entre sociedade e Estado, como parceiros, na nova certeza de que a consensualidade pode desempenhar papel tanto ou mais importante que a coerção no progresso humano.

É no espírito dessa evolução que os vínculos de parceria e de associação entre o Estado e os administrados florescem nas relações de fomento público como aquelas que mais demandam o robustecimento da confiança legítima dos cidadãos, para que se sintam mais seguros e, por isso, mais produtivos.

Nesse sentido, Patrícia Baptista[57] aponta dois campos de atuação administrativa para os quais as formas consensuais parecem mais adequadas e úteis: o das atividades de planejamento e o da discricionariedade do administrador.

Ressalva-se, contudo, que, embora seja atraente o instituto, o aplicador do direito deve resistir ao seu uso indiscriminado, de forma a respeitar o próprio estado democrático de direito e os princípios da impessoalidade, da legalidade e da isonomia. Ao mesmo tempo que o consenso deve representar importante forma de atuação da administração, sua contenção consiste no devido cuidado que se deve ter para com o risco de captura, sob pena de, em prol de uma nova conquista, perderem-se todas as já conquistadas.

---

[57] BAPTISTA, Patrícia. *Transformações do direito administrativo*, 2003, op. cit., p. 270.

Assim, o consensualismo deve atuar de forma a temperar, com as noções de negociação e de multilateralidade da autoridade, a lógica da imposição e da unilateralidade comum da visão original do modelo administrativista francês.

A legitimidade pela eficiência

Ao debate instaurado juntou-se, mais recentemente, o termo "governança", cujo significado para o setor público liga-se primordialmente ao campo da efetividade da ação governamental. Até como um consectário lógico dessa nova concepção juspolítica da superação do princípio da legalidade estrita, as outorgas constitucionais de competências à administração não são meras autorizações formais para agir em persecução do interesse público, mas, muito mais do que isso, comandos para efetivamente realizá-lo.[58]

Ora, os resultados constitucionalmente pretendidos constituem, afinal, não apenas a finalidade do agir da administração. Referem-se, também e principalmente, por implícitos na regra de competência, à finalidade da própria atribuição constitucional da potestade de agir aos diversos órgãos e agentes, não mais bastando que a ação administrativa tenda à satisfação do interesse público primário – que é sua razão de ser –, mas que efetivamente o realize.

Em outros termos e em síntese, a juridicidade da atuação administrativa é uma imposição constitucional, que a vincula não apenas à eficácia (aptidão para a produção de efeitos constitucionalmente pretendidos), que é um dado formal apenas referido à legalidade, mas também e mais além, à efetividade (produção real de efeitos constitucionalmente pretendidos).

---

[58] Cf. MOREIRA NETO, Diogo de Figueiredo. *Mutações de direito público*, 2006a, op. cit., p. 44-45.

Mas a leitura constitucional pós-moderna avança ainda mais um passo além da exigência de juridicidade, arrolando como dever da administração não apenas o manifestar formalmente em seu desempenho a correta tendência à realização do interesse público primário (eficácia) e, mesmo, o alcançar materialmente a também correta realização do interesse público primário (efetividade). Aponta, ainda, o perfazer uma boa administração desse interesse público primário, a seu cargo, dentro dos melhores padrões de qualidade possíveis (eficiência),[59] ideia que fora elevada a princípio constitucional explícito em nosso ordenamento pela Emenda Constitucional nº 19, de 1998.

Nesse sentido, Humberto Bergmann Ávila afirma que

> eficiente é a atuação administrativa que promove de forma satisfatória os fins em termos quantitativos, qualitativos e probabilísticos [...]. A eficiência exige mais que mera adequação. Ela exige satisfatoriedade na promoção dos fins atribuídos à administração.[60]

Trata-se, na verdade, de políticas que devem ser baseadas num planejamento, visando, em última análise, à *administração por resultados*, assim delineada por Diogo de Figueiredo Moreira Neto:

> O que até aqui se depreende das considerações apresentadas é que a Constituição de 1988, com louvável antecipação, já estabelece todo o fundamento necessário para a afirmação e aplicação em nosso país da doutrina da, assim denominada,

---

[59] MOREIRA NETO, Diogo de Figueiredo. *Curso de direito administrativo*. 15. ed. Rio de Janeiro: Forense, 2007. p. 103.
[60] ÁVILA, Humberto Bergmann. Moralidade, razoabilidade e eficiência na atividade administrativa. *Revista Brasileira de Direito Público (RBDP)*, Belo Horizonte, ano 1, n. 1, p. 132, abr./jun. 2003.

administração de resultado, ou seja: confere uma base institucional da legalidade finalística ou, melhor e mais amplamente, para empregar a denominação já difundida na literatura jurídica, por envolver também a legitimidade: uma base institucional da juridicidade finalística no direito público brasileiro. Na realidade, essa promissora doutrina se vem consolidando dentro de uma nova concepção das próprias relações entre os cidadãos e a administração pública, como especificamente voltada à afirmação de seu dever funcional de proporcionar resultados concretos e materializados em uma boa e justa atribuição de bens e serviços às pessoas, como um *proprium* da função administrativa.[61]

Assim, Alexandre Santos de Aragão conclui que

o princípio constitucional da eficiência (art. 37, *caput*, CF) não legitima a aplicação cega de regras legais (ou de outro grau hierárquico), que leve a uma consecução ineficiente ou menos eficiente dos objetivos legais primários. As normas jurídicas passam a ter o seu critério de validade aferido não apenas em virtude da higidez do seu procedimento criador, como da sua aptidão para atender os da política pública, além da sua capacidade de resolver os males que esta pretende combater.[62]

Os princípios da moralidade, da motivação e da transparência

Nesse contexto de administração pós-moderna, ganha maior destaque a observância, pelo administrador, na consecu-

---
[61] MOREIRA NETO, Diogo de Figueiredo. *Quatro paradigmas do direito administrativo pós-moderno*. Belo Horizonte: Fórum, 2008a. p. 133.
[62] ARAGÃO, Alexandre Santos de. O princípio da eficiência. *Revista Brasileira de Direito Público (RBDP)*, Belo Horizonte, ano 1, n. 4, p. 78, abr./jun. 2003.

ção de uma boa administração, dos princípios da moralidade, da motivação e da transparência.

Esse dever de "boa administração" vem delineado no art. 41 da Carta de Direitos Fundamentais da União Europeia, proclamada em 7 de dezembro de 2000, nos seguintes termos: "*Toda persona tiene derecho a que las instituciones y órganos traten sus asuntos y equitativamente y dentro de un plazo razonable*".

Sobre o tema, já se teve a oportunidade de expor, em sede doutrinária, que se trata de direito subjetivo dos administrados, possuindo aplicabilidade imediata:

> Ora, como se pode perceber, o "Direito à Boa Administração", que deve estar presente no plano de governo, se decompõe em prestações estatais, seja por meio de abstenções (direitos de primeira geração), seja por meio de prestações (direitos de segunda geração), seja por meio da proteção a direitos difusos (direitos de terceira geração). Dessa forma, observa-se que, pelo alto grau de vinculação entre todas essas gerações de direitos ao princípio da dignidade da pessoa humana, o Direito à Boa Administração corresponde a um direito fundamental subjetivo do administrado, possuindo, portanto, aplicabilidade imediata, nos termos do artigo 5º, §1º, da Constituição da República.[63]

É necessário que a administração – compreendidos aqui os agentes políticos e os servidores públicos – atue de forma não apenas profissional, mas de acordo com os valores morais regentes da atividade pública.

Muito embora se defina a moral administrativa como o conjunto de regras de conduta tirado da disciplina interior

---

[63] FREITAS, Rafael Véras. O dever de planejamento como corolário ao direito fundamental à boa administração pública. In: SOUTO, Marcos Juruena Villela (Coord.). *Direito administrativo*: estudos em homenagem a Francisco Mauro Dias. Rio de Janeiro: Lumen Juris, 2009. p. 245.

da administração, é necessário assentar que o referencial da moral administrativa é a finalidade pública. Dita afirmação faz-se importante, visto que diversas vezes a atuação da administração pública obedece às disposições legais (princípio da legalidade) relativas à formalidade, embora não seja executada para alcançar uma finalidade pública. Ocorre o que prevê a teoria do desvio de poder.

A probidade administrativa – consistente no dever do funcionário de servir à administração com honestidade, procedendo no exercício de suas funções sem aproveitar os poderes ou facilidades delas decorrentes em proveito pessoal ou de outrem a quem queira favorecer – é obrigação constitucional, podendo o desatendimento a tais regras de conduta acarretar a nulidade do ato praticado, bem como até a sanção de perda dos direitos políticos ao agente.

Outro aspecto referente à democratização da administração consiste no *princípio da motivação dos atos administrativos*. Em sua concepção original, o autor do ato administrativo não era obrigado a formular expressamente seus motivos, salvo se a lei expressamente o determinasse.

Conta Odete Medauar[64] que essa visão só começa a ser alterada nos sistemas de origem francesa a partir de 1979, quando, sob inspiração dos ordenamentos inglês, belga, holandês e dos ordenamentos então dotados de lei de procedimento, criou-se para o administrado o direito de conhecer os motivos de decisão. É a partir daí que se desenvolvem teorias para o controle dos atos discricionários,[65] uma vez que os critérios adotados pelo administrador na opção por uma ou outra das

---

[64] MEDAUAR, Odete. *Direito administrativo em evolução*, 2003, op. cit., p. 199-200.
[65] Uma importante teoria é a dos motivos determinantes, segundo a qual a motivação apresentada vincula o controle do ato, de forma que, caso se revele incompatível ou falsa, o ato estará viciado, ainda que existam outras motivações – não expostas – possíveis para sua prática.

alternativas possíveis para a densificação dos preceitos legais agora passam a ser passíveis de controle da opinião pública e jurisdicional.

Neste caso, por certo, também não será válida a substituição da discricionariedade administrativa pela judicial. A técnica da ponderação de interesses revela-se aqui um instrumento de enormes potencialidades. Manifestando-se a discricionariedade justamente naquelas hipóteses em que se abre para a administração a possibilidade de uma eleição entre várias opções teoricamente possíveis, parece, de fato, bastante razoável impor que tal escolha se processe pelo método da ponderação de interesses.[66]

Outra implicação lógica do sistema de democracia participativa, no qual resta estabelecido um vínculo de parceria entre administração e sociedade civil, é a adoção da transparência[67] como princípio norteador dessa relação.

A administração, assim, obriga-se a uma publicidade ampla, devendo organizar um acesso simples e tendente à universalidade das normas de direito, seja por meios informatizados ou não; pelo livre acesso às decisões e documentos jurídicos e às informações técnicas e de todos os argumentos que podem influenciar na decisão. Deve prezar pela transparência financeira, inclusive mediante a liberdade de acesso, ao cidadão, das contas das autoridades administrativas e dos organismos subvencionados por recursos públicos, e fornecer a identidade dos agentes administrativos e suas atribuições.

---

[66] Sobre o tema, conferir SARMENTO, Daniel. *Ponderação de interesses na Constituição Federal*. Rio de Janeiro: Lumen Juris, 2000.

[67] Como exemplos, no direito brasileiro, do princípio da transparência, podemos citar a acessibilidade dos atos do processo licitatório (art. 3º, §3º, da Lei nº 8.666/1993); a possibilidade de obtenção de cópia do contrato por qualquer interessado (art. 63 da Lei nº 8.666/1993); a publicidade de todos os passos do processo de licenciamento ambiental (art. 225, §1º, IV, da CRFB c/c art. 17, §4º, do Decreto nº 9.9274/1990 c/c art. 3º da Resolução Conama nº 237/1997).

Alguns reflexos do novo modelo

Outro fenômeno que encontra relação com a adequação da administração pública ao Estado pluriclasse é a implantação de uma administração gerencial, seguidora de princípios técnico-administrativos tais como a autonomia e a profissionalização. A autonomia refere-se a uma nova tendência pela flexibilização das entidades e órgãos públicos, para que possam adequar suas funções a diferentes necessidades. Em lugar da predefinição de competências, o que torna a prática funcional inflexível e os cargos obsoletos, haveria de ter uma fixação prévia da finalidade almejada para, a partir dela, instituírem-se cargos e funções para seu alcance, flexibilizando a administração para atuar num mundo em constante mudança, tornando-a, enfim, autônoma.

Já o princípio da profissionalização faz remissão à necessidade de atualização e especialização do corpo técnico de servidores da administração, afastando a burocratização da prestação dos serviços e empregando recursos humanos superiores, paritários aos utilizados pelos entes da iniciativa privada, para que, assim, se possibilite o alcance da finalidade de bem-atender às necessidades da coletividade.

Também nessas vertentes enquadra-se a nova estrutura da administração pública, que deixa de ser vista de forma hierarquizada e passa a ser entendida como uma rede. Ora, com a complexidade, inclusive tecnológica, dos interesses a serem tutelados, e a necessidade de eficiência em sua prestação, impõe-se à administração a implementação de certas mudanças. Surgem, assim, espaços administrativos independentes e especializados, aptos a ponderar os diferentes e, por vezes, conflitantes interesses sociais envolvidos. Criam-se, portanto, "novos centros de poder dotados de diferentes modelos organizativos".[68]

---

[68] ARAGÃO, Alexandre Santos de. Administração pública pluricêntrica. *Revista de Direito Administrativo (RDA)*, Rio de Janeiro, v. 227, p. 132, 2002a.

Questões de automonitoramento

1. Após ler este capítulo, você é capaz de resumir o caso gerador do capítulo 8, identificando as partes envolvidas, os problemas atinentes e as possíveis soluções cabíveis?
2. O que você entende por administração pública pós-moderna e quais são suas características principais?
3. O que você entende por interesse público? E como deve ocorrer a atuação da administração pública segundo o princípio da legalidade?
4. Qual é o papel da sociedade civil neste novo contexto?
5. Em que preceitos funda-se a legitimidade da atuação administrativa e por quê?
6. Pense e descreva, mentalmente, alternativas para a solução do caso gerador do capítulo 8.

2 | A passagem do Estado liberal ao Estado regulador e o Plano Diretor da Reforma do Estado

Roteiro de estudo

O repensar do Estado

Antecedentes remotos

A queda do Império Romano – centro de poder da Idade Antiga – e a ascensão dos povos bárbaros acarretaram o processo de grande desintegração política da Europa, marcado pelo enfraquecimento do poder central e pelo fortalecimento dos grandes proprietários de terras que ofereciam moradia, proteção e condições de trabalho aos indivíduos que "optassem" por residir em suas propriedades em troca de um alto grau de submissão às suas ordens e de uma taxação espoliante.[69]

---

[69] Alexandre Santos de Aragão defende que algumas raízes dos princípios dos serviços públicos remontam aos direitos, dos vassalos, de continuidade do funcionamento das banalidades feudais (moinhos, fundições, fornos, secadores de peixe etc.), pelo qual, do contrário, estariam livres para usar instalações de outros feudos, e o de igualdade no acesso aos equipamentos e na taxação (ARAGÃO, Alexandre Santos de. *A dimensão e o*

Com o surgimento dos trabalhadores independentes (artesãos, em sua maioria) que, fora dos feudos, organizavam-se em núcleos denominados burgos (origem das cidades) e iniciaram as práticas de comércio, constituindo uma nova forma de acumulação de riqueza, emerge uma nova classe social denominada burguesia, que só se imporia ante os senhores feudais, caso se fortalecesse a figura do Estado, sendo, para tanto, necessária a união com o rei.

Ocorre, dessa forma, a centralização do poder nas mãos do monarca que, na maioria das vezes, fundava sua legitimidade em sua divinização. Nesse período, surgem as monarquias absolutistas, marcadas pelo sentimento de nacionalismo, expansão de territórios, acumulação e concentração de riquezas, mas ainda com caráter patrimonial, ou seja: os bens de utilidade coletiva e as funções de organização social eram de propriedade do soberano.

As profissões e principais atividades econômicas eram comandadas pelas corporações de ofício, formadas pelos membros da categoria que já atuassem naquele mercado, as quais impunham normas para seu exercício e limites à entrada de novos profissionais.

O Estado liberal

Com a consolidação do crescimento econômico da burguesia no século XVIII, esses paradigmas não puderam ser perpetuados, eis que já não havia espaço para a estrutura real patrimonialista e as limitações que impunha à classe agora dominante.

---

papel dos serviços públicos no Estado contemporâneo. Tese (Doutorado) – Faculdade de Direito da Universidade do Estado de São Paulo, São Paulo, 2005. p. 32).

Diante da necessidade de limitar o arbítrio do governante, ganharam força os ideais do iluminismo, que colocou o homem como centro do poder em contraposição ao poder divino do rei. Considerava-se que os usos, os costumes e a própria tradição geral dos povos deveriam ser avaliados pela razão e só mantidos quando se revelassem favoráveis ao processo e ao critério da razão e da moral, sendo esta sempre universal.[70]

Foi consagrado, então, por via das três grandes revoluções liberais (Revolução Gloriosa, na Inglaterra; Revolução Francesa e Revolução da Virgínia, na América do Norte), o Estado liberal,[71] em que se primou pela soberania do povo, pelo jusnaturalismo e pela preponderância do princípio da legalidade como forma de assegurar grandes espaços individuais de liberdade, principalmente econômica.

O liberalismo, em sua concepção clássica ou original, tinha na teoria dos direitos humanos, no constitucionalismo e na economia clássica suas principais fontes de reivindicações.

A luta pelos direitos individuais constituiu basicamente um desdobramento das lutas por direitos religiosos que se travaram a partir da reforma protestante do século XVI e teve como principal força propulsora a teoria do direito natural – de contornos distintos, porém, daquela do jusnaturalismo clássico – em que se procediam às reivindicações subjetivas, vale dizer, de direitos próprios da natureza do ser humano. É uma abordagem

---

[70] Nesse sentido: MACEDO, Ubiratan Borges de. *Liberalismo e justiça social*. São Paulo: Ibrasa, 1995. p. 23.

[71] O pensamento liberal é bastante diversificado, de extrema complexidade, além de não ter se desenvolvido de forma linear, compreendendo pensadores tão diversos em formação quanto em motivação, como Tocqueville e Mill, Dewey e Keynes, e, em nossos dias, Hayek e Rawls, para não falar em "seus antepassados de eleição", tais como Locke, Montesquieu e Adam Smith. Para melhor compreensão do tema, ver MERQUIOR, José Guilherme. *O liberalismo antigo e moderno*. Rio de Janeiro: Nova Fronteira, 1991.

individualista da sociedade que se constituiu, por outro lado, no cerne do contratualismo.[72] Norberto Bobbio, em interessante passagem, observa que essa abordagem individualista representa a inversão de perspectiva na relação Estado/cidadão, na medida em que a concepção orgânica tradicional da sociedade, segundo a qual a instituição como um todo vem antes dos indivíduos, é substituída pela visão individualista, de modo que, "para compreender a sociedade, é preciso partir de baixo, ou seja, dos indivíduos que a compõem".[73]

Passou-se, pois,

> da prioridade dos deveres dos súditos à prioridade dos direitos do cidadão, emergindo um modo diferente de encarar a relação política, não mais predominantemente do ângulo do soberano, e sim daquele do cidadão, em correspondência com a afirmação da teoria individualista da sociedade em contraposição à concepção organicista tradicional".[74]

É nesse contexto, segundo o autor, que surge a afirmação dos direitos do homem como os direitos de liberdade, também denominados direitos de primeira geração.

Variante dessa luta pelos direitos individuais foi a afirmação da igualdade radical entre os homens, com a consequente ruptura da sociedade estamental, hierarquizada e corporativa do *ancien régime*. Essa igualdade seria tanto possível quanto fosse

---

[72] Sobre o tema: DALLARI, Dalmo de Abreu. *Elementos de teoria geral do Estado*. 2. ed. São Paulo: Saraiva, 2000. Ver também: CARNOY, Martin. *Estado e teoria política*. 4. ed. Campinas: Papirus, 1994.
[73] BOBBIO, Norberto. *A era dos direitos*. Trad. Carlos Nelson Coutinho. Rio de Janeiro: Campus, 1992. p. 4.
[74] Ibid., p. 3.

igual a atribuição de direitos fundamentais à vida, à liberdade e à propriedade.

O constitucionalismo, por sua vez, segundo elemento essencial da noção de liberalismo clássico, seria primordial para a limitação e definição do exercício do poder, eis que o governo estaria estritamente vinculado às normas constantes da Lei Fundamental.

Perseguindo esse objetivo, estabeleceu-se a engenharia institucional do Estado com base na teoria da separação dos poderes, de Montesquieu, para que um poder limite o outro.

Por fim, a economia clássica, cujos pressupostos são a garantia da livre concorrência, o modelo de uma sociedade de pequenos produtores de mercadorias e o equilíbrio entre a oferta e a procura.

A despeito da dificuldade em se definir o liberalismo, verificou-se ser possível extrair, dos diversos campos por que se manifesta, entre os quais o jurídico, o político e o econômico, a liberdade como sua essência.

O liberalismo jurídico, nesse desiderato, preocupa-se com a legalidade e com os direitos fundamentais, procurando organizar o Estado de tal modo que sua atuação se restrinja à garantia da liberdade negativa.

Entretanto, o extremo oposto, qual seja, o libertarianismo, igualmente contrata com a Constituição de 1988. De fato, como conciliar doutrina que considera a justiça social uma miragem atentatória à liberdade, a propriedade um direito natural irrestringível por considerações baseadas em necessidade, igualdade ou solidariedade, com uma constituição que erigiu a erradicação da pobreza e a redução das desigualdades sociais em objetivos fundamentais da República, a justiça social e a valorização do trabalho a princípios gerais da atividade econômica, e a função social da propriedade a limite ao seu legítimo exercício?

Com efeito, aos direitos da liberdade, nesse período, atribui-se um *status* negativo, a significar, essencialmente, o poder de autodeterminação do indivíduo, vale dizer: a liberdade de ação ou de omissão sem qualquer constrangimento por parte do poder do Estado. O poder público, nessa dimensão negativa dos direitos fundamentais, tem o dever de abstenção, mantendo-se, pois, afastado da esfera de liberdade individual.[75]

Todo esse movimento liberal descrito, calcado na liberdade individual frente a qualquer forma de poder opressivo ou não consentido, acaba por trazer, em última instância, uma dicotomia entre o público e o privado, na medida em que se via no Estado um perigo iminente de devastação da esfera de autonomia pessoal inerente à natureza humana.

Ocorre, nesse contexto, a primeira grande reforma do sistema – a reforma burocrática[76] – como forma de combater a corrupção e o nepotismo presentes no sistema patrimonialista,[77] no qual o aparelho do Estado funcionava como extensão do poder do soberano, não existindo distinção entre a *res pvblico* e a *res principis*.

Como forma de neutralizar a influência do soberano, a nova concepção de administração parte da desconfiança prévia em relação aos administradores públicos, tomando, assim, como base, os princípios da profissionalização, da organização em carreira, da hierarquia funcional, da impessoalidade, da

---

[75] TORRES, Ricardo Lobo. *Direitos humanos e tributação*. Rio de Janeiro: Renovar, 1995. p. 55.
[76] BRESSER-PEREIRA, Luiz Carlos. Instituições, bom Estado e reforma da gestão pública. *Revista Eletrônica sobre a Reforma do Estado (Rere)*, Salvador, n. 1, p. 11, mar. 2005.
[77] Sobre o sistema patrimonialista, interessante é a análise de: ESTORNINHO, Maria João. *A fuga para o direito privado*: contributo para o estudo da actividade de direito privado da administração pública. Coimbra: Almedina, 1999. p. 23-29. A autora anota que, já nesta época, é possível visualizar duas "personalidades" do Estado: uma de natureza soberana não sujeita às normas jurídicas e outra, quando se disfarçava de fisco, sujeita às regras jurídico-privadas.

legalidade[78] e do formalismo, bem como instituindo o controle formal e prévio.

O Estado social

No final do século XIX, conforme observa Sara Jane Leite de Farias,[79] surge o fenômeno denominado concentração, no qual empresas acabaram por inibir os mecanismos decisórios do mercado, absorvendo as outras, encampando-as ou fundindo-se. O mercado passou a ser dominado pelos mais fortes, que eliminavam seus concorrentes. A liberdade econômica, antes pregada de forma absoluta, começava a mostrar suas vicissitudes.

A essa situação soma-se a eclosão de lutas sociais,[80] que buscavam a ampliação dos direitos de cidadania expressos em sua sequência evolutiva clássica de conquistas dos direitos civis, políticos e sociais. Enfim, uma atuação diferenciada do Estado.

O intervencionismo estatal tem como marco inicial a legislação antitruste norte-americana de 1890, mas foi apenas com o *crash* da Bolsa de Nova York e a grande depressão econômica subsequente que o movimento ganhou força, principalmente com a eleição do presidente Franklin Roosevelt e a adoção do New Deal.

---

[78] A legalidade aqui referida volta-se para o administrador, limitando sua atuação àquilo que a lei permite. Contudo, vale ressaltar que, modernamente, com a positivação da Constituição, não mais se fala em legalidade estrita, e sim em juridicidade. A juridicidade, em apertada síntese, consiste na composição da lei, dos princípios e dos valores como um conjunto indivisível, ou seja, no direito como um todo. Assim, o administrador não mais pauta sua atuação pura e simplesmente na lei, mas no ordenamento jurídico, propriamente dito. Para se aprofundar a esse respeito: BINENBOJM, Gustavo. *Uma teoria do direito administrativo*: direitos fundamentais, democracia e constitucionalização. Rio de Janeiro: Renovar, 2006.
[79] FARIAS, Sara Jane Leite de. Evolução histórica dos princípios econômicos da Constituição. In: SOUTO, Marcos Juruena Villela; MARSHALL, Carla C. (Org.). *Direito empresarial público*. Rio de Janeiro: Lumen Juris, 2002. p. 95.
[80] As lutas sociais remontam, na verdade, ao movimento operário surgido com a Revolução Industrial inglesa.

Na Europa, o pensamento social teve como base a Alemanha, tendo sido este o primeiro país a criar mecanismos assistenciais que se irradiaram pelo continente, sobretudo por meio do pensamento do inglês John Keynes,[81] que orientou a atuação do Estado para a intervenção e regulação do mercado, de forma a neutralizar seus efeitos mais nocivos, provendo políticas de pleno emprego e seguridade social às camadas mais desprotegidas da sociedade.

É certo que essa vertente do capitalismo é estimulada como uma opção à doutrina socialista que fora implantada na Rússia em 1917, com base nas diretrizes marxistas, que pregavam a extirpação da propriedade privada e da livre iniciativa e a respectiva substituição pelas ideias de planificação econômica e propriedade coletiva.

É a era, em suma, do Estado do bem-estar social. Paulo Bonavides define esse período como aquele que

> confere, no Estado constitucional ou fora deste, os direitos do trabalho, da previdência, da educação, intervém na economia como distribuidor, dita o salário, manipula a moeda, regula os preços, combate o desemprego, protege os enfermos, dá ao trabalhador e ao burocrata a casa própria, controla as profissões, compra a produção, financia as exportações, concede o crédito, institui comissões de abastecimento, provê necessidades individuais, enfrenta crises econômicas, coloca na sociedade

---

[81] O keynesianismo surge como doutrina salvadora, procurando proteger a democracia por meio da renovação do capitalismo, e domina todo o mundo ocidental nas décadas de 1950 a 1970. Consistia tal doutrina, analisando-a sinteticamente, em atribuir ao Estado a missão de proporcionar, a partir de uma política de intervenção continuada, o pleno emprego e de corrigir a distribuição de renda (ainda que à custa de endividamento público, efetivado principalmente através de obras de infraestrutura e financiamento de setores estratégicos) e o aumento da inflação. Ver: BOBBIO, Norberto; MATTEUCCI, Nicola; PASQUINO, Gianfresco. *Dicionário de política*. Brasília: UnB, 2004. p. 1208. Ver, na mesma obra, verbete "Política econômica", na p. 970.

todas as classes na mais estreita dependência de seu poderio econômico, político e social, em suma, estende sua influência a quase todos os domínios que dantes pertenciam, em grande parte, à área da iniciativa privada.[82]

Desmistifica-se definitivamente, então, a capacidade de autorregulação da sociedade e do mercado, recaindo sobre ambos intensa atuação do poder público, que passa a ter competência para controlar o sistema econômico, bem como para estruturar a ordem social.

Com efeito, de medidas meramente subsidiárias corretivas das deficiências transitórias de um sistema que se autorregulava, o Estado passa a realizar uma política estatal de direção permanente, conduzindo e planejando os sistemas social e econômico. Predominam, pois, os modelos de economia planejada e de direção centralizada, que vêm substituir a livre concorrência por uma direção política estatal.[83]

De fato, face às incertezas socioeconômicas e culturais dos períodos entre e pós-guerras, o Estado passa a dirigir as liberdades mais diversas, assumindo, como tarefa própria, o bem-estar da sociedade, de forma a estabelecer os fins últimos desta, que, por seu turno, deposita no Estado as expectativas de resolução de suas mazelas.

Infere-se disso, portanto, o desprestígio da capacidade da sociedade civil em organizar a si mesma, o que, aliás, já sustentava Hegel.[84] Para ele, tal segmento, além de ser inabilitado para garantir crescimento econômico seguro e integração social, teria

---

[82] BONAVIDES, Paulo. *Do Estado liberal ao Estado social*. 7. ed. São Paulo: Malheiros, 2004. p. 208.
[83] Para um aprofundamento no tema, ver: CARNOY, Martin. *Estado e teoria política*, 1994, op. cit., p. 195 e segs.
[84] BOBBIO, Norberto; MATTEUCCI, Nicola; PASQUINO, Gianfresco. *Dicionário de política*, 2004, op. cit. p. 1208. Verbete "Sociedade civil".

tendência a gerar crises econômicas, desigualdades extremas e pobreza, criando uma classe de inopiosos, excluídos do sistema de propriedade, convertendo-se, pois, em última análise, em mero campo de batalha de uma guerra de todos contra todos. O Estado, em consequência, deveria agir corretivamente, compensando as falhas do mercado – ainda mais graves nos países considerados subdesenvolvidos – e almejando uma integração social.

Para nortear essa ação estatal, os teóricos da época desenvolveram técnicas de planejamento e programação econômica que deveriam operacionalizar fórmulas abstratas, sendo que o importante era elaborar grandes modelos que conseguissem capturar e concatenar as principais variáveis que, para eles, seriam responsáveis pela acumulação de riqueza. Neste sentido, como bem leciona Jefferson C. Boechat:[85]

> Modelos sucessivos, como os de Rostow, Nurkse, Rosentein-Rodan, Prebisch-Myrdal-Singer, Leibenstein e Chenery levaram a este grupo concluir que:
>
> 1) a industrialização seria a força dinâmica que levaria à aceleração do crescimento econômico, visto pelos teóricos da primeira geração como mera acumulação de estoque de capital, graças à massificação do consumo de bens duráveis e não duráveis por parte de uma população que apresentava uma enorme demanda potencial por tais produtos, dada a repressão do consumo verificada no período de beligerância em que os recursos econômicos se realocaram para a produção de bens de guerra e que;
>
> 2) a principal instituição que funcionava como vetor de aceleração do processo de acumulação de riqueza na economia

---

[85] BOECHAT, Jefferson C. O estado do desenvolvimento e o desenvolvimento do Estado: lições do passado imediato para o futuro imediato. *Res Pvblica*, Brasília, ano II, n. 2, p. 9-28, maio 2003.

capitalista, o mercado, não era suficientemente desenvolvido nos países periféricos para assumir o papel que desempenhava nos países desenvolvidos. As principais falhas de mercado percebidas por esses estudiosos eram: sistema de preços ineficiente, incipiente capacidade empresarial, deficiências estruturais abrangentes, tais como: rigidez social, defasagens e inadequações na incorporação de tecnologia, baixa elasticidade de oferta e demanda, inflação crônica (estrutural) e pessimismo externo. Assim sendo, não haveria outro agente econômico capacitado a liderar o esperado rápido processo de crescimento econômico que não o próprio Estado. Logo, formou-se um consenso de que o poder político estatal deveria ser utilizado para coordenar a mobilização e alocação dos recursos que se fizessem necessários ao processo de alavancagem da acumulação capitalista, levando até que o Estado se tornasse, em algumas situações, ele mesmo, agente semiautônomo de uma grande empreitada industrializante.

Aos poucos, a estrutura original do Estado passou a revelar-se incapaz de desenvolver, a contento, todas as atividades que tinha assumido para si. Assim, o aparelho burocrático foi-se ampliando, principalmente por meio de um processo de descentralização, tanto no que se refere à prestação dos serviços públicos, quanto no desenvolvimento de atividades econômicas.[86]

Todo este processo se efetivava graças aos métodos administrativos da desconcentração e da descentralização. No primeiro, concede-se autonomia de gestão às unidades formadas nos limites de determinada pessoa jurídica, distribuindo-se atividades de

---

[86] Nesse contexto, Maria João Estorninho ressalta que "a questão de saber quais são exactamente as funções da Administração torna-se agora especialmente complexa, porque em bom rigor a Administração Pública tende a ocupar-se praticamente de tudo, desenvolvendo a sua actividade em todos os sectores da vida económica e social" (ESTORNINHO, Maria João. *A fuga para o direito privado*, 1999, op. cit., p. 37).

acordo com o critério de subordinação hierárquica. O segundo implica a técnica de transferência de atribuições a outro ente administrativo integrante da burocracia estatal, dotado de personalidade jurídica própria, com capacidade de se autogovernar e sujeito, apenas, à tutela e à vigilância da entidade criadora.

Contrariamente ao esperado, essa onda de descentralização não conseguiu superar os problemas do Estado intervencionista. Pelo contrário, a máquina estatal ficou hipertrofiada e os excessos do modelo burocrático acabaram ensejando uma queda ainda maior em seu nível de eficiência na prestação dos serviços públicos e atuação econômica.

Portanto, se é certo que, por um lado, a política do Estado social, a despeito de minimizar a liberdade em prol da igualdade e do bem-estar da sociedade, logrou êxitos, menos certo não é, de outra mão, que as duas últimas décadas do século marcaram a crise de sua legitimidade e realização, sobretudo, em virtude do desfalque criado nas finanças públicas pelo crescimento estatal acelerado, da inflação, do desemprego, da desmistificação da inesgotabilidade dos recursos do Estado e do inchaço da máquina administrativa.

O modelo da administração pública burocrática passa a ser questionado, principalmente, quanto à sua eficiência e aos seus altos custos. A garantia do poder do Estado transforma-se na própria razão de ser do administrador. O Estado volta-se para si mesmo, afastando-se de sua missão básica de servir de meio para a sociedade.

A nova concepção de Estado

A debilidade do Estado social para assumir responsabilidade sobre situações que não podia controlar foi, então, o cenário propício para o aparecimento de um novo liberalismo, que, procurando inverter a tendência histórica de crescimento do Estado, preocupou-se em redefinir os limites entre Estado e sociedade civil. Percebe-se, pois, no momento posterior à queda do muro de Berlim, o movimento de contração do Estado, em oposição ao Estado intervencionista que predominou no século XX.

Com o fracasso da experiência de planificação[87] percebeu-se que, de um lado, o marxismo é um instrumento teórico único e privilegiado para a compreensão do funcionamento do capitalismo, mas que, de outro, não revela o mesmo potencial quando aponta como resultado o sistema socialista/comunista. A história nos mostra que quando o capitalismo está em perigo, a burguesia, para o salvar, lança mão dos instrumentos de luta de classes, sendo o principal deles o Estado.

A partir da década de 1970, em diversos países,[88] começaram a ocorrer derrotas sucessivas dos partidos socialistas e social-democratas, observando-se o enfraquecimento da estratégia de ação política centrada na participação ilimitada de intervenção do Estado. Baseado nesta concepção, Fábio Ulhoa Coelho assim se expressa a respeito da nova estruturação do modelo de Estado:

> [...] o Estado não é mais ou menos intervencionista em função de critérios científicos, econômicos ou em função de opções livres que pessoas tomam reunidas em assembleias constituintes. O Estado é mais ou menos intervencionista em função das necessidades de preservação do sistema econômico dominante.

---

[87] Citam-se, como marcos históricos, a queda do Muro de Berlim, em 1989, e o fim da Guerra Fria, com a Glasnost e com a Perestroika, também no final da década de 1980.
[88] Têm destaque, no primeiro momento, os governos de Ronald Reagan nos EUA e de Margareth Tatcher no Reino Unido.

Ao longo do século XX o Estado assumiu funções que ele nunca deteve e que nós – pessoas do nosso tempo – podemos imaginar serem inerentes a ele: a Educação, a Saúde, a Previdência. O Estado ter responsabilidade sobre essas áreas da vida é noção sem sentido para o homem do século XIX, por exemplo. O Estado garantir a todos Educação, Saúde e Previdência é fenômeno específico do século XX, em que o capitalismo se viu envolvido numa ferrenha luta de classes. O sistema capitalista precisou defender-se de um perigo real e forte, e, para isso, usou o Estado com o objetivo de oferecer uma parte daquilo que era prometido pelo socialismo às massas desprovidas.

Pois bem, o socialismo fracassou. Caiu o Muro de Berlim. Não há mais por que manter estes gastos. O Estado, por consequência, retrai-se no fim do século XX, uma vez que não é mais necessário gastar com coisas que se justificavam num momento de guerra.[89]

De fato, as análises sobre a falência do keynesianismo chegaram à conclusão comum de que o Estado tornara-se poderoso, representando um alvo atraente para a busca de "rendas de monopólio" por parte dos interesses privados. Disso resultou, portanto, que o Estado, permeado por interesses particulares, acabou por desintegrar a coesão interna de suas intervenções.

Ganha força, então, uma segunda geração de estudiosos do desenvolvimento que se pôs a analisar – conforme a ótica dos pressupostos neoclássicos – as implicações microeconômicas desta macroestratégia de transformação estrutural, a fim de medir possíveis distorções econômicas.

---

[89] COELHO, Fábio Ulhoa. Reforma do Estado e direito concorrencial. In: SUNDFELD, Carlos Ari. (Org.). *Direito administrativo econômico*. São Paulo: Malheiros, 2000. p. 192.

Este grupo verificou distorções que entendiam derivar de políticas públicas totalmente equivocadas. Tais falhas foram denominadas de "falhas de governo", porque ocasionadas pela intervenção direta do Estado no domínio econômico. Para solucioná-las, recomendavam o alinhamento dos preços domésticos aos preços internacionais, o que seria conseguido por meio da liberação dos fluxos de comércio e da privatização do aparelho "(im)produtivo" estatal.[90]

A prescrição institucional neoliberal para a reforma do Estado que foi adotada em diversos países pretendeu reduzir seu poder intervencionista, incluindo as seguintes medidas: reduzir o tamanho da administração pública e do setor público; isolar o Estado das pressões do setor privado; recorrer às regras, em vez de permitir decisões de arbítrio; e delegar decisões políticas importantes, principalmente de ordem monetária, a instituições independentes que não têm incentivos para ceder a pressões políticas.

Esse novo liberalismo que floresce se manifesta à perfeição, se este não for mesmo o seu pressuposto, no estado democrático de direito, que, à diferença do estado meramente de direito, é o estado de direito e de justiça social. Maria Sylvia Zanella Di Pietro assim explica essa transformação do Estado:

> Por outras palavras, o Estado, sem deixar de ser Estado de Direito, protetor das liberdades individuais, e sem deixar de ser Estado Social, protetor do bem comum, passou também a ser Estado Democrático. Daí a expressão Estado de Direito Social e Democrático. Não que o princípio democrático já não fosse acolhido nas concepções anteriores, mas ele passa a ser visto sob

---

[90] BOECHAT, Jefferson C. "O estado do desenvolvimento e o desenvolvimento do Estado", 2003, op. cit., p. 14.

uma nova roupagem. O que se almeja é a participação popular no processo político, nas decisões do Governo, no controle da administração pública.

O princípio do interesse público adquire nova roupagem. No período do Estado Liberal, o interesse a ser protegido era aquele de feição utilitarista, inspirado nas doutrinas contratualistas liberais do século XVIII e reforçadas pelas doutrinas de economistas como Adam Smith e Stuart Mill. O Direito tinha que servir à finalidade de proteger as liberdades individuais como instrumento de tutela do bem-estar geral, em sentido puramente material.

Com a nova concepção do Estado de Direito, o interesse público humaniza-se, à medida que passa a preocupar-se não só com os bens materiais que a liberdade de iniciativa almeja, mas também com valores considerados essenciais à existência digna; quer-se liberdade com dignidade, o que exige atuação do Estado para diminuir as desigualdades sociais e levar a toda a coletividade o bem-estar social. O interesse público, considerado sob o aspecto jurídico, reveste-se de um aspecto ideológico e passa a confundir-se com a ideia de bem comum.[91]

A restituição de atividades à iniciativa privada, contudo, não pode conduzir ao total afastamento do Estado ou à retomada do Estado mínimo nos moldes do liberalismo clássico, que impunha incondicionalmente o dever de abstenção do poder público sob um discurso superado de neutralidade estatal, visto que há de orientar o novo paradigma de legitimidade do papel do Estado, mantendo coordenadas as relações entre o setor público e a sociedade.

---

[91] DI PIETRO, Maria Sylvia Zanella. *Parcerias na administração pública*: concessão, permissão, franquia, terceirização e outras formas. 4. ed. São Paulo: Atlas, 2002. p. 25-26.

A alternativa que se vislumbra para que se estabeleça um equilíbrio entre as ideologias interventiva e supressora do Estado na ordem econômica e social, a revelar um novo paradigma de legitimidade do papel estatal, é resgatada da doutrina social católica, que concebe o princípio da subsidiariedade como justificativa à substituição do Estado de bem-estar social, hoje em refluxo, em homenagem à valorização da sociedade e à liberdade humana, que têm como pressuposto a livre iniciativa e a responsabilidade dos indivíduos e grupos no exercício de seus direitos e obrigações.

O princípio da subsidiariedade vem contribuir para o estabelecimento de uma equilibrada relação entre o poder público e os cidadãos e, do ponto de vista jurídico, indicar parâmetros para uma distribuição subsidiária das competências e de poderes entre autoridades de distintos níveis, públicas ou não, visando ao atendimento das demandas da sociedade de modo mais eficiente, observando, sempre, valores e vontades da sociedade.

Seu centro de atuação consiste na assertiva de que uma entidade superior não deve realizar os interesses da coletividade inferior quando esta puder supri-los por si mesma de maneira mais eficaz, ou por uma perspectiva positiva, em que somente cabe ao ente maior atuar nas matérias que não possam ser assumidas, ou não o possam de maneira mais adequada, pelos grupos sociais menores. É o reconhecimento, em verdade, da prioridade da sociedade sobre o Estado, considerando-se que o poder público ocupa o topo da pirâmide do processo decisório.

A literatura especializada[92] aponta como fatores relacionados às mudanças de paradigma das sociedades da pós-modernidade (i) a valorização da autonomia e da subjetividade; (ii) as

---

[92] Sobre o tema ver: SANTOS, Boaventura de Sousa. *Pela mão de Alice*: o social e político na pós-modernidade. São Paulo: Cortez, 1995; DRAIBE, S. M. O *welfare State* no Brasil: características e perspectivas. *Ciências Sociais Hoje*, São Paulo, Anpocs, 1989.

mudanças econômicas geradas pela globalização do mercado; e (iii) o desenvolvimento de novas tecnologias de trabalho que implicaram o aumento da heterogeneização, aumentando, portanto, a fragmentação e exclusão social.

Em seu estudo, Claus Offe[93] identifica uma tendência dos Estados modernos em incorporar grupos de interesses aos processos decisórios, como forma de facilitar a criação de consensos em torno das mudanças nas políticas sociais. Segundo o autor, o governo utiliza três métodos para exercer o controle sobre as políticas públicas: inicialmente estabelece incentivos ou sanções que induzam os indivíduos a tomar o tipo de ação desejada; em seguida, transforma a produção e distribuição de certos bens em "bens públicos", o que acaba suscitando uma substancial oposição política, fazendo entrar em cena o terceiro método de controle político, que são os rearranjos corporativistas, os quais, por sua vez, permitem absorver a resistência política potencialmente obstrutiva, concedendo opções de "voz ativa" a esses grupos.

A necessidade de tal controle explicaria a tendência do Estado de incorporar os "grupos de interesses" ao processo decisório das políticas públicas, absorvendo, dessa forma, a resistência política potencialmente obstrutiva.

As organizações de interesses, segundo Claus Offe,[94] são absolutamente indispensáveis à política pública, uma vez que detêm o monopólio da informação relevante e a capacidade de controlar seus membros. Torna-se, portanto, desejável transformá-las em componentes integrantes do processo de formulação da própria política pública.

É, portanto, condição prévia para que o princípio da subsidiariedade possa conformar a ordenação social, negando ao

---

[93] OFFE, Claus. *Capitalismo desorganizado*. São Paulo: Brasiliense, 1989.
[94] Ibid., p. 63.

Estado o direito de intervir, que haja uma manifestação de vontade moralmente responsável da sociedade ou que os indivíduos e os entes intermédios se conscientizem acerca de seus deveres irrenunciáveis, dispondo-se a cumpri-los.[95]

O Estado subsidiário, que se manifesta, repita-se, no Estado democrático, necessita de cidadãos e grupos intermédios que estejam conscientes de seu papel social e de seus objetivos próprios, almejem participar da vida social e política e queiram atuar solidariamente com outros cidadãos e grupos. Ricardo Lobo Torres,[96] em trabalho específico sobre o tema, traça as implicações da subsidiariedade na intervenção do Estado na ordem econômica:

> Embora a subsidiariedade não seja um princípio estritamente diretivo da ordem econômica, ela a tem como um de seus objetos precípuos, orientando, nesse âmbito, a atuação estatal e informando a relação entre o Estado e o particular, de modo a harmonizar a coexistência do Poder Público e da liberdade de que goza a iniciativa privada. A subsidiariedade, portanto, regula a intervenção estatal na economia, cabendo-lhe fixar pautas que orientem uma relação harmônica entre a ordem econômica espontânea e a ação do Estado, a qual, saliente-se, não é por ela vedada, mas limitada à correção de distorções em nome do bem comum e da promoção da justiça.

Nesse contexto, a função do Estado como agente interventor passa a ser precipuamente realizada por meio da regulação. Dessa forma, a atuação toma um caráter mais indireto, obrigando o Estado e o agente investidor a um processo intenso e

---

[95] TORRES, Silvia Faber. *Princípio da subsidiariedade no direito público contemporâneo.* Rio de Janeiro: Renovar, 2001. p. 120.
[96] Ibid., p. 152.

permanente de negociação. Nas palavras de Norberto Bobbio, "o Estado de hoje está muito mais propenso a exercer uma função de mediador e de garante do que a de detentor do poder de império".[97]

Marçal Justen Filho indica que o objetivo da regulação é "conjugar as vantagens provenientes da capacidade empresarial com a realização de fins de interesse público".[98] Prossegue, afirmando que: "especialmente quando a atividade apresentar relevância coletiva, o Estado determinará os fins a atingir, mesmo quando seja resguardada a autonomia privada no tocante à seleção dos meios".[99] Portanto, a regulação estatal teria contornos abertamente promocionais, pois

> todas as atividades, inclusive aquelas até então desenvolvidas pelo Estado, são assumidas pelos particulares, mas assujeitadas a controle intenso e contínuo, com a finalidade de conduzir os particulares a atingir resultados necessários ao bem comum.[100]

Ressalte-se que a atividade regulatória contemporânea não está restrita apenas ao campo da economia, emergindo com força também no campo social. Todos os serviços públicos que puderem ser organizados segundo padrões de estrita racionalidade econômica deverão ser remetidos à iniciativa privada.

Em suma, o modelo regulador de Estado apresenta algumas modificações fundamentais em face do modelo anterior. A pri-

---

[97] BOBBIO, Norberto. *Estado, governo e sociedade*: para uma teoria geral da política. 4. ed. Rio de Janeiro: Paz e Terra, 1987. p. 26.
[98] JUSTEN FILHO, Marçal. *O direito das agências reguladoras independentes*. São Paulo: Dialética, 2002. p. 30.
[99] Loc. cit.
[100] Ibid., p. 28.

meira relaciona-se com a abrangência das atividades sujeitas à iniciativa privada. Ora, por um lado cogita-se a transferência para os particulares do exercício de atividades economicamente organizadas, seja por via da privatização, seja por via da delegação. Por outro, propõe-se a liberalização de atividades, propiciando ampla disputa pelos agentes em regime de mercado.

A segunda característica reside na inversão da importância da forma regulatória com intervenção estatal, como antes assinalado. De fato, o instrumento regulatório, em maior ou menor grau, sempre esteve presente na forma de atuação. O que ocorre agora é que ele é elevado à categoria de instrumento primordial para a realização dos fins de interesse público.

O terceiro marco é a ampliação das finalidades da regulação. Antes, esta modalidade de atuação era entendida apenas como meio de atenuar ou eliminar as falhas de mercado. Agora, admite-se também "a intervenção destinada a propiciar a realização de certos valores de natureza política ou social".[101]

Nesse sentido, Diogo de Figueiredo Moreira Neto preceitua cinco razões básicas para o exercício da atividade regulatória: (i) importa regular o mercado para garantir a concorrência; (ii) importa regular o mercado em razão de seus limites e falhas eventuais; (iii) importa regular para afastar ou atenuar as externalidades negativas do funcionamento da economia; (iv) importa regular para promover a proteção dos consumidores/usuários; (v) importa regular para garantir as denominadas obrigações de serviço público.[102]

---

[101] Ibid., p. 24.
[102] MOREIRA, Vital. Serviço público e concorrência: a regulação no setor elétrico. In: NUNES, António José Avelãs. Os caminhos da privatização da administração pública. Coimbra: Coimbra, 2001. p. 223-247 apud OLIVEIRA, Gustavo Henrique Justino de. O contrato de gestão na administração pública brasileira. Tese (Doutorado) – Faculdade de Direito da Universidade do Estado de São Paulo, São Paulo, 2005e. p. 76.

A quarta característica é a visão da

regulação como um processo, em que interessa não apenas o momento da formulação das regras, mas também aqueles de sua concreta aplicação, e, por isso, não a abstrata, mas a concreta modificação dos contextos de ação dos destinatários.[103]

Assim, passa-se de um estágio de regramento estático para o dinâmico, que exige maior tecnicidade e proximidade do agente regulador.

O caso brasileiro

Embora não tenha vivido uma revolução liberal própria, – e até por isso o recuo do patrimonialismo dá-se em ritmo muito mais lento, sendo até hoje presente a luta para, pelo menos, diminuí-lo a níveis razoáveis – o Estado brasileiro, embora muitas vezes com algum atraso, sempre acompanhou o modelo dos países capitalistas, sendo especialmente influenciado pelo sistema francês, no que tange à administração pública.

No campo dos serviços públicos, seguindo o modelo anglo-saxão, as transformações do papel do Estado caracterizaram-se pela redução da sua estrutura orgânica e redefinição de suas funções, de forma a "se afirmar como Estado Instrumental e Competitivo, apropriado às sociedades abertas".[104]

A administração pública gerencial não é algo inédito no Brasil. Verifica-se esse fenômeno quando da primeira reforma administrativa brasileira, que instituiu, em 1938, a primeira

---

[103] MAJONE, Giandomenico; LA SPINA, Antonio. *La Stato regulatore*. Bolonha: Il Mulino, 2000. p. 28 apud JUSTEN FILHO, Marçal. *O direito das agências regulatórias independentes*, 2002, op. cit., p. 25.
[104] MOREIRA NETO, Diogo de Figueiredo. *Mutações do direito administrativo*. Rio de Janeiro: Renovar, 2000. p. 123.

autarquia, surgindo, então, a noção de que os serviços públicos deveriam ser descentralizados, não obedecendo a todos os requisitos burocráticos exigidos na administração direta ou central. Inclusos nessa primeira reforma estão os princípios da administração burocrática clássica, introduzida no Brasil por meio da criação do Departamento Administrativo de Serviço Público (Dasp).[105] Contudo, a verdadeira tentativa de reforma administrativa só aconteceria no final dos anos 1960, por meio do Decreto-Lei nº 200, de 25 de fevereiro de 1967, concebido por Hélio Beltrão, que viria a ser o pioneiro dessas novas ideias no Brasil. Essa reforma objetivava a superação da rigidez burocrática, a partir do pressuposto da maior eficiência da administração descentralizada.[106]

Pelo citado decreto-lei foram transferidas as atividades de produção de bens e serviços para as autarquias, fundações, empresas públicas e sociedades de economia mista, reconhecendo e racionalizando uma situação existente na prática. Consolidaram-se princípios como o da racionalidade administrativa, o do planejamento, o do orçamento, o da descentralização e o do controle de resultados. Nas unidades descentralizadas foram utilizados empregados celetistas, submetidos ao regime privado de contratação de trabalho.[107]

---

[105] O Dasp foi extinto em 1986, dando lugar à Secretaria de Administração Pública da Presidência da República, que, em 1989, também foi extinta, sendo incorporada à Secretaria de Planejamento da Presidência da República. Em 1990 foi criada a Secretaria da Administração Federal da Presidência da República, que, em 1992, foi incorporada ao Ministério do Trabalho. Em 1995 transformou-se em Ministério da Administração e reforma do Estado e, posteriormente, em 1999, em Secretaria de Estado de Administração e de Patrimônio (Seap), vinculada ao Ministério do Orçamento e Gestão.
[106] BRESSER-PEREIRA, Luiz Carlos. Uma reforma gerencial da administração pública no Brasil. *Revista de Serviço Público (RSP)*, Brasília, ano 49, n. 1, 49, p. 5-42, jan./mar. 1988. Texto apresentado no Congresso da Associação Internacional de Ciência Política, Seul, ago. 1997.
[107] BRESSER-PEREIRA, Luiz Carlos. Da administração pública burocrática à gerencial. In: _____; SPINK, Peter (Org.). *Reforma do Estado e administração pública gerencial*. 2. ed. Rio de Janeiro: FGV, 1998b. p. 244.

Como sustentáculo para a decisão de aprimorar a administração pública por meio da administração indireta estava o reconhecimento de que a administração direta não havia sido capaz de responder com agilidade, flexibilidade, presteza e criatividade às demandas e pressões de um Estado que se decidira desenvolvimentista. Por meio da flexibilização administrativa, buscava-se maior eficiência nas atividades econômicas do Estado e o fortalecimento da aliança política entre a alta tecnoburocracia estatal, civil e militar e a classe empresarial.[108]

A implementação dessa reforma teve, porém, consequências indesejáveis, pois, ao permitir a contratação de empregados sem concurso público, facilitou a prática patrimonialista. Além disso, não realizou mudanças na administração direta ou central que permitissem o desenvolvimento das carreiras da alta administração.

A transição democrática, que antecedeu à promulgação da Constituição de 1988, não promoveu reformas no aparelho do Estado. A sociedade brasileira não tinha noção da gravidade da crise que o país atravessava, pois, afinal, saía de um longo período ditatorial e tinha como principal preocupação o restabelecimento da ordem democrática. Segundo Luiz Carlos Bresser-Pereira, "havia uma espécie de euforia democrático-populista, uma ideia de que seria possível voltar aos anos da democracia e do desenvolvimento dos anos 50".[109]

Assim, observam-se algumas contradições e mesmo algum retrocesso na Constituição de 1988, uma vez que foram estabelecidos princípios de uma administração burocrática, consolidando uma administração pública altamente centralizada, hierárquica e rígida, ignorando-se, em muitos casos, as novas orientações técnicas.

---

[108] Ibid., p. 244.
[109] Loc. cit.

Por outro lado, também é verdade que a Constituição de 1988 adotou a forma do Estado de direito democrático e deixou claro que a prestação de determinados serviços não é exclusividade do poder público, especialmente no campo da seguridade social (arts. 194, VII; 197 e 204, por exemplo) e da educação (arts. 205, 206 e 209).

Após o episódio da hiperinflação, no início da década de 1990, a sociedade entendeu a gravidade do cenário, pois se tornaram evidentes a crise fiscal, a inoperância da máquina estatal – inchada sob o modelo burocrático –, a deterioração da prestação dos serviços públicos, bem como o insucesso da política de substituição dos produtos importados pelos nacionais. Como consequência, as reformas passam a ser inevitáveis e transformam-se em tema das disputas político-eleitorais.[110]

O Plano Diretor da Reforma do Estado

Diante deste cenário, em novembro de 1995, no governo do presidente Fernando Henrique Cardoso, foi elaborado o Plano Diretor de Reforma do Estado[111] como a terceira grande reforma da administração pública brasileira. Tinha a perspectiva de consolidar a estabilização da economia, bem como de garantir seu crescimento, estabelecendo como diretriz a ser implementada pelo Estado uma nova modalidade de administração pública. Caio Tácito, comentando este novo modelo de administração pública, destaca:

---

[110] Para um aprofundamento nesta temática: MARINI, Caio. Aspectos contemporâneos do debate sobre reforma da administração pública no Brasil: a agenda herdada e as novas perspectivas. *Revista Eletrônica sobre a Reforma do Estado (Rere)*, Salvador, n. 1, 2005. Disponível em: <www.direitodoestado.com.br>. Acesso em: 25 maio 2005. Cf. também BOECHAT, Jefferson C. "O estado do desenvolvimento e o desenvolvimento do Estado", 2003, op. cit., p. 9-28.

[111] Elaborado pelo Ministério da Administração Federal e da Reforma do Estado; aprovado pela Câmara da Reforma do Estado e pelo presidente da República.

O modelo de administração a que se propõe o atual Governo guarda originalidade e se filia a uma objetiva experiência nacional. Contudo, ainda que sob inspiração diversa e diversa motivação, a Reforma Administrativa brasileira guarda relativa identidade de objetivos com equivalente política norte-americana, consolidada em lei de 1993 – *Government Performance and Results Act* – que, após cinco anos de implantação, começa a produzir frutos em caminho que se aproxima dos objetivos da administração gerencial, ambicionada pela reforma brasileira.

Guardadas as profundas diferenciações culturais e constitucionais, a reforma norte-americana visa igualmente à adoção de planos estratégicos e à avaliação periódica de resultados de modo a alcançar objetivos de eficiência e produtividade, notadamente pela atualização do modelo de agências reguladoras independentes, com históricas raízes, em 1887, na *Interstate Commerce Comission*.[112]

O plano, entre outras metas na área social, estabelece objetivos e diretrizes para dar suporte à reforma da administração pública como um todo.[113] Objetiva, neste diapasão, modernizar e racionalizar a administração pública, não só pela implantação de maquinário técnico mais atualizado, mas também pelo enxugamento da máquina estatal e pelo incremento na qualificação de seu pessoal, desburocratizando e flexibilizando o modelo decisório tradicional, tudo como forma de conceder ao Estado condições de assumir eficientemente seu novo papel, não só

---

[112] TÁCITO, Caio. Prefácio. In: PEREIRA JÚNIOR, Jessé Torres. *Da reforma administrativa do Estado*. Rio de Janeiro: Renovar, 1999. p. 2.
[113] Assim compreendida como a que engloba toda a estrutura do Estado nos poderes Executivo, Legislativo e Judiciário, bem como a estrutura organizacional dos três entes federativos (União, estados, territórios e municípios).

no campo da regulação, mas também no campo do adequado atendimento público à população.[114] A ideia central é a de que a atuação estatal se paute por uma "administração pública gerencial", que se distingue da administração pública anteriormente praticada, basicamente por concentrar-se nos resultados obtidos (realização de fins públicos com eficiência) e não nos meios procedimentais burocráticos para seu alcance. Sobre o tema, confira-se Bresser-Pereira, em apresentação realizada em seu sítio oficial na internet sobre a reforma de 1995:

> Um dos princípios fundamentais da Reforma de 1995 é o de que o Estado, embora conservando e se possível ampliando sua ação na área social, só deve executar diretamente as tarefas que são exclusivas de Estado, que envolvem o emprego do poder de Estado, ou que apliquem os recursos do Estado. Entre as tarefas exclusivas de Estado devem-se distinguir as tarefas centralizadas de formulação e controle das políticas públicas e da lei, a serem executadas por secretarias ou departamentos do Estado, das tarefas de execução, que devem ser descentralizadas para agências executivas e agências reguladoras autônomas. Todos os demais serviços que a sociedade decide prover com os

---

[114] Da apresentação que consta do plano diretor vale aqui extrair suas principais finalidades: "[...] dar um salto adiante, no sentido de uma administração pública que chamaria de 'gerencial', baseada em conceitos atuais de administração e eficiência, voltada para o controle dos resultados e descentralizada. [...] reorganizar as estruturas da administração com ênfase na qualidade e na produtividade do serviço público; na verdadeira profissionalização do servidor, que passaria a perceber salários mais justos para todas as funções. [...] mediante a flexibilização da estabilidade e da permissão de regimes jurídicos diferenciados, o que se busca é viabilizar a implementação de uma administração pública de caráter gerencial. [...] do bom cumprimento de suas diretrizes, dependerá o êxito da transformação do Estado brasileiro" (BRASIL. Presidência da República. Câmara da Reforma do Estado. Ministério da Administração Federal e Reforma do Estado. *Plano Diretor da Reforma do Aparelho do Estado*. Brasília, 1995). Disponível em: <www.planejamento.gov.br/noticia.asp?p=not&cod=524&cat=238&sec=25>. Acesso em: 15 jul. 2010.

recursos dos impostos não devem ser realizados no âmbito da organização do Estado, por servidores públicos, mas devem ser contratados com terceiros. Os serviços sociais e científicos, para os quais os respectivos mercados são particularmente imperfeitos, já que neles impera a assimetria de informações, devem ser contratados com organizações públicas não estatais de serviço, as "organizações sociais", enquanto os demais podem ser contratados com empresas privadas. As três formas gerenciais de controle – controle social, controle de resultados e competição administrada – devem ser aplicadas tanto às agências, quanto às organizações sociais. A Reforma da Gestão Pública de 1995-98 não subestimou os elementos patrimonialistas e clientelistas ainda EXISTENTES em um Estado como o brasileiro, mas, ao invés de continuar se preocupando exclusivamente com eles, como fazia a reforma burocrática desde que foi iniciada nos anos 1930, avançou na direção de uma administração mais autônoma e mais responsabilizada perante a sociedade. Seu pressuposto é de que a melhor forma de lutar contra o clientelismo e outras formas de captura do Estado é dar um passo adiante e tornar o Estado mais eficiente e mais moderno.

Embora enfrentando paralisações previsíveis, a Reforma da Gestão Pública de 1995 está sendo bem-sucedida em tornar gerencial o Estado brasileiro. Sua implementação deverá durar muitos anos como nos outros países duraram as reformas burocráticas.[115]

Ainda que se aproxime dos moldes de administração gerencial praticada por empresas privadas, dela se distingue fundamentalmente por não visar ao lucro e, sim, ao atendimento do interesse público.[116] Outros fatores conduzem para a distinção

---

[115] Disponível em: <www.bresserpereira.org.br/rgp.asp>. Acesso em: 15 jul. 2010.
[116] Interesse público aqui compreendido como aquele que se identifica com o interesse da coletividade e não o do próprio Estado.

entre as duas formas de administração gerencial, como o fato de o poder público extrair seus recursos da coleta de impostos, bem assim o fato de a administração pública ser controlada pela própria sociedade. Nesta modalidade gerencial, dá-se a definição dos objetivos que cada agente deve assumir, a autonomia de gestão dos recursos humanos e materiais dos quais se utiliza o agente público no exercício de suas atividades, bem assim a cobrança dos resultados almejados, tudo conduzindo a um ambiente competitivo dentro da própria máquina estatal, na esperança de que isto possa contribuir para o incremento quantitativo e qualitativo dos resultados.[117] O plano diretor divide as atividades

---

[117] Alguns resultados dessa nova forma de administrar são relatados por Bresser-Pereira em artigo específico sobre o tema: "A legitimação do Estado Social pela Reforma Gerencial pode ser observada em um sem número de casos. Um exemplo é o que ocorreu na Grã-Bretanha – país que foi tanto um laboratório da ideologia neoliberal durante o governo de Margareth Thatcher quanto o país em que se originou a Reforma Gerencial. Tony Blair chegou ao governo em 1997, depois de quase 20 anos de governos neoliberais. Ainda que os trabalhistas criticassem a reforma no tempo em que estavam na oposição, quando chegaram ao governo a mantiveram e a aprofundaram. Ao mesmo tempo, aumentaram a carga tributária para melhorar a qualidade dos serviços de saúde e de educação. Tornaram, assim, a administração desses serviços mais eficiente, e esse foi um argumento fundamental usado por Blair para legitimar sua política social que aumentava o tamanho do Estado ao elevar a despesa pública e a carga tributária. Margareth Thatcher não logrou extinguir o Estado Social; o máximo que conseguiu foi não aumentar a carga tributária. Tony Blair mudou a direção e avançou mais no caminho do Estado Social aumentando o consumo coletivo de serviços sociais, enquanto procurava transferir a oferta desses serviços para entidades públicas de direito privado. Neste caso, a Reforma Gerencial foi essencial para que o Estado Social pudesse ser assim fortalecido. Duas outras experiências significativas no mesmo sentido ocorreram no Brasil, uma no governo Fernando Henrique, com o SUS, e a outra no governo Lula, com a Bolsa Família. Quando [Fernando Henrique] começou o primeiro governo, em 1995, o Sistema Único de Saúde, o grande sistema que implementava a determinação da Constituição de 1988 de garantir o direito universal aos serviços de saúde, estava em crise. Não se havia ainda logrado estabelecer um sistema de financiamento para o SUS, e os hospitais envolvidos ofereciam serviços deficientes e se envolviam com frequência em denúncias de corrupção. A norma que regulava os serviços – a Norma Operacional Básica, de 1993 – não dava conta do problema. Entretanto, a partir do final de 1996 começou uma grande Reforma Gerencial do SUS, com base na NOB 96, ao mesmo tempo que se definiam fontes de financiamento para os serviços. Hoje o SUS é um sistema universal de saúde que atende a um direito básico da cidadania com qualidade razoavelmente boa e custo

do Estado em quatro grupos: "núcleo estratégico",[118] "atividades exclusivas",[119] "serviços não exclusivos"[120] e "produção de bens e serviços para o mercado",[121] para destacar que o critério de eficiência (com qualidade e baixo custo no atendimento da coletividade) só não deve se mostrar preponderante quanto às atividades concernentes ao "núcleo estratégico" do Estado (no qual a efetividade das medidas prevalece sobre a eficiência).

---

muito baixo: menos de R$ 2,00 por habitante-dia. O segredo está, de um lado, na grande mobilização que ocorreu para a definição e implantação do SUS e no controle social exercido pelos cidadãos em sua decorrência, e, de outro, na forma de administração gerencial distinguindo a oferta da procura de serviços e dando aos municípios um papel muito maior em contratar os hospitais que prestam os serviços. Fenômeno semelhante [...] [ocorreu] com a Bolsa Família no governo Lula. Inicialmente a ideia era a de distribuir cestas básicas em um programa denominado Fome Zero. Entretanto, logo se verificou que esse programa estava malformulado e mal-administrado. Optou-se, então, por unificar e administrar gerencialmente as diversas bolsas em dinheiro e espécie que existiam até então, dar a todas o nome de Bolsa Família, e aumentar consideravelmente sua abrangência. O resultado foi positivo. Enquanto o programa Fome Zero havia sido objeto de críticas permanentes, a Bolsa Família revelou-se efetiva em atender a um custo baixo os realmente pobres. Existe, sem dúvida, a crítica de que esse programa não estimula o trabalho e é focado, ao invés de universal. É indiscutível, porém, que os recursos públicos estão sendo usados de modo eficiente e atendem de forma efetiva às famílias socialmente excluídas. Em conclusão, a Reforma Gerencial nasceu da pressão por maior eficiência ou menores custos que se seguiu à transformação do Estado Democrático Liberal em Estado Democrático Social. Por outro lado, ao significar, do ponto de vista administrativo, a transição do Estado Burocrático para o Estado Gerencial, revelou-se um instrumento fundamental das sociedades modernas para neutralizar a ideologia neoliberal que busca diminuir o tamanho do Estado na medida em que, ao tornar mais eficiente (embora jamais tão eficiente quanto gostaríamos) a provisão dos serviços sociais públicos ou coletivos, legitima o próprio Estado Social, e garante seu aprofundamento futuro" (BRESSER-PEREIRA, Luiz Carlos. *Democracia, Estado social e reforma gerencial*: intervenção no VI Fórum da Reforma do Estado. Rio de Janeiro, 1 out. 2007. p. 10-11). Disponível em: <www.bresserpereira.org.br/papers/2008/07.17. DemocraciaEstadoSocialEReformaGerencial.28.2.08.pdf>. Acesso em: 15 jul. 2010.

[118] Poderes Executivo, Legislativo, Judiciário e Ministério Público.

[119] Atividades que somente podem ser prestadas pelo Estado (*e.g.*, cobrança de impostos, atividade policial, fiscalização de normas sanitárias, emissão de passaportes etc.).

[120] Correspondem às atividades que visam atender aos direitos fundamentais da coletividade e nas quais atuam tanto o Estado quanto o setor privado (*e.g.*, universidades, hospitais, núcleos de pesquisa e museus).

[121] São as atividades econômicas em sentido restrito, ou seja, reservadas à livre iniciativa, mas que permanecem sob a execução e exploração pelo Estado (*e.g.*, setor de infraestrutura).

Nesta medida, no que concerne a estas atividades exercidas pelo Estado, constata-se que o alcance da eficiência é a mola propulsora do Plano Diretor da Reforma do Estado, o que não será alcançado senão por uma modalidade administrativa mais flexível. "O Estado não muda, o que se pretende remodelar é a feição de sua atividade administrativa."[122]

Na seara da intervenção do Estado na economia, o plano tem como pano de fundo o fortalecimento do Estado como instrumento a viabilizar sua ação reguladora, especialmente sobre os serviços públicos delegados. No campo da regulação estatal, portanto, o plano diretor traz como projeto que permitirá a implantação do modelo de "administração pública gerencial" a implementação, em curto prazo, das "agências autônomas", que acabaram sendo criadas sob a modalidade de autarquias públicas especiais, as agências reguladoras setoriais,[123] independentes e autônomas, para regularem diversos setores da economia, especialmente os serviços públicos.

Questões de automonitoramento

1. Após ler este capítulo, você é capaz de resumir o caso gerador do capítulo 8, identificando as partes envolvidas, os problemas atinentes e as possíveis soluções cabíveis?
2. Quais características identificam o Estado liberal? Que fatores conduziram à sua passagem ao Estado social?
3. Quais são as principais características da nova concepção de Estado e como elas são introduzidas?

---

[122] PEREIRA JÚNIOR, Jessé Torres. *Da reforma administrativa do Estado*. Rio de Janeiro: Renovar, 1999. p. 4.
[123] No plano federal, observou-se a criação de agências reguladoras setoriais, mas, no plano estadual, as agências tenderam a ser criadas para uma regulação multissetorial.

4. O que você entende por Estado regulador e quais são suas razões de atuação?
5. Tendo em conta o Plano Diretor da Reforma do Estado, quais são os principais objetivos da reforma administrativa, em que consiste a "administração pública gerencial" e quais são suas finalidades?
6. Analise o papel do Estado frente à atual Constituição da República Federativa do Brasil.
7. Pense e descreva, mentalmente, alternativas para a solução do caso gerador do capítulo 8.

3 | Administração direta, autárquica e fundacional: introdução às agências reguladoras e executivas

Roteiro de estudo

Breve apresentação do tema

Este capítulo[124] visa apresentar parte da atual estrutura administrativa estatal, inserida em um contexto de reforma do Estado, baseada na descentralização dos setores estatais não exclusivos, mantendo-se a proposta de centralização apenas para o núcleo estratégico de governo. Tratar-se-á também das novas figuras jurídicas trazidas pela reforma (que optou por um modelo de administração gerencial da coisa pública em substituição ao modelo burocrático), consequências da passagem de um Estado executor para um Estado regulador.

Assim, antes de adentrar especificamente no tema sob análise, é interessante transcrever a opinião de Diogo de Figueiredo

---

[124] Como traço orientador na formulação do presente capítulo, não obstante o recurso aos livros indicados na bibliografia, foram utilizadas as obras *Direito administrativo regulatório* e *Direito administrativo em debate*, do professor Marcos Juruena Villela Souto.

Moreira Neto[125] sobre a atual fase do direito administrativo e do Estado de forma geral:

> Progressivamente, assim, o Estado vai abandonando a histórica pretensão de ser dirigente e mentor da sociedade para afincar-se na missão de ser dela instrumento e parceiro. Com isso, a imperatividade deixa de ser critério para ser ferramenta posta à escolha do legislador.
>
> Evidentemente, sempre haverá necessidade de que a imperatividade exista e continue a se aplicar ao exercício do monopólio estatal da coerção nas inúmeras situações em que seja necessário impor a sua vontade institucional para preservar ou atingir um determinado interesse público, mas sempre desde que como tal definido em lei.
>
> Certo é, também, que a postura, velha de mais de dois séculos, erguida sobre a tríade supremacia, imposição, e unilateralidade – reputadas como atributos permanentes e inafastáveis da administração pública em suas relações com os administrados – vem cedendo paulatinamente à consensualidade e à negociação, pois que se vêm mostrando muito mais eficientes para a satisfação dos interesses públicos [...].

Administração direta e descentralização administrativa

Sabe-se que o Estado tem como função a concretização dos interesses da coletividade, devendo agir sempre em consonância com o interesse público. Assim, cabe ao direito administrativo, como ramo do direito público, a incumbência de estudar a função de administrar do Estado.

---

[125] Trecho extraído da conferência proferida no encerramento de seminário sobre contratos administrativos, promovida pelo Centro de Estudo, Pesquisa e Atualização em Direito (Cepad), Rio de Janeiro, em agosto de 2005, por ocasião de seu 25º aniversário de fundação.

O exercício das funções de administrar pode caber à administração centralizada (administração direta), que é aquela prevista na própria Constituição Federal como centro do poder, concentrando, inicialmente, todas as competências administrativas que cabem ao poder público executivo, ou pode ser prestado por outros sujeitos, seja pela transferência a particulares do exercício de funções que são, em princípio, próprias de Estado ou, então, pela criação de novas pessoas jurídicas.

Centralização administrativa

O Estado, nos diversos níveis da federação, exercerá suas atividades por "execução direta" quando, dentro da sua própria estrutura administrativa, for o titular e o executor do serviço.

Assim, para a consecução dos fins constitucionalmente previstos, caberá à administração direta (União, estados, municípios e Distrito Federal)[126] promover a desconcentração, na qual não se cria uma nova pessoa jurídica, mas apenas se divide a competência em unidades (órgãos)[127] no âmbito da mesma pessoa.

---

[126] O professor Diogo de Figueiredo Moreira Neto assim define a organização dos entes da federação: "Essas entidades centrais, no exercício das respectivas autonomias políticas, organizar-se-ão juridicamente: a União, pela Constituição Federal (Título III, Cap. II); os Estados, por suas respectivas Constituições e leis que adotarem, observados os princípios da Constituição Federal (art. 25); os Municípios, pelas respectivas Leis Orgânicas (Cartas Municipais), atendidos os princípios estabelecidos na Constituição Federal e na do Estado a que pertençam (art. 29), e o Distrito Federal, pela sua Lei Orgânica, obedecidos os princípios e regras estabelecidos na Constituição Federal (art. 32, *caput*)" (MOREIRA NETO, Diogo de Figueiredo. *Curso de direito administrativo*. 14. ed. Rio de Janeiro: Forense, 2005).

[127] Para Celso Antônio Bandeira de Mello, órgãos públicos são "unidades abstratas que sintetizam os vários círculos de atribuições do Estado. Por se tratar, tal como o próprio Estado, de entidades reais, porém abstratas (seres de razão), não têm vontade nem ação, no sentido de vida psíquica ou anímica próprias, que, estas, só o seres biológicos podem possuí-la. De fato, os órgãos não passam de simples repartições de atribuições, e nada mais" (MELLO, Celso Antônio Bandeira de. *Curso de direito administrativo*. 13. ed. São Paulo: Malheiros, 2001. p. 106).

A desconcentração pode se dar em razão da matéria, ou seja, do assunto (por exemplo: Secretaria de Saúde, de Segurança Pública etc.); da hierarquia, também chamada de desconcentração por grau (por exemplo: departamentos, divisões, unidades etc.); de critérios territoriais ou geográficos (por exemplo: Delegacia da Receita Federal do Rio de Janeiro, de São Paulo, de Santa Catarina etc.).

Importante salientar, conforme explicitado por Celso Antônio Bandeira de Mello,[128] que a distribuição de competência operada pela desconcentração não prejudica a unidade estatal, uma vez que os agentes e órgãos continuam vinculados pelo poder da hierarquia.

Descentralização administrativa

A descentralização envolve a atribuição de competências originalmente estatais para pessoas jurídicas distintas do poder central, sejam elas públicas ou privadas, com personalidade jurídica própria e dotadas de autonomia, não estando subordinadas (apenas vinculadas) à administração direta.

Todavia, a descentralização, embora seja opção discricionária do administrador público, deve obedecer a alguns parâmetros.

Inicialmente, deve ser analisado se a função que se quer descentralizar envolve ou não a necessidade de uso das prerrogativas estatais. Se a atividade exigir submissão a uma hierarquia no âmbito do poder central, não poderá haver descentralização, nem mesmo para uma entidade da administração direta com personalidade de direito público.

---

[128] Ibid., p. 116.

Se a função exigir apenas o uso das prerrogativas estatais de representação da prevalência do interesse geral sobre o individual, a autoridade e o consequente poder de império só poderão ser desenvolvidos por uma pessoa jurídica de direito público (exemplo: autarquia). Por outro lado, se a atividade não exigir o exercício dessa supremacia, poder-se-á fazer a descentralização, por exemplo, para uma sociedade de economia mista ou empresa pública, figuras da administração indireta (composta por autarquias, empresas públicas, sociedades de economia mista e fundações).

A descentralização pode ser feita por outorga, quando as funções do Estado passam a ser exercidas por entidades criadas por lei ou cuja criação é autorizada por lei, permanecendo vinculadas à estrutura da administração pública (exemplos: autarquias, empresas públicas), ou por delegação, colaboração ou reconhecimento, decorrentes de atos administrativos unilaterais, bilaterais ou complexos para a atribuição ou reconhecimento da execução de funções públicas ou de interesse público por particulares, permanecendo o Estado como titular.

O que se deve frisar é que o administrador público tem discricionariedade para optar pela descentralização. Todavia, se esta for possível, na escolha de qual entidade da administração indireta se ajusta melhor à atividade a que se quer descentralizar não cabe discricionariedade, uma vez que cada uma delas (autarquias, fundações, sociedades de economia mista e empresas públicas) possuem vocações distintas e bem definidas.[129] Marcos Juruena Villela Souto defende, ainda, que a sede para definição dos formatos a serem adotados pela administração indireta seria o planejamento econômico, que é imperativo para o setor público, a teor do disposto no art. 174 da CRFB.

---

[129] SOUTO, Marcos Juruena Villela (Coord.). *Direito administrativo empresarial*. Rio de Janeiro: Lumen Juris, 2006b. p. 2.

Cabe, ainda, apenas para fins didáticos, traçar a diferença básica entre a descentralização e a desconcentração. Para tal, citamos a apertada síntese de Celso Antônio Bandeira de Mello:[130]

Descentralização e desconcentração são conceitos claramente distintos. A descentralização pressupõe pessoas jurídicas diversas: aquela que originalmente tem ou teria titulação sobre certa atividade e aqueloutra ou aqueloutras às quais foi atribuído o desempenho das atividades em causa. A desconcentração está sempre referida a uma só pessoa, pois cogita-se da distribuição de competências na intimidade dela, mantendo-se, pois, o liame unificador da hierarquia. Pela descentralização rompe-se uma unidade personalizada e não há vínculo hierárquico entre a Administração Central e a pessoa estatal centralizada. Assim, a segunda não é "subordinada" à primeira.

O que passa a existir, na relação entre ambas, é um poder chamado controle.

Autarquias

O conceito legal de autarquia, não obstante a crítica de boa parte da doutrina, encontra-se no Decreto-Lei nº 200,[131] de 25 de fevereiro de 1967, que em seu art. 5º, inciso I, assim dispõe:

---

[130] MELLO, Celso Antônio Bandeira de. *Curso de direito administrativo*, 2001, op. cit., p. 117.
[131] No Brasil, o termo foi previsto no art. 2º do Decreto-Lei nº 6.016, de 22 de novembro de 1943, como serviço estatal descentralizado, com personalidade de direito público, explícita ou implicitamente reconhecida por lei. Posteriormente, a Constituição Federal de 1946, art. 77, II, 2ª parte, atribuiu-lhe sede constitucional, sobrevindo nova definição com a Lei nº 830, de 23 de novembro de 1949, que, em seu art. 139, ao reorganizar o Tribunal de Contas da União, a definiu como: (a) o serviço estatal descentralizado, com personalidade jurídica, custeado mediante orçamento próprio, independente do orçamento geral; (b) as demais pessoas jurídicas especialmente instituídas por lei para execução de serviços de interesse público ou social, custeadas por tributos de qualquer natureza, ou por outros recursos oriundos do Tesouro. Com a nova organização da Administração Federal, segundo as diretrizes estabelecidas na reforma administrativa pelo Decreto-Lei nº 200, de 25 de fevereiro de 1967, chegou-se à definição atual, em seu art. 5º, inciso I.

I. Autarquia – o serviço autônomo, criado por lei, com personalidade jurídica, patrimônio e receita próprios, para executar atividades típicas da administração pública, que requeiram, para seu melhor funcionamento, gestão administrativa e financeira descentralizada.

A autarquia, como pessoa jurídica de direito público, criada por lei[132] (art. 37, XIX, da CRFB), integrante da administração indireta,[133] possui todas as prerrogativas e limitações inerentes às funções típicas de Estado – que exigem o efetivo exercício da supremacia do interesse público sobre o particular.

A personalidade jurídica separada da administração direta implica a outorga de autonomia para seu funcionamento nos limites estipulados em suas leis criadoras, o que exige patrimônio, receita e regime de pessoal próprio.

Atualmente, prevalece o entendimento de que, como pessoa jurídica de direito público, em relação aos servidores encarregados da execução de atos de autoridade, o regime adotado deve ser o estatutário, no qual estejam previstos seus deveres e direitos.

Tanto é verdade que o Supremo Tribunal Federal já teve oportunidade de se manifestar neste sentido, por meio da Adin nº 2.310/DF, que declarou a inconstitucionalidade da adoção

---

[132] A extinção de uma autarquia também deve ser feita por lei, já que um ato administrativo não poderia destituir algo que foi criado por lei – hierarquia superior.
[133] Para Diogo de Figueiredo Moreira Neto, as autarquias deveriam integrar a administração direta, conforme se depreende: "As duas primeiras categorias correspondem, em parte, à classificação positiva da Administração Pública em direta e indireta. Diz-se em parte, porque, rigorosamente, a administração direta, por sê-lo, deveria incluir as autarquias, que são *entidades estatais* que atuam por direito próprio e não por delegação. Tem-se sustentado, por isso, desde a primeira edição deste Curso, na confortadora companhia de Hely Lopes Meirelles, que as *autarquias*, como pessoas jurídicas de direito público, destacadas das entidades matrizes apenas para efeitos administrativos, *integram a administração direta*" (MOREIRA NETO, Diogo de Figueiredo. Curso de direito administrativo, 2005, op. cit., grifos no original).

do regime celetista para as agências reguladoras, autarquias de regime especial. O vínculo permanente, sob a proteção da estabilidade, é importante elemento inibidor da captura (econômica ou política) do agente público. Daí não se admitir nem o regime trabalhista nem a terceirização em funções típicas de Estado.[134]

Nesse passo, é interessante citar o conceito de autarquia trazido pelo projeto de lei que visa disciplinar a nova estrutura orgânica da administração federal, elaborado pela Comissão de Juristas (a saber, Almiro do Couto e Silva, Carlos Ari Sundfeld, Floriano de Azevedo Marques Neto, Maria Coeli Simões Pires, Maria Sylvia Zanella Di Pietro, Paulo Eduardo Garrido Modesto, Sérgio de Andréa Ferreira) convocada pela Portaria nº 426, de 6 de dezembro de 2007, do Ministério do Planejamento, Orçamento e Gestão:

> Art. 11. Autarquia é a pessoa jurídica de direito público, criada por lei específica, para prestar serviço público ou exercer outra atividade administrativa que implique poderes próprios do Estado.
>
> Parágrafo único. Considera-se autarquia, para todos os fins, a entidade estatal que a lei tenha denominado fundação ou fundação pública e cujas competências sejam de natureza incompatível com a personalidade de direito privado, não se sujeitando às normas da legislação civil e processual civil relativas a fundações nem às normas desta Lei relativas a fundações estatais.

---

[134] Nesse passo, as autarquias se diferenciam das sociedades de economia mista, empresas públicas e fundações, que adotam o mesmo regime jurídico do vínculo empregatício a que estão sujeitos os servidores da iniciativa privada (art. 173, §1º, da CRFB, conforme nova redação dada pela EC nº 19/1998).

Quanto ao regime de bens e aspectos processuais das autarquias, traz-se à colação a elucidativa lição de Marcos Juruena Villela Souto:

> Em função da personalidade jurídica de direito público, os bens das autarquias são classificados como bens públicos, ou seja, são protegidos pelas características da inalienabilidade, imprescritibilidade e impenhorabilidade – arts. 65, 66 e 67 do Código Civil Brasileiro. Só podem ser alienados se forem desafetados, isto é, se for retirada, por lei ou por fato (um incêndio, por exemplo) a finalidade pública a ser atendida por aquele bem. Não são adquiridos por usucapião, só cabendo tal ação sobre bens privados (art. 941 do Código de Processo Civil Brasileiro – CPC). Não podem ser objeto de penhora; incluindo-se no conceito de Fazenda Pública, a autarquia, quando parte em processo de execução na qualidade de executada, deve ser citada para oferecer embargos no prazo de dez dias (art. 730 do CPC).
>
> Ainda sobre tratamento processual, lhe é assegurado o prazo em quádruplo para contestar e em dobro para recorrer (art. 188, do CPC). Não se beneficia do duplo grau obrigatório de jurisdição, pois o Código só contemplou as entidades políticas federadas e não as entidades administrativas. Suas obrigações são pagas pelo sistema de precatórios (CF, art. 100) e não por garantia da instância mediante penhora no seu patrimônio; devendo ser feita a alocação de dotação em seu orçamento para atender à requisição de verba determinada pelo Poder Judiciário para a implementação da obrigação definida em processo judicial.[135]

---

[135] SOUTO, Marcos Juruena Villela. *Direito administrativo regulatório*. Rio de Janeiro: Lumen Juris, 2002. p. 224.

Por oportuno, registre-se que as autarquias respondem objetivamente pelos seus atos lesivos a terceiros (art. 37, §6º, da CRFB) e que a responsabilidade do Estado será sempre subsidiária.

As autarquias submetem-se ao controle do ente político que as tenha criado, por exemplo, a supervisão ministerial existente na órbita federal (art. 19 do Decreto-Lei nº 200/1967). Tal controle é também chamado de tutela, e visa, primordialmente, coadunar a atuação da autarquia com a programação governamental, além de assegurar o fiel cumprimento dos fins para os quais foi criada.

Além dessa "supervisão" descrita anteriormente, as autarquias também estão sujeitas ao controle pelos tribunais de contas e, eventualmente, pelo Poder Judiciário, desde que provocado pelo instrumento adequado.

Tipos de autarquias

A doutrina costuma distinguir as autarquias em comuns e especiais.

As autarquias comuns, apesar de terem autonomia, condição essencial para qualquer entidade da administração indireta, estão submetidas a um forte controle político por parte da administração direta.

Dessa forma, a autonomia torna-se, na prática, extremamente limitada, em especial pelo fato de ser possível a livre nomeação e exoneração de seus dirigentes por parte do ente que a criou.

Diante desse quadro fático, a reforma estatal buscou resgatar parte da autonomia inerente às autarquias comuns, estabelecendo um conceito de administração por resultado, viabilizando-se por meio das "agências executivas", que serão estudadas posteriormente.

Já as autarquias especiais são legalmente criadas com um regime diferenciado, privilégios específicos e maior autonomia em relação às autarquias comuns, principalmente quanto à composição de sua direção e obtenção e gestão de recursos (por exemplo, agências reguladoras). Mauro Roberto Gomes Matos assim explica o surgimento das autarquias especiais:

> [...] na teoria a autarquia possui autonomia maior que na prática, eis que emperrada por uma burocracia pouco eficiente. Por esta razão, leis especiais têm facultado a determinadas autarquias um grau mais intenso (especial) de autonomia gerencial.[136]

A reforma estatal no Brasil introduziu as chamadas agências autônomas,[137] das quais são espécies as agências reguladoras e as agências executivas.

---

[136] MATOS, Mauro Roberto Gomes. Agências reguladoras e suas características. *Revista de Direito Administrativo*, Rio de Janeiro, n. 218, p. 76, out./ dez. 1999.

[137] Interessante o que dispõe Tércio Sampaio Ferraz Júnior sobre a expressão "agências" autônomas, oriunda do direito americano: "A tipologia americana das agências conhece diversas distinções. Do ponto de vista da delegação de poderes normativos pelo Congresso, fala-se em *regulatory agencies* e *non regulatory agencies*. Às primeiras são atribuídas competências normativas capazes de afetar direitos, liberdades ou atividades econômicas dos administrados; às segundas, as atribuições limitam-se à prestação de serviços sociais que, aparentemente, não envolveriam atividades de regulamentação. Esta distinção acabou sendo superada na jurisprudência que percebeu, na atividade 'não regulatória' aspectos de verdadeira regulamentação, o que fez submeter todas as agências ao *due process of law*. Outra distinção importante é entre as *executive agencies*, cujos quadros dirigentes são de livre disposição do Presidente da República, e as *independent regulatory agencies or commissions*, cujos dirigentes têm mandato e estabilidade. A proliferação das agências nos Estados Unidos encontra uma de suas explicações na alta complexidade da atividade administrativa, impossível de ser dominada por saberes genéricos e formais. Daí a ideia de especialização em áreas de atuação demarcadas, nas quais o conhecimento técnico exige uma formação especial. Em consequência, a independência de grande parte delas tornou-se corolário do alto grau de discricionariedade técnica de seus atos regulamentares que, destarte, se supunha politicamente neutras, se comparados com a atividade legislativa do Congresso" (FERRAZ JÚNIOR, Tercio Sampaio. Agências reguladoras: legalidade e constitucionalidade. *Revista Tributária e de Finanças Públicas e Direito Administrativo*, São Paulo, n. 35, p. 144, 2000, p. 144 apud SOUTO, Marcos Juruena Villela. *Direito administrativo regulatório*, 2002, op. cit., p. 218-219).

Agências reguladoras

Conceito e contextualização das agências reguladoras

As agências reguladoras são entidades que integram a administração pública indireta, criadas por lei,[138] cuja função básica é intervir na liberdade privada por meio de ponderação entre interesses em tensão. São, portanto, autarquias especiais, com personalidade de direito público, dotadas de maior independência (traduzida, em especial, pela atribuição de mandatos fixos a uma direção colegiada).

No Brasil, apesar de a ideia de regulação não ser nova ou totalmente desconhecida no direito pátrio,[139] as agências setoriais de regulação, como concebemos atualmente, começaram a surgir na segunda metade da década de 1990, com forte influência do modelo norte-americano.

A própria Constituição Federal, por meio das emendas constitucionais nºˢ 8 e 9, de 1995, previu a criação de um órgão regulador para o setor de comunicações (CRFB, art. 21, XX) e outro para o setor de petróleo (CRFB, art. 177, §2º, III). Todavia, a Aneel (Agência Nacional de Energia Elétrica), primeira agência reguladora brasileira, teve origem infraconstitucional (Lei nº 9.427/1996).[140]

---

[138] Sua criação decorre de lei de iniciativa privativa do chefe do Poder Executivo, conforme dispõe o art. 84, II, c/c art. 61, §1º, II, "e", da CRFB, assim como sua extinção.
[139] Já existiam no Brasil, mesmo que sem a denominação de "agências", órgãos encarregados de regulação, como por exemplo: Instituto Nacional do Mate (1938), Instituto Nacional do Sal (1940), Departamento Nacional de Águas e Energia Elétrica (Dnae) etc.
[140] Para melhor compreensão do tema, ver quadro comparativo das estruturas das principais agências reguladoras brasileiras na obra de CAL, Arianne Brito Rodrigues. *As agências reguladoras no direito brasileiro*. Rio de Janeiro: Renovar, 2003. p. 111-112.

Principais características e controvérsias

Para que possam desenvolver suas atividades, as agências devem ser dotadas de autonomia (administrativa, financeira e técnica) e especialização (ligada ao princípio da eficiência). A autonomia administrativa consiste basicamente na capacidade de autogestão, dentro dos limites legais impostos. Quanto a essa autonomia, assim discorre Marçal Justen Filho:

> A atribuição de autonomia à agência pressupõe a existência de competências privativas. Se determinados assuntos forem de competência comum à agência e a outro ente, ao qual incumbe escolher se e quando exercitará seus poderes, não existirá uma agência reguladora independente. Nessa hipótese, a outra entidade imporá à agência um vínculo de subordinação prejudicial ao exercício de suas competências.
>
> Portanto, um pressuposto essencial para a configuração de uma entidade autônoma consiste na existência de competências exclusivas, determinadas legislativamente, de modo a excluir o poder jurídico ou político de outro órgão para determinar as hipóteses em que caberá sua atuação.[141]

Outro aspecto de suma importância para a efetiva autonomia das agências reguladoras diz respeito ao regime jurídico de seus dirigentes e do quadro de servidores.

A Constituição Federal estabelece que o provimento de cargos públicos pode se dar por concurso público de provas ou de provas e títulos (cargos efetivos), ou por nomeação para pro-

---

[141] JUSTEN FILHO, Marçal. *O direito das agências reguladoras independentes*. São Paulo: Dialética, 2002.

vimento de cargos de comissão (de livre nomeação/exoneração por parte dos chefes de poder).

Ocorre que nenhuma das duas formas se aplica integralmente na nomeação dos dirigentes das agências reguladoras, visto que estes possuem uma "estabilidade temporária" mesmo sem prestar concurso público, não podendo ser afastados durante a vigência de seu mandato (salvo disposição expressa em lei, com a devida motivação do ato, após processo administrativo ou judicial que assegure o contraditório e a ampla defesa). Sua indicação pelo chefe do Executivo fica submissa à prévia aprovação pelo Poder Legislativo.

Registre-se que na doutrina há grande divergência no que tange à possibilidade de garantia de os mandatos fixos dos dirigentes das agências reguladoras estenderem-se além de um período governamental. Confira-se a opinião contrária (pela impossibilidade) de Celso Antônio Bandeira de Mello sobre o tema:[142]

> Isto seria o mesmo que engessar a liberdade administrativa do futuro Governo. Ora, é da essência da República a temporariedade dos mandatos, para que o povo, se o desejar, possa eleger novos governantes com orientações políticas e administrativas diversas do Governo precedente. [...]
>
> Logo, é de se concluir que a garantia dos mandatos dos dirigentes destas entidades só opera dentro do período governamental em que foram nomeados. Encerrado tal período governamental, independentemente do tempo restante para conclusão deles,

---

[142] No mesmo sentido defendido por Celso Antônio Bandeira de Mello, ver: CUÉLLAR, Leila. *As agências reguladoras e seu poder normativo*. São Paulo: Dialética, 2001. Em sentido diametralmente oposto, sustentando a importância de os mandatos dos dirigentes serem independentes dos mandatos políticos, ver: FIGUEIREDO, Lúcia Valle. *Curso de direito administrativo*. 7. ed. São Paulo: Malheiros, 2004. p. 146.

o novo Governo poderá sempre expelir livremente os que os vinham exercendo.[143]

As agências são dirigidas, na maioria dos casos já positivados, por uma diretoria ou conselho diretor, agindo de forma colegiada e composta[144] por um diretor-presidente e quatro diretores, que decidem por maioria absoluta. Outro modelo de direção, chamada de tripartite, é composto por representantes indicados pelo poder público, pelos fornecedores de bens e serviços e pelos consumidores/usuários de bens e serviços.

A representação judicial da agência, com todas as prerrogativas fazendárias, deve ser exercida, em regra, por uma procuradoria própria,[145] não obstante a possibilidade de uma fiscalização técnica por parte de um órgão central do sistema jurídico estatal (não deve interferir nas questões afetas à procuradoria da autarquia especial, mas apenas fiscalizá-la).

As agências contam, ainda, com uma secretaria executiva, câmaras técnicas especializadas, uma ouvidoria (o ouvidor deverá ser nomeado pela autoridade máxima da agência – Lei nº 9.986/2000, arts. 3º e 11 – cabendo-lhe, primordialmente, prestar informações e esclarecimentos, representar a agência junto aos órgãos de defesa do consumidor etc.) e uma corregedoria

---

[143] MELLO, Celso Antônio Bandeira de. *Curso de direito administrativo*, 2001, op. cit., p. 136.
[144] Para identificação de quem poderá compor a Diretoria das agências reguladoras e quais as atribuições do diretor-presidente, ver: SOUTO, Marcos Juruena Villela. *Direito administrativo regulatório*, 2002, op. cit., p. 237-238.
[145] É possível, em tese, cogitar-se que a representação judicial de uma agência reguladora seja feita por um órgão jurídico integrante da administração direta, desde que pelos meios adequados (previstos legalmente) e, principalmente, que a questão *sub judice* não diga respeito a matéria regulatória (visto que poderá existir conflito de interesses entre o Estado – poder concedente – e a respectiva agência reguladora na sua função fiscalizadora/controladora), mas sim a atividade-meio da agência, por exemplo, matéria de pessoal. Nesse sentido, ver Promoção nº 4/2003-PHSC (04/12/2003) de lavra do ilustre dr. Paolo Henrique Spilotros Costa, emitido no âmbito da Procuradoria Geral do Estado do Rio de Janeiro.

(função fiscalizatória dos atos dos servidores e das unidades das agências).

Entende-se que o regime contratual trabalhista (emprego público) não se coaduna com a função técnica a ser desenvolvida por esses agentes, que devem estar imunes a aspectos políticos, aptos a agirem de forma independente na fiscalização das atividades afetas à agência, sendo, portanto, mais adequado o regime estatutário (cargo público). Tal lógica só veio a ser reforçada pela decisão em sede da Ação Direta de Inconstitucionalidade nº 2.135, em que foi suspensa, em decisão cautelar, a eficácia do art. 39, *caput*, da CRFB,[146] determinando-se, com efeitos *ex nunc*, a volta da redação original do *caput* do citado artigo.[147]

Nesse diapasão, confira-se o ensinamento de Marcos Juruena Villela Souto:

> Tanto isso é certo que cabe relatar (sintetizando com possível literalidade) que na Ação Direta de Inconstitucionalidade nº 2.310-1-DF, que teve como relator o Ministro Marco Aurélio, o Partido dos Trabalhadores arguiu a impossibilidade de haver empregos públicos nas agências reguladoras com base no entendimento de que "o exercício de função de fiscalização, inerente à atividade precípua do Estado, pressupõe prerrogativas não agasalhadas pelo contrato de trabalho, tal como previsto na Consolidação das Leis do Trabalho". A ótica externada é no sentido de que as atividades exclusivas de Estado não podem ser atribuídas a prestadores de serviços submetidos à Conso-

---

[146] Redação do art. 39, *caput*, com a EC nº 19: "A União, os Estados, o Distrito Federal e os Municípios instituirão conselho de política de administração e remuneração de pessoal, integrado por servidores designados pelos respectivos Poderes".

[147] Salienta-se que a decisão foi proferida com a previsão de produção de efeitos *ex nunc*, isto é, os empregados públicos já contratados continuarão vinculados à administração sob o regime celetista, mas não poderão ser realizadas novas contratações nesses moldes, eis que, inclusive, a Lei nº 9.962/2000 perdeu seu fundamento constitucional.

lidação das Leis do Trabalho, devendo haver a subordinação a estatuto próprio.

O tema já fora tratado pelo Ministro Ilmar Galvão, na Ação Direta de Inconstitucionalidade nº 492, sobre o alcance do artigo 114 da Constituição Federal. É que as funções de fiscalização e outras relativas a serviço diplomático, desenvolvidas por delegados de polícia, por membros do Ministério Público e pela magistratura estariam a pressupor o regime estatutário, objetivando conferir a autonomia funcional indispensável ao respectivo exercício: "Ninguém coloca em dúvida o objetivo maior das agências reguladoras, no que ligado à proteção do consumidor, sob os mais diversos aspectos negativos – ineficiência, domínio do mercado, concentração econômica, concorrência desleal e aumento arbitrário de lucros".[148]

Ainda em relação ao quadro de apoio, para que haja efetivamente autonomia administrativa, torna-se fundamental que a competência para nomeação, exoneração e transformação de cargos seja da direção da agência reguladora, sob pena de inviabilizar seu funcionamento.

Questão interessante, com divergência doutrinária, diz respeito a quem compete demitir os servidores integrantes das agências reguladoras. Para uma corrente, a demissão de servidor que tenha cometido conduta suscetível de tal pena (após o devido processo legal) deve se dar por ato do presidente da agência, já que esta, por ser uma autarquia especial, possui independência administrativa e financeira, podendo autogerir-se. Por outro lado, outros sustentam que tal ato é privativo do chefe do Poder Executivo, baseando-se no que dispõe o art.

---

[148] SOUTO, Marcos Juruena Villela. Direito administrativo regulatório, 2002, op. cit., p. 240-241.

141, I, da Lei nº 8.112/1990. É possível, ainda, encontrarmos outra posição, intermediária, sustentando que cabe ao chefe do Executivo expedir o ato de demissão, desde que referendado pelo presidente da autarquia especial.

Além da autonomia administrativa, anteriormente abordada, deve haver também independência financeira da agência reguladora em relação ao ente que a criou.

O principal mecanismo estipulado para garantir a autonomia financeira foi a "taxa de regulação". O contribuinte será a pessoa que exercer atividade econômica no segmento regulado, e, consequentemente, não haverá dependência de recursos orçamentários, já que o dinheiro recolhido ingressa diretamente nos cofres das agências.[149]

Função regulatória

As agências reguladoras exercem regulação normativa, executiva e judicial (também chamadas pela doutrina de quase legislativa, quase executiva e quase judicial).

Sem dúvida, a função normativa é a que mais desperta divergências. Tal poder atribui às agências a regulamentação das leis que regem as atividades a elas atribuídas, além da edição de normas independentes sobre matérias não disciplinadas pela lei.

Assim, questiona-se se a "atribuição regulamentar" das agências não estaria ferindo os princípios da separação dos

---

[149] Há discussão quanto à natureza jurídica dessa prestação. Quando se exerce fiscalização de atividades afetas à livre iniciativa, precedidas do consentimento de polícia, a natureza é de tributo. Já quando a regulação for de serviços públicos, a natureza da "taxa" seria contratual. Sobre o tema, ver o *Informativo STF* n. 137, de 10/02/1999, sobre *taxa e critérios de incidência*, bem como o acórdão proveniente do julgamento da ADI nº 1.948/RS.

poderes e da legalidade,[150] já que não existiria a figura do regulamento autônomo em nosso ordenamento e suas normas não seriam leis (não são oriundas de um Parlamento e sequer são votadas), mas veiculariam sanções.[151]

Alguns doutrinadores entendem que tal poder normativo é, justamente, o traço caracterizador das agências reguladoras, não havendo qualquer usurpação de competência legislativa. Nesse sentido, Cristina M. Wagner Mastrobuono[152] afirma:

> Não ocorre uma efetiva delegação de poder normativo do Poder Legislativo às agências, que poderão apenas regular dentro dos limites substanciais e formais autorizados pela lei geral de sua criação. Por certo continua em vigor o princípio da legalidade, que deverá sempre ser observado. A lei de criação das agências deve ser, portanto, objetiva no que diz respeito à fixação dos limites à normatização atribuída às agências, bem como aos *standards* a serem seguidos, de tal sorte que a inovação introduzida pela agência tenha sempre suporte de validade material e formal na lei geral.
>
> Igualmente, não ocorre a renúncia ao poder normativo por parte do Poder Legislativo, pelo contrário, este define o marco e as condições e limites do poder normativo das agências, que

---

[150] Atento a essa problemática, Luís Roberto Barroso pontua que "a grande dificuldade que envolve a discussão sobre o poder normativo das agências reguladoras diz respeito […] ao seu convívio com o princípio da legalidade. É preciso determinar os limites dentro dos quais é legítima a sua flexibilização, sem que se perca sua identidade como uma norma válida e eficaz" (BARROSO, Luís Roberto. Agências reguladoras: Constituição, transformação do Estado e legitimidade democrática. In: BINENBOJM, Gustavo (Coord.). *Agências reguladoras e democracia*. Rio de Janeiro: Lumen Juris, 2006). Disponível em: <www.migalhas.com.br/mostra_noticia_articuladas.aspx?cod=1007>. Acesso em: 16 mar. 2009.
[151] MELLO, Vanessa Vieira de. *Regime jurídico da competência regulamentar*. São Paulo: Dialética, 2001. p. 91.
[152] MASTROBUONO, Cristina M. Wagner. Agências reguladoras e agências executivas. *Revista Trimestral de Advocacia Pública*, São Paulo, ano VII, n 13, p. 11-18, mar. 2001.

não é limitado e incondicionado, podendo agir tão somente no âmbito de atuação outorgado pela lei.

Frise-se que a regulação não se confunde com a regulamentação, visto que a primeira é técnica, limitando-se a implementar decisões políticas e a atender a interesses coletivos (setoriais), enquanto a segunda é política (necessidade de legitimidade eleitoral), atendendo a interesses públicos (gerais).

Marcos Juruena Villela Souto, citando Carlos Ari Sundfeld, elucida a questão:

> Carlos Ari Sundfeld define a polêmica, esclarecendo que a agência reguladora não é usurpadora da função legislativa. Esta continua a caber ao Poder Legislativo, que edita leis, frequentemente com um grau de abstração e generalidade que não mais atende aos novos padrões da sociedade, sendo necessárias normas que tratem das especificidades, que realizem o planejamento dos setores, viabilizem a intervenção do Estado em garantia do cumprimento ou a realização daqueles valores. Daí a atribuição de poder normativo para as agências, o qual não exclui o poder de legislar, mas mero aprofundamento da atuação normativa do Estado.[153]

Cumpre, ainda, fazer menção às funções de regulação executiva e judicante das agências reguladoras.

Por regulação executiva entende-se o tratamento dado por uma agência, no caso concreto, aos interesses de determinado setor. Como exemplo, podemos citar os atos de atribuição de ingresso em determinado mercado regulado, como a licença, a

---

[153] SUNDFELD, Carlos Ari. *Direito administrativo econômico*. São Paulo: Malheiros, 2000. p. 27 apud SOUTO, Marcos Juruena Villela. *Direito administrativo regulatório*, 2002, op. cit., p. 233.

concessão e o registro de um determinado operador. Também podemos destacar os atos relacionados à fixação, reajuste e revisão de tarifas, fiscalização, manutenção de bens vinculados à atividade regulada etc.

A regulação executiva pode se dar tanto por uma normatização geral (*rulemaking*), como pela atuação específica em um caso concreto (*adjudication*).

A regulação judicante envolve a solução de conflitos entre operadores num determinado segmento econômico. Deve, obrigatoriamente, iniciar-se por uma fase conciliatória entre as partes conflitantes, em que o regulador apenas apresenta as controvérsias para as partes. Se de tal fase não resultar uma conciliação aceitável, a agência reguladora deverá propor soluções, mostrando aos envolvidos as consequências da manutenção ou solução do litígio.

Somente depois de fracassada a tentativa de conciliação é que a agência poderá impor a solução que entenda cabível, sendo as partes obrigadas a aceitar tal decisão (essa imposição não caracteriza qualquer violação ao princípio da autonomia da vontade, pois quem adere a um setor regulado se compromete a seguir toda a parcela do ordenamento jurídico que orienta seu funcionamento).

Ainda sobre o tema, continua Marcos Juruena Villela Souto:[154]

> Outra distinção importante de chamar a atenção entre um processo regulatório e o processo administrativo ou judicial, é que o processo regulatório é fruto da competência regulatória, que deve constantemente ponderar tecnicamente entre custos e benefícios.

---

[154] SOUTO, Marcos Juruena Villela. *Direito administrativo em debate*. Rio de Janeiro: Lumen Juris, 2004c. p. 196-197.

O processo administrativo e o judicial tradicional são voltados para solucionar um conflito que ocorre apenas entre as partes, fazendo coisa julgada apenas para elas e voltado para o passado (o fato que originou o conflito). No processo regulatório, esse tipo de preocupação não esgota a responsabilidade regulatória.

A partir de uma decisão regulatória, a agência reguladora, sopesando custos e benefícios, fixa um entendimento acerca do que deve ser a correta conduta ou o resultado eficiente, não apenas das partes conflitantes, mas de todo o segmento regulado. Portanto a decisão regulatória judicante é voltada para o futuro e não para o passado; ela é voltada para todo o segmento regulado e não apenas para aquelas partes em conflito e, assim, deve ponderar sobre o impacto que aquela decisão vai gerar não só sobre as partes, mas sobre todo o segmento regulado.

Em função dessa ponderação é que a decisão regulatória pode optar por substituir uma eventual penalização de uma das partes, pela utilização de mecanismos que atendam ao Princípio da Proporcionalidade, buscando outras técnicas que, não necessariamente, a mais grave, de sanção (de multa, intervenção ou liquidação judicial ou extrajudicial), mas pela via de acordos substitutivos (Termos de Compromisso e Termos de Ajuste de Conduta, por exemplo). Sempre existe a possibilidade de a sanção, fruto da regulação, ser substituída por uma medida que, na ponderação de custos e benefícios, na visão prospectiva que deve ter o regulador (voltado para o futuro impacto da decisão no mercado e não para o passado, da origem do conflito) vai representar a tradução técnica da melhor solução para o mercado e não apenas para o conflito.

A questão da captura e os mecanismos de controle

A captura é resultante, basicamente, do conhecimento técnico dos regulados, que forçam uma regulação que lhes seja mais benéfica, o que nem sempre se afina com o interesse público. Tal mecanismo, que pode levar ao colapso regulatório, pode ser político (o poder público, por lei ou ato de império, retira, por exemplo, a competência do órgão regulador ou suas características de independência); feito pelo consumidor (por exemplo, greves visando a desautorizar as ações do poder regulador); ou, até mesmo, protagonizado por empresas estatais em regime de competição com empresas privadas de participação minoritária no setor regulado.

O risco da captura se combate com agentes públicos qualificados e entidades com efetiva independência administrativa, técnica e financeira.

Quanto aos fundamentais mecanismos de controle das agências reguladoras e de suas atividades, podemos destacar: o político, o social, o administrativo, o legislativo e o judicial.

O controle político inicia-se com o projeto de lei que dá origem à agência reguladora, estabelecendo, por exemplo, sua competência, a que estrutura da administração direta ficará vinculada, o critério de nomeação dos dirigentes, o valor da taxa de regulação etc. Este controle também vem sendo feito por meio de medidas provisórias que retiram ou atribuem competências às agências.

Registre-se que a independência das agências não é incompatível com esse controle,[155] já que ela é instrumento para o desenvolvimento, por parte do regulador, de uma função típica de Estado, submetendo-se, portanto, à política de atuação da administração (plano governamental), afastada, por óbvio, qualquer injunção descabida no conceito técnico da regulação.

---

[155] Ricardo Antônio Lucas Camargo defende a *tese da não sujeição* das agências reguladoras à autoridade conferida à direção superior da administração pública (CAMARGO, Ricardo Antônio Lucas. *Agências de regulação no ordenamento jurídico-econômico brasileiro*. Porto Alegre: Safe, 2000. p. 35).

O controle social está ligado à participação da sociedade, isoladamente ou em conjunto, nas ações de fiscalização, por meio de consultas públicas, audiências públicas etc. As leis instituidoras das agências reguladoras preveem essa forma de controle, como o art. 19 da Lei nº 9.478, de 6 de agosto de 1997, que criou a Agência Nacional de Petróleo.

Esse controle pode se dar, exemplificativamente, pela formação de associações de usuários/consumidores ou participação de representantes dessas entidades nos conselhos definidores da política pública.

O que deve ficar consignado é que a consulta específica a esses grupos pode ser condição de legitimidade ou até mesmo de validade da norma regulatória.

Por controle administrativo entende-se o controle interno da administração pública (autotutela) consubstanciado no poder-dever de rever seus próprios atos, seja por um controle ministerial (externo e por vinculação) da hierarquia orgânica (revisão dos atos de dirigentes singulares por um colegiado, em grau de recurso ou pela necessidade de referendo), seja pelo direito de petição (art. 5º, XXXIV, da CRFB) ou revisão recursal.

O controle legislativo ou parlamentar é um instrumento pelo qual as agências devem submeter suas propostas de regulação a um ente, a fim de que este as revise ou aprove. Surge, basicamente, do interesse do Legislativo em recuperar o poder perdido com a "deslegalização", permitindo definir a responsabilidade da agência e a legitimação para eventual cobrança.

Cite-se, como exemplo, o controle exercido pelas comissões parlamentares de inquérito ou o julgamento de contas para apurar se houve improbidade administrativa (com o auxílio dos tribunais de contas).

Por fim, diante do princípio da inafastabilidade da tutela jurisdicional (art. 5º, XXXV, da CRFB), restará sempre possível o controle judicial, desde que provocado pelas vias adequadas e por quem tenha capacidade/legitimidade para tal, tendo como base o ato da administração pública (no caso, o ato regulatório), devendo-se respeitar as questões afetas ao mérito administrativo, por ser juízo privativo do administrador.

Agências executivas

Outra espécie de agência autônoma que merece ser abordada nesse estudo são as agências executivas. A denominação agência executiva é uma qualificação a ser concedida a autarquias e fundações públicas responsáveis por atividades exclusivas do Estado, não instituindo, portanto, uma nova figura jurídica na administração pública.

Nesse sentido, confira-se a lição de Paulo Modesto:[156]

> Na verdade, a denominação agência executiva designa um título jurídico que pode ser atribuído a autarquias e a fundações públicas. A expressão não traduz uma nova forma de pessoa jurídica pública. Nem é uma qualidade original de qualquer entidade da administração indireta. Dizer de alguma entidade que ela é agência executiva equivale a dizer que recebeu e mantém o título de agência executiva. Trata-se de uma qualificação decidida no âmbito da administração pública e não pelo Poder Legislativo. O ato de qualificação é ato administrativo, expedido no uso de competência discricionária, que pode ser concedido, suspenso e revogado. Cabe ao Poder Legislativo fixar em normas gerais, abstratamente, as situações jurídicas mais favoráveis para as entidades qualificadas como agências executivas.

---

[156] MODESTO, Paulo. Agências executivas: a organização administrativa entre o casuísmo e a padronização. *Revista Diálogo Jurídico*, Salvador, v. I, n. 6, set. 2001. Disponível em: <www.direitopublico.com.br>. Acesso em: 16 mar. 2009.

Para que receba a qualificação de agência executiva, o órgão ou entidade deverá manifestar seu interesse, além de preencher alguns pré-requisitos básicos, a saber: (a) um plano estratégico de reestruturação e desenvolvimento institucional em andamento e (b) um contrato de gestão (ver arts. 51 e 52 da Lei nº 9.649, de 27 de maio de 1998).

O plano estratégico deve conter diretrizes políticas para racionalização do quadro de servidores (implementando, também, programas permanentes de capacitação e avaliação), fortalecimento da identidade institucional, revisão dos procedimentos adotados (melhorando a qualidade dos serviços e sua eficiência) etc.

O contrato de gestão deve estabelecer as metas e os objetivos estratégicos a serem perseguidos em um determinado período de tempo, além de indicadores de desempenho, gestão de recursos humanos e orçamentários, gestão de compras e contratos, penalidades às entidades e seus dirigentes pelo descumprimento das metas contratadas, entre outros.

A qualificação de autarquias ou fundações públicas como agências executivas desencadeia uma série de efeitos jurídicos, estabelecidos em lei[157] ou por atos administrativos. Pode-se citar, por exemplo, a elevação para 20% dos limites máximos para cada modalidade de licitação (art. 24, parágrafo único, da Lei nº 8.666/1993, com redação dada pela Lei nº 9.648/1998).

Cumpre-se, ainda, distinguir as agências executivas das agências reguladoras. Para tanto, valiosa é a citação de Alexandre Santos de Aragão:

> O instituto das agências executivas representa apenas a possibilidade de uma maior autonomia gerencial interna – nas suas

---

[157] Ver Decreto Federal nº 2.488, de 2 de fevereiro de 1998.

atividades-meio –, livrando as entidades assim qualificadas de uma série de entraves burocráticos e hierárquicos aplicáveis ao restante da administração pública. Ademais, a autonomia das agências reguladoras advém, como visto, diretamente da lei, ao passo que a autonomia gerencial das agências executivas promana da qualificação concretamente feita pelo Poder Executivo central, dentro dos quadros estabelecidos pela lei regulamentadora do parágrafo 8º do art. 37 da Constituição Federal.[158]

José Maria Pinheiro Madeira procura relacionar como principais distinções entre as agências reguladoras e as agências executivas, as seguintes:

> Recursos financeiros – As Agências Reguladoras possuem recursos próprios advindos da taxa de regulação paga pelo concessionário ou permissionário dos serviços diretamente às Agências, o que lhes dá autonomia financeira. Diferentemente ocorre com as Agências Executivas, que dependem de repasse de verbas do Executivo.
>
> Poder normativo – Enquanto as Agências Reguladoras exercem função reguladora do mercado, implementando políticas através da edição de normas reguladoras, as Agências Executivas, embora possam colaborar na confecção de políticas, têm o papel precípuo de execução das políticas.
>
> Gestores – As agências reguladoras possuem agentes políticos em sua direção que ingressam através de um processo peculiar de admissão. As Agências Executivas possuem agentes administrativos, admitidos através de concurso público, livre nomeação ou serviço temporário.

---

[158] ARAGÃO, Alexandre Santos de. *Agências reguladoras e a evolução do direito administrativo brasileiro.* Rio de Janeiro: Forense, 2002c. p. 347.

Assim, podemos concluir que as Agências Executivas não são novos órgãos da Administração Indireta e sim um modelo de gestão que visa ampliar a eficiência das autarquias e fundações que a esse processo aderirem.[159]

Por derradeiro, destaca-se que as agências executivas, modelo criado para estimular, em especial, a mudança na gestão de autarquias prestadoras de serviço público, não obteve a mesma repercussão que as agências reguladoras. Que se tenha conhecimento, no plano federal, apenas o Instituto Nacional de Metrologia (Inmetro) caracteriza-se como agência executiva.

Fundações públicas

A principal controvérsia em relação às fundações públicas está em saber se sua personalidade jurídica é de direito público ou de direito privado.

A questão começou a surgir, principalmente, quando o Estado passou a utilizar a forma fundacional em questões que demandavam a criação de autarquias, tendo em vista que as fundações possuíam maior liberdade de atuação (atualmente, tal liberdade é mais restrita).

O Código Civil de 1916, em seu art. 16, inciso I, estabelecia que as fundações eram pessoas jurídicas de direito privado.

O art. 5º, inciso IV, do Decreto-Lei nº 200/1967, com alteração introduzida pela Lei nº 7.596, de 10 de abril de 1987, definiu fundação pública como

> a entidade dotada de personalidade jurídica de direito privado, sem fins lucrativos, criada em virtude de autorização legislativa,

---

[159] MADEIRA, José Maria Pinheiro. *Administração pública centralizada e descentralizada.* Rio de Janeiro: América Jurídica, 2000. p. 327.

para o desenvolvimento de atividades que não exijam execução por órgãos ou entidades de direito público, com autonomia administrativa, patrimônio próprio gerido pelos respectivos órgãos de direção e funcionamento custeado por recursos da União e de outras fontes.

Após sucessivas alterações legais em relação à matéria, permaneceu-se a controvérsia sobre a personalidade jurídica das fundações públicas, surgindo três posicionamentos sobre o tema.

Para Hely Lopes Meirelles as fundações sempre seriam de direito privado e regidas pelo Código Civil. Confira-se seu posicionamento:

> As fundações não perdem a sua personalidade privada nem se estatizam a ponto de serem consideradas órgãos autônomos estatais, ou entidades públicas, como se vem afirmando. São e continuam sendo pessoas jurídicas de direito privado, sujeitas às normas civis das fundações (Código Civil, arts. 16, I, e 24 a 30), mas destinadas a realizar atividades de interesse público, sob o amparo e controle permanentes do Estado. [...] a expressão "Fundação Pública" traz uma *contradicto in terminis*, porque se é fundação está ínsita a sua personalidade privada; se é autarquia é de personalidade pública. As demais locuções são eufemismos com que se pretende dissimular o ente apelidado de "Fundação".[160]

Sustentando posição radicalmente oposta, Celso Antônio Bandeira de Mello afirma:

---

[160] MEIRELLES, Hely Lopes. *Direito administrativo brasileiro*. 13. ed. São Paulo: Revista dos Tribunais, 1987. p. 310, 312 apud SOUTO, Marcos Juruena Villela. *Direito administrativo em debate*, 2004c, op. cit., p. 167.

É absolutamente incorreta a afirmação normativa de que as fundações públicas são pessoas de Direito Privado. Na verdade, são pessoas de Direito Público, consoante, aliás, universal entendimento, que só no Brasil foi contendido. Saber se uma pessoa criada pelo Estado é de Direito Privado ou de Direito Público é meramente uma questão de examinar o regime jurídico estabelecido na lei que a criou.[161]

Para o Supremo Tribunal Federal[162] seria possível a existência de fundações instituídas pelo Estado regidas tanto pelo direito público como pelo privado.

Conforme leciona Marcos Juruena Villela Souto,[163] a solução da controvérsia inicia-se pela definição dos objetivos da entidade, ou seja, se a finalidade da instituição exigir o uso de prerrogativas estatais, deverá ter personalidade pública; caso contrário, a personalidade privada será a adequada.

Registre-se que o atual Código Civil estabeleceu em seus arts. 2.031 e 2.032:

> Art. 2.031. As associações, sociedades e fundações, constituídas na forma das leis anteriores, terão o prazo de um ano para se adaptarem às disposições deste Código, a partir de sua vigência; igual prazo é concedido aos empresários.
>
> Art. 2.032. As fundações, instituídas segundo a legislação anterior, inclusive as de fins diversos dos previstos no parágrafo único do art. 62, subordinam-se, quanto ao seu funcionamento, ao disposto neste Código.

---

[161] MELLO, Celso Antônio Bandeira de. *Curso de direito administrativo*, 2001, op. cit., p. 144.
[162] Ver acórdão de lavra do ministro Moreira Alves no RE nº 101.126.
[163] SOUTO, Marcos Juruena Villela. *Direito administrativo em debate*, 2004c, op. cit., p. 169.

O parágrafo único do art. 62 do Novo Código Civil dispôs que as fundações somente poderiam ser constituídas para fins religiosos, morais ou de assistência. Tal dispositivo, conforme sustentado na doutrina e jurisprudência,[164] viola a Constituição ao limitar as áreas que podem afetar um patrimônio para atendimento de um interesse público.

Outra questão interessante nascida com o atual Código Civil está em saber se os referidos arts. 2.031 e 2.032 atingem as fundações públicas, bem como se eles aplicam-se às fundações dos estados e municípios, já que o descumprimento da norma (se obrigatória) poderia acarretar o disposto pelos arts. 65, parágrafo único (transferência da elaboração do estatuto para o Ministério Público), 67, inciso III (suprimento por parte do juiz) ou 69 (possibilidade de extinção judicial), todos do atual Código Civil.[165]

Sintetizando a discussão de forma clara, recorremos, mais uma vez, a Marcos Juruena Villela Souto:

> É certo que o art. 5º, §3º, do DL nº 200/67, com a redação dada pela Lei nº 7.596/1987, exclui a aplicação das normas de direito civil às fundações instituídas ou mantidas pelo Poder Público, o que afastaria as competências ali previstas para o Ministério Público, tendo em vista o fato de que estão tais entidades sujeitas à supervisão ministerial (já que passaram a integrar a administração pública indireta).

---

[164] BRASIL. Superior Tribunal de Justiça. AGREsp nº 337.475/RS. Agravo Regimental no Recurso Especial nº 2.001/0097098-7. Quinta Turma. Relator: ministro Gilson Dipp. Julgado em 21 mar. 2002. DJ, 22 abr. 2002. p. 233. Ver, também: BRASIL. Superior Tribunal de Justiça. REsp nº 76.352/SP. Recurso Especial nº 1.995/0050572-0. Quinta Turma. Relator: ministro Edson Vidigal. Julgado em 28 mar. 2000. DJ, 2 maio 2000.
[165] Ver também os arts. 1.202 a 1.204 do CPC, que tratam da organização e da fiscalização das fundações pelo MP, inclusive no caso de extinção.

Ressalte-se, por outro lado, que tal norma só se aplica às fundações federais.

No âmbito estadual, a Lei Complementar nº 28, de 21/05/1982, que organiza as competências do Ministério Público do Estado do Rio de Janeiro, exclui a atuação das Curadorias de Fundações sobre as fundações públicas, sem, contudo, se referir às demais normas de direito civil como o direito de qualquer interessado requerer a alteração estatutária ou até a liquidação da fundação ilícita. [...]

Não se aplicam, assim, aos Estados e Municípios as limitações e imposições contidas nos arts. 62, parágrafo único, 2.031 e 2.032 do Código Civil, assim como não justifica a manutenção de fundações públicas a norma do art. 41, V, do mesmo diploma legal, tendo em vista que não se referiu às fundações e não há autorização constitucional para a criação de outro tipo de entidade.[166]

A reforma do aparelho estatal caracteriza-se por um modelo de Estado regulador, em substituição ao Estado gestor, desenvolvendo-se por meio da descentralização de funções públicas pata entidades do setor privado, com o uso de atos administrativos unilaterais, bilaterais ou multilaterais que representem, assim, uma técnica de implementação da regulação das atividades de interesse geral. Cumpre salientar que, em consonância com tais diretrizes, tem-se firmado a tendência de extinção das entidades fundacionais públicas, com a destinação de seus bens, pessoal e dotações orçamentárias a organizações sociais, para desempenho de funções de interesse social negociadas em contratos de gestão, que representam a regulação do ordenamento social.

---

[166] SOUTO, Marcos Juruena Villela. *Direito administrativo em debate*, 2004c, op. cit., p. 175-177.

Cite-se, como exemplo, o Estado do Rio de Janeiro, que pretende transformar seus hospitais em fundações públicas, com personalidade jurídica de direito privado, por meio da LC nº 118/2007 e da Lei nº 5.164/2007. Veja-se, por ilustrativo, o teor do art. 1º do último diploma, que traça as diretrizes dessas mudanças de paradigmas na estrutura da administração indireta Estadual:

> Art. 1º. Fica o Poder Executivo autorizado a instituir, nos termos do art. 37, inciso XIX, da Constituição Federal, três fundações públicas, com as denominações de "Fundação Estatal dos Hospitais Gerais", "Fundação Estatal dos Hospitais de Urgência e Emergência" e "Fundação Estatal dos Institutos de Saúde", todas fundações públicas, com personalidade jurídica de direito privado, sem fins lucrativos, de duração indeterminada e com sede e foro na Capital e competência para atuação em todo o território do Estado do Rio de Janeiro.
>
> §1º. As Fundações adquirirão personalidade jurídica com a inscrição dos seus atos constitutivos no Registro Civil de Pessoas Jurídicas, regendo-se, no que couber, pelas disposições do Código Civil Brasileiro, por esta lei e pelos seus estatutos.
>
> §2º. As Fundações terão patrimônio e receitas próprias, gozarão de autonomia gerencial, orçamentária e financeira.

Questões de automonitoramento

1. Após ler este capítulo, você é capaz de resumir o caso gerador do capítulo 8, identificando as partes envolvidas, os problemas atinentes e as possíveis soluções cabíveis?
2. Quais as diferenças básicas entre descentralização e desconcentração? Estabeleça também os parâmetros a serem adotados para verificar se uma atividade pode ou não ser

descentralizada, e, ainda, se o administrador público tem discricionariedade na escolha do formato a ser adotado.
3. Os mandatos fixos dos dirigentes das agências reguladoras devem ultrapassar o período governamental (mandato político)?
4. Explique, sucintamente, as funções exercidas pelas agências reguladoras e os mecanismos de controle dessas atividades.
5. Quais os requisitos para que um órgão ou entidade seja qualificado como agência executiva? Quais as diferenças entre agências executivas e reguladoras?
6. Qual a personalidade jurídica das fundações públicas?
7. Pense e descreva, mentalmente, alternativas para a solução do caso gerador do capítulo 8.

4

Os princípios, os atos administrativos e as atividades administrativas

Roteiro de estudo

Princípios informativos do direito administrativo

Princípio democrático

Trata-se de um dos princípios basilares do Estado brasileiro, previsto no *caput* do art. 1º, bem como no art. 60, §4º, II, da Constituição Federal, já que é por meio dele que se justifica a participação popular na tomada das decisões mais relevantes da nação. Por meio do sufrágio, a população opta por seus representantes, aos quais confia a realização das tarefas que entendem mais importantes para a satisfação do interesse coletivo.

Diogo de Figueiredo Moreira Neto,[167] ao comentar o princípio da participação, expõe a necessidade de operar uma mudança do modelo atual de democracia representativa – já que, para ele,

---

[167] MOREIRA NETO, Diogo de Figueiredo. *Curso de direito administrativo*. 14. ed. Rio de Janeiro: Forense, 2005. p. 80-81.

o sufrágio eleitoral tem-se mostrado insuficiente como instrumento de legitimação de condutas públicas – estimulando-se, cada vez mais, seu exercício e outras formas de participação política, que se ampliam na democracia representativa. Entretanto, como bem salienta o mesmo autor, a participação administrativa se apresenta sob a forma de três institutos: a coleta de opinião, o debate público e a audiência pública:

> A coleta de opinião é um processo de participação administrativa aberto a grupos sociais determinados, identificados por certos interesses coletivos ou difusos, visando à legitimidade da ação administrativa pertinente a esses interesses, formalmente disciplinado, pelo qual o administrado exerce o direito de manifestar sua opção, orientadora ou vinculativa, com vistas à melhor decisão do Poder Público. O debate público, por sua vez, é um processo de participação administrativa, aberto a indivíduos e grupos sociais determinados, visando à legitimidade da ação administrativa, formalmente disciplinado, pelo qual o administrado tem o direito de confrontar seus pontos de vista, tendências, opiniões, razões e opções com os de outros administrados e com os do próprio Poder Público, com o objetivo de contribuir para a melhor decisão administrativa. A audiência pública, já conceituada, acresce às características dos dois institutos anteriores um maior rigor formal de seu procedimento, tendo em vista a produção de uma específica eficácia vinculatória, seja ela absoluta, obrigando a Administração a atuar de acordo com o resultado do processo, seja relativa, obrigando a Administração a motivar suficientemente uma decisão que contrarie aquele resultado.[168]

---

[168] MOREIRA NETO, Diogo de Figueiredo. Audiências públicas. Tese apresentada ao XXIII Congresso Nacional de Procuradores de Estado. Item 4 do temário "O Estado e a integração comunitária", p. 15-16 apud SOUTO, Marcos Juruena Villela. *Direito administrativo regulatório*. Rio de Janeiro: Lumen Juris, 2002. p. 169.

Princípio republicano

Refere-se à opção de forma de governo feita pela Constituição Brasileira no *caput* do seu art. 1º.

Segundo a definição de Diogo de Figueiredo Moreira Neto,[169]

> republicano é o regime político em que se define um espaço público, distinto do privado, no qual são identificados e caracterizados certos interesses, também ditos públicos, que transcendem os interesses individuais e coletivos dos membros da sociedade e, por isso, passam a ter sua manifestação submetida às decisões, normativas e concretas, de agentes também públicos.

Decorrem disso os deveres de prestar contas, de eficiência e de economicidade.[170]

Princípio federativo

Consiste em princípio que garante aos entes da federação (União, estados, municípios e Distrito Federal) a autonomia administrativa e organizacional, impedindo que os outros entes atuem de forma a invadir sua competência, que é constitucionalmente delimitada. Desse princípio, decorre a lógica da subsidiariedade e da predominância dos interesses envolvidos; se o interesse for nacional, a competência será da União; se regional, dos estados e, se local, dos municípios. Nesse sentido, Paulo Roberto Ferreira Motta:[171]

---

[169] MOREIRA NETO, Diogo de Figueiredo. *Curso de direito administrativo*, 2005, op. cit., p. 79.
[170] SOUTO, Marcos Juruena Villela. *Direito administrativo regulatório*, 2002, op. cit., p. 169-170.
[171] MOTTA, Paulo Roberto Ferreira. As estruturas do serviço público. *Revista de Direito Administrativo e Constitucional*, Belo Horizonte, ano 4, n. 17, p. 75, 2004.

Ou seja, tudo aquilo que uma comunidade menor não puder fazer por si mesma, deve ser absorvido por uma comunidade maior, garantindo-se, dessa forma, a autonomia da União em face dos Estados e Municípios. Não é outra a lógica, por suposto, pela qual o exercente do Poder Constituinte repartiu a competência da prestação de serviços públicos entre União, Estados e Municípios. Se dados serviços foram atribuídos à União, é, por elementar, que os mesmos não poderiam ser, ou não seriam tão bem prestados universalmente pelos Estados e Municípios. Qualquer outra exegese, entendo, iria contra os fundamentos do federalismo.

Não se pode olvidar, ainda, que no Brasil vigora o sistema do federalismo de cooperação, no qual é fundamental a exata compreensão, por parte de cada um dos entes políticos, acerca dos limites do seu espaço de competência e da indispensável harmonia que deve orientar as relações federativas.

Isso porque a não coordenação e a atuação descompassada dos entes federados acarreta a ineficiência, a violação aos princípios da segurança jurídica, da legitimidade e do consenso, não atendendo ao principal objetivo do Estado, que é o bem servir à sociedade. Sobre o tema, confiram-se os ensinamentos de Celso Ribeiro Bastos:[172]

> A conclusão que se extrairia do princípio federativo é a de que no federalismo de cooperação, como é o nosso, impõe-se a vigência de normas que harmonizem e previnam possíveis conflitos.

---

[172] BASTOS, Celso Ribeiro. Regime jurídico da exploração das redes ferroviárias. *Cadernos de Direito Constitucional e Ciência Política*, São Paulo, ano 5, v. 22, p. 323-335, jan./mar. 1998.

O federalismo cooperativo exige uma harmonização da competência dos entes, e não uma sobreposição, consoante leciona Francisco Campos:[173]

> Nenhum dos poderes ou dos governos, de cuja associação se compõe a sua unidade, deve interferir nas atividades legítimas do outro que, nem diretamente, nem por vias indiretas, oblíquas ou furtivas, poderá criar óbices, embaraços, tropeços ou empecilhos ao exercício das suas funções constitucionais e, sobretudo, onerar, de qualquer maneira, diminuir ou destruir a eficácia dos meios ou instrumentos necessários ou adequados à ação dos seus órgãos na órbita constitucional da sua competência.

Portanto, a essência do federalismo consiste no respeito às competências alheias. O convívio harmônico entre os entes federativos é pressuposto do estado democrático de direito, que não pode ser levado a efeito se a relação não for de coordenação e cooperação.

Princípio da separação dos poderes

Ao passo que o princípio federativo confere aos entes da administração autonomia frente aos outros, o princípio aqui referido, presente no art. 2º da CRFB, assegura aos poderes do Estado (Executivo, Legislativo e Judiciário) independência no exercício de suas funções. Desta maneira, excetuando os casos previstos em lei, não poderá este ou aquele poder interferir no exercício da função do outro.

Ocorre que, para um efetivo respeito à Constituição e aos direitos e garantias individuais, é imperiosa a divisão do poder em órgãos distintos, que se controlem mutuamente.

---

[173] CAMPOS, Francisco. *Direito administrativo*. Rio de Janeiro: Freitas Bastos, 1958. p. 420.

Ressalta-se, por oportuno, que não se trata de divisão de poderes, uma vez que este é uno e indivisível, ocorrendo, portanto, uma divisão de funções do Estado. Nesse sentido, são os ensinamentos de Carlos Ari Sunfeld:

> Em resumo, à separação de órgãos (Poderes), corresponde uma distinção de atividades (funções), que produzem diferentes atos, como segue: Poder Legislativo – função legislativa – lei; Poder Executivo – função administrativa (ou Governo) – ato administrativo; Poder Judiciário – função jurisdicional (ou justiça) – sentença.[174]

Com base neste princípio, vem-se entendendo que os atos emanados por entidades reguladoras não podem ser controlados, quanto ao seu mérito técnico, pelo Poder Judiciário. Nesse sentido, o Superior Tribunal de Justiça já teve a oportunidade de asseverar que

> ao adentrar no mérito das normas e procedimentos regulatórios que inspiraram a configuração das "áreas locais", o Tribunal de origem invadiu seara atribuída à administração pública, atitude esta que ultrapassou os limites impostos pelo princípio da separação dos Poderes e violou as disposições da Lei nº 9.472/1997.[175]

Princípio da livre iniciativa

Oriundo do ideário do Estado liberal, este princípio, positivado no inciso IV do art. 1º e no art. 170 da CRFB, garante liberdade no exercício de atividades econômicas, podendo o particular atuar da maneira que melhor lhe aprouver, desde

---

[174] SUNFELD, Carlos Ari. *Fundamentos do direito público*. 4. ed. São Paulo: Malheiros, 2007. p. 43.
[175] BRASIL. Superior Tribunal de Justiça. REsp nº 973.686/PR. Recurso Especial nº 2007/0183785-0.

que não infrinja nenhuma disposição legal. Eros Roberto Grau delineia os contornos desse princípio:

> Inúmeros sentidos, de toda sorte, podem ser divisados no princípio, em sua dupla face, ou seja, enquanto liberdade de comércio e indústria e enquanto liberdade de concorrência.
>
> A este critério classificatório acoplando-se outro, que leva a distinção entre liberdade pública e liberdade privada, poderemos ter equacionado o seguinte quadro de exposição de tais sentidos: *a) liberdade de comércio e indústria (não ingerência do Estado no domínio econômico): a.1) faculdade de criar e explorar uma atividade econômica a título privado – liberdade pública; a.2) não sujeição a qualquer restrição estatal senão em virtude de lei-liberdade pública; b) Liberdade de concorrência: b.1) faculdade de conquistar a clientela, desde que não através de concorrência desleal – liberdade privada.*[176]

Em face desta ressalva, percebe-se que não se trata de liberdade absoluta, já que, o Estado, buscando resguardar o interesse público, impõe algumas restrições, tal como às funções das agências reguladoras, que devem ser exercidas com observância ao princípio da proporcionalidade.

Com efeito, os particulares podem exercer sua atividade econômica independentemente de autorização dos órgãos públicos, ressalvados os casos previstos na legislação infraconstitucional (parágrafo único do art. 170 da Constituição).

Decorre deste princípio o dever estatal de se abster de explorar atividades econômicas, só devendo delas participar diretamente nos casos de relevante interesse coletivo ou imperativo

---

[176] GRAU, Eros Roberto. *A ordem econômica na Constituição de 1988.* 8. ed. São Paulo: Malheiros, 2003. p. 184, grifos nossos.

de segurança nacional (art. 173 da CRFB). Essa, contudo, não foi a lógica adotada pelo Supremo Tribunal Federal, que entendeu que não há violação ao princípio da liberdade de iniciativa pela manutenção do monopólio dos serviços prestados pela empresa pública de correios e telégrafos,[177] como se vê do seu *Informativo* n. 554,[178] de 3 a 7 de agosto de 2009:

---

[177] Veja-se, por relevante, o resultado do julgamento: "EMENTA: ARGUIÇÃO DE DESCUMPRIMENTO DE PRECEITO FUNDAMENTAL. EMPRESA PÚBLICA DE CORREIOS E TELÉGRAFOS. PRIVILÉGIO DE ENTREGA DE CORRESPONDÊNCIAS. SERVIÇO POSTAL. CONTROVÉRSIA REFERENTE À LEI FEDERAL 6.538, DE 22 DE JUNHO DE 1978. ATO NORMATIVO QUE REGULA DIREITOS E OBRIGAÇÕES CONCERNENTES AO SERVIÇO POSTAL. PREVISÃO DE SANÇÕES NAS HIPÓTESES DE VIOLAÇÃO DO PRIVILÉGIO POSTAL. COMPATIBILIDADE COM O SISTEMA CONSTITUCIONAL VIGENTE. ALEGAÇÃO DE AFRONTA AO DISPOSTO NOS ARTIGOS 1º, INCISO IV; 5º, INCISO XIII, 170, CAPUT, INCISO IV E PARÁGRAFO ÚNICO, E 173 DA CONSTITUIÇÃO DO BRASIL. VIOLAÇÃO DOS PRINCÍPIOS DA LIVRE CONCORRÊNCIA E LIVRE INICIATIVA. NÃO CARACTERIZAÇÃO. ARGUIÇÃO JULGADA IMPROCEDENTE. INTERPRETAÇÃO CONFORME A CONSTITUIÇÃO CONFERIDA AO ARTIGO 42 DA LEI Nº 6.538, QUE ESTABELECE SANÇÃO, SE CONFIGURADA A VIOLAÇÃO DO PRIVILÉGIO POSTAL DA UNIÃO. APLICAÇÃO ÀS ATIVIDADES POSTAIS DESCRITAS NO ARTIGO 9º, DA LEI. 1. O serviço postal – conjunto de atividades que torna possível o envio de correspondência, ou objeto postal, de um remetente para endereço final e determinado – não consubstancia atividade econômica em sentido estrito. Serviço postal é serviço público. 2. A atividade econômica em sentido amplo é gênero que compreende duas espécies, o serviço público e a atividade econômica em sentido estrito. Monopólio é de atividade econômica em sentido estrito, empreendida por agentes econômicos privados. A exclusividade da prestação dos serviços públicos é expressão de uma situação de privilégio. Monopólio e privilégio são distintos entre si; não se os deve confundir no âmbito da linguagem jurídica, qual ocorre no vocabulário vulgar. 3. A Constituição do Brasil confere à União, em caráter exclusivo, a exploração do serviço postal e o correio aéreo nacional [artigo 20, inciso X]. 4. O serviço postal é prestado pela Empresa Brasileira de Correios e Telégrafos – ECT, empresa pública, entidade da Administração Indireta da União, criada pelo decreto-lei nº 509, de 10 de março de 1969. 5. É imprescindível distinguirmos o regime de privilégio, que diz com a prestação dos serviços públicos, do regime de monopólio sob o qual, algumas vezes, a exploração de atividade econômica em sentido estrito é empreendida pelo Estado. 6. A Empresa Brasileira de Correios e Telégrafos deve atuar em regime de exclusividade na prestação dos serviços que lhe incumbem em situação de privilégio, o privilégio postal. 7. Os regimes jurídicos sob os quais em regra são prestados os serviços públicos importam em que essa atividade seja desenvolvida sob privilégio, inclusive, em regra, o da exclusividade. 8. Arguição de descumprimento de preceito fundamental julgada improcedente por maioria. O Tribunal deu interpretação conforme a Constituição ao artigo 42 da Lei nº 6.538 para restringir a sua aplicação às atividades postais descritas no artigo 9º desse ato normativo" (BRASIL. Supremo Tribunal Federal. ADPF nº 46/DF. Pleno. Arguição de Descumprimento de Preceito Fundamental. Relator: ministro Marco Aurélio. Relator p/ acórdão: ministro Eros Grau. Julgado em 5 ago. 2009).
[178] Disponível em: <www.stf.jus.br/arquivo/informativo/documento/informativo554.htm>. Acesso em: 26 jul. 2010.

Prevaleceu o voto do Min. Eros Grau, que, tendo em conta a orientação fixada pelo Supremo na ACO 765 QO/RJ (pendente de publicação), no sentido de que o serviço postal constitui serviço público, portanto, não atividade econômica em sentido estrito, considerou inócua a argumentação em torno da ofensa aos princípios da livre iniciativa e da livre concorrência. Distinguindo o regime de privilégio de que se reveste a prestação dos serviços públicos do regime de monopólio, afirmou que os regimes jurídicos sob os quais são prestados os serviços públicos implicam que sua prestação seja desenvolvida sob privilégios, inclusive, em regra, o da exclusividade na exploração da atividade econômica em sentido amplo a que corresponde essa prestação, haja vista que exatamente a potencialidade desse privilégio incentiva a prestação do serviço público pelo setor privado quando este atua na condição de concessionário ou permissionário. Asseverou, que a prestação do serviço postal por empresa privada só seria possível se a CF afirmasse que o serviço postal é livre à iniciativa privada, tal como o fez em relação à saúde e à educação, que são serviços públicos, os quais podem ser prestados independentemente de concessão ou permissão por estarem excluídos da regra do art. 175, em razão do disposto nos artigos 199 e 209 (CF: "Art. 175. Incumbe ao Poder Público, na forma da lei, diretamente ou sob o regime de concessão ou permissão, sempre através de licitação, a prestação de serviços públicos [...]").

Além do acima exposto, vale lembrar que o princípio da livre concorrência tem estreita ligação com a livre iniciativa, já que esta compreende aquela.

Princípio da legalidade

Fruto do estado de direito, considerado pelo art. 37 da CRFB como princípio norteador da administração pública, é o dever do Estado de obedecer às leis que ele próprio edita por meio do Poder Legislativo. Renato Alessi faz interessante observação, quando afirma que

> a função administrativa se subordina à legislativa não apenas porque a lei pode estabelecer proibições e vedações à Administração, mas também porque esta só pode fazer aquilo que a lei antecipadamente autoriza.[179]

Hely Lopes Meirelles[180] faz uma comparação entre os efeitos da legalidade para o particular e para a administração pública: "Enquanto os indivíduos no campo privado podem fazer tudo aquilo que a lei não veda, o administrador público só pode atuar quando a lei autoriza".

Lucia Valle Figueiredo,[181] filiando-se à posição defendida por Juan Francisco Linares,[182] assegura que é permitida a utilização da analogia como método integrativo nos casos de individuação estreita, lei faltante e lei incompleta, ressaltando apenas que o método se aplica tão somente para explicitar norma já existente em outra lei. Entretanto, a dita autora ressalta que o mesmo raciocínio não se estende a todos os casos, já que existiriam alguns aos quais se aplicaria o princípio da legalidade de forma absoluta, ou seja, dependendo sempre de lei expressa, como nos casos em que fossem impostas prestações pessoais ou patrimoniais.

---

[179] ALESSI, Renato. Sistema istituzionale del diritto amministrativo italiano. 2. ed. Milão: Giuffrè, 1960 apud MELLO, Celso Antônio Bandeira de. *Curso de direito administrativo*. 11. ed. São Paulo: Malheiros, 1999. p. 80.
[180] MEIRELLES, Hely Lopes apud CARVALHO FILHO, José dos Santos. *Manual de direito administrativo*. 11. ed. Rio de Janeiro: Lumen Juris, 2004. p. 14.
[181] FIGUEIREDO, Lucia Valle. *Curso de direito administrativo*. 5. ed. São Paulo: Malheiros, 2001.
[182] LINARES, Juan Francisco. *Caso administrativo no previsto*. Buenos Aires: Astrea, 1976. p. 54 e segs.

Assim, como expõe Celso Antônio Bandeira de Mello,[183] ao administrador cabe dar concretude às leis, adequando-as à realidade, nunca criando obrigações onde a lei não o fez.

Marcos Juruena Villela Souto[184] utiliza-se da divisão realizada por Diogo de Figueiredo Moreira Neto[185] para o princípio da legalidade, ao enumerar as seguintes vertentes: legalidade em sentido estrito (submissão do comportamento à lei), legitimidade (submissão do comportamento à vontade geral) e licitude (submissão do comportamento aos valores morais prevalentes no meio social).

Além disso, o referido autor assevera, ainda, que não se exige que toda atividade administrativa esteja explicitada em lei, mas, sim, que nela estejam os fundamentos e parâmetros de atuação.

O direito administrativo não se baseia mais, tão somente, na legalidade estrita, ou seja, deve tirar seu fundamento de validade diretamente da Constituição. Trata-se, pois, do princípio da juridicidade, no qual não basta que o administrador público se vincule apenas à lei formal; antes, deve pautar o exercício de seu mister, principalmente, no direito.

Ainda sobre o tema da legalidade administrativa, discute-se sobre a existência, no direito brasileiro, do chamado "decreto autônomo". Atualmente, prevalece o entendimento no sentido de que, com a edição da Emenda Constitucional nº 32/2001,

---

[183] MELLO, Celso Antônio bandeira de. *Curso de direito administrativo*, 1999, op. cit., p. 74.
[184] SOUTO, Marcos Juruena Villela. *Direito administrativo regulatório*, 2002, op. cit., p.180-181.
[185] MOREIRA NETO, Diogo de Figueiredo. Parecer: Autonomia das relações fiscais. Natureza das relações de fomento público. A quem incumbe o dever de fiscalizar. Preclusão de decisão equiparada a lançamento. Tríplice nulidade da decisão anulatória sob exame: por desvio de finalidade, vício de motivo e vício de forma. Ofensa aos princípios da segurança jurídica e da confiança legítima. Hipótese de avocatória por colidência entre interpretações fazendárias apud SOUTO, Marcos Juruena Villela. *Direito administrativo regulatório*, 2002, op. cit., p. 181.

que alterou o art. 84, inciso VI, "a", esta modalidade teria sido incorporada ao ordenamento jurídico pátrio:

> Art. 84. Compete privativamente ao Presidente da República:
>
> [...]
>
> VI. dispor, mediante decreto, sobre: (Redação dada pela Emenda Constitucional nº 32, de 2001)
>
> a) organização e funcionamento da administração federal, quando não implicar aumento de despesa nem criação ou extinção de órgãos públicos; (Incluída pela Emenda Constitucional nº 32, de 2001)

Tal entendimento se fortaleceu, também, com edição da Emenda Constitucional nº 45/2004, que incluiu os seguintes dispositivos na Constituição, atribuindo poderes normativos tanto ao Conselho Nacional de Justiça como ao Conselho Nacional do Ministério Público:[186]

---

[186] Ressalte-se, por relevante, que o Supremo Tribunal Federal parece já ter reconhecido este poder normativo autônomo, como se vê, por exemplo, do seu *Informativo* n. 416: "ADC e Vedação ao Nepotismo – 1. O Tribunal, por maioria, concedeu pedido de liminar formulado em ação declaratória de constitucionalidade proposta pela Associação dos Magistrados do Brasil – AMB, para, com efeito vinculante e *erga omnes*, suspender, até o exame de mérito da ação, o julgamento dos processos que tenham por objeto questionar a constitucionalidade da Resolução 7/2005, do Conselho Nacional de Justiça; impedir que juízes e tribunais venham a proferir decisões que impeçam ou afastem a aplicabilidade da mesma resolução; e suspender, com eficácia *ex tunc*, os efeitos das decisões já proferidas, no sentido de afastar ou impedir a sobredita aplicação. Inicialmente, não se conheceu da ação quanto ao art. 3º da aludida resolução, tendo em vista a alteração de redação introduzida pela Resolução 9/2005. ADC 12 MC/DF, rel. Min. Carlos Britto, 16.2.2006 (ADC-12). ADC e Vedação ao Nepotismo – 2. Em seguida, asseverou-se que o Conselho Nacional de Justiça – CNJ, como órgão central de controle da atuação administrativa e financeira do Poder Judiciário, detém competência para dispor, primariamente, sobre as matérias de que trata o inciso II do §4º do art. 103-B da CF, já que 'a competência para zelar pela observância do art. 37 da CF e de baixar os atos de sanação de condutas eventualmente contrárias à legalidade é poder que traz consigo a dimensão da normatividade em abstrato'. Ressaltou-se que a Resolução 7/2005 está em sintonia com os princípios constantes do art. 37, em especial os da impessoalidade, da eficiência e da igualdade, não havendo que se falar em ofensa à liberdade de nomeação

Art. 103-B. O Conselho Nacional de Justiça compõe-se de quinze membros com mais de trinta e cinco e menos de sessenta e seis anos de idade, com mandato de dois anos, admitida uma recondução, sendo: (Incluído pela Emenda Constitucional nº 45, de 2004)

[...]

§4º. Compete ao Conselho o controle da atuação administrativa e financeira do Poder Judiciário e do cumprimento dos deveres funcionais dos juízes, cabendo-lhe, além de outras atribuições que lhe forem conferidas pelo Estatuto da Magistratura:

I. zelar pela autonomia do Poder Judiciário e pelo cumprimento do Estatuto da Magistratura, podendo expedir atos regulamentares, no âmbito de sua competência, ou recomendar providências;

[...]

Art. 130-A. O Conselho Nacional do Ministério Público compõe-se de quatorze membros nomeados pelo Presidente da República, depois de aprovada a escolha pela maioria absoluta do Senado Federal, para um mandato de dois anos, admitida uma recondução, sendo: (Incluído pela Emenda Constitucional nº 45, de 2004)

[...]

---

e exoneração dos cargos em comissão e funções de confiança, visto que as restrições por ela impostas são as mesmas previstas na CF, as quais, extraídas dos citados princípios, vedam a prática do nepotismo. Afirmou-se, também, não estar a resolução examinada a violar nem o princípio da separação dos Poderes, nem o princípio federativo, porquanto o CNJ não usurpou o campo de atuação do Poder Legislativo, limitando-se a exercer as competências que lhe foram constitucionalmente reservadas. Vencido o Min. Marco Aurélio, que indeferia a liminar, ao fundamento de que o CNJ, por não possuir poder normativo, extrapolou as competências constitucionais que lhe foram outorgadas ao editar a resolução impugnada. ADC 12 MC/DF, rel. Min. Carlos Britto, 16/02/2006 (ADC-12)".

§2º. Compete ao Conselho Nacional do Ministério Público o controle da atuação administrativa e financeira do Ministério Público e do cumprimento dos deveres funcionais de seus membros, cabendo-lhe:

I. zelar pela autonomia funcional e administrativa do Ministério Público, podendo expedir atos regulamentares, no âmbito de sua competência, ou recomendar providências;

[...]

Princípio do devido processo legal e ampla defesa

No que tange à sua aplicação no direito administrativo, o devido processo legal, previsto nos incisos LIV e LV do art. 5º da CRFB, exige um processo formal e regular para que sejam atingidas a propriedade e a liberdade de qualquer cidadão. Entretanto, de nada bastaria o processo formal se não fossem oferecidos ao indivíduo o contraditório e a ampla defesa, que compreendem, inclusive, a possibilidade de recorrer das decisões.

Vale, aqui, lembrar que a privação da liberdade/propriedade não precisa ser integral, bastando que haja um gravame parcial para que surja a necessidade de observar o princípio ora comentado.

Esse princípio é consagrado de forma expressa, igualmente, no art. 2º da Lei nº 9.784/1999 (que disciplina o processo administrativo em âmbito federal). Confira-se o inteiro teor do dispositivo:

> Art. 2º. A administração pública obedecerá dentre outros, aos princípios da legalidade, finalidade, motivação, razoabilidade, proporcionalidade, moralidade, *ampla defesa, contraditório*, segurança jurídica, interesse público e eficiência [grifos nossos].

Sobre o tema, deve-se ressaltar a existência de controvérsia no âmbito dos tribunais superiores acerca da exigência de defesa técnica no bojo de procedimentos administrativos. O Superior Tribunal de Justiça, inicialmente, editou, em 21 de setembro de 2007, a Súmula nº 343, cujo teor é o seguinte: "É obrigatória a presença de advogado em todas as fases de processo administrativo disciplinar"; no entanto, o Supremo Tribunal Federal, em 16 de maio de 2008, em aparente divergência, editou a Súmula Vinculante nº 5, com a seguinte redação: "A falta de defesa técnica por advogado no processo administrativo disciplinar não ofende a Constituição".

Como se pode perceber, tal divergência poderia gerar insegurança jurídica na condução dos processos administrativos. Todavia, o Superior Tribunal de Justiça, em reiterados julgados, vem-se posicionando no sentido de que a Súmula Vinculante nº 5 deve prevalecer sobre sua Súmula nº 473, como se vê noticiado no seguinte informativo[187] de sua jurisprudência:

> O impetrante foi demitido do cargo que ocupava porque contratou terceiro para realizar seu trabalho como vigia noturno de uma escola estadual. Alega que a Administração estava ciente do fato e que foi ele mesmo, e não um advogado, quem fez a defesa no processo administrativo disciplinar (PAD). Diante disso, a Seção, ao prosseguir o julgamento, entendeu denegar a segurança ao fundamento de que a Súm. Vinculante nº 5-STF, quanto ao fato de a ausência de defesa técnica por advogado não implicar violação do princípio do contraditório e da ampla defesa, prevalece sobre o disposto na Súm. nº 343-STJ, que afirma ser obrigatória a presença do causídico. O Min. Jorge Mussi, em seu voto vista, anotou que os depoimentos na fase

---

[187] BRASIL. Superior Tribunal de Justiça. *Informativo*, n. 419, 7-11 dez. 2009.

inquisitorial foram colhidos sob o acompanhamento de defensor dativo e do próprio impetrante, que, após citado, apresentou defesa escrita subscrita por ele mesmo. Destacou que, apesar de aquela defesa não ser técnica, foi efetivamente considerada no parecer da Procuradoria-Geral da Fazenda Nacional conclusivo da configuração de improbidade administrativa, o que desencadeou a demissão. Assim, aduziu que estaria observada no PAD a garantia da ampla defesa consagrada no art. 5º, LV, da CF/1988, tal como interpretada pelo STF quando da edição da Súm. Vinculante nº 5-STF, pois se garantiu ao impetrante o direito à informação, à manifestação e à apreciação de seus argumentos. O Min. Napoleão Nunes Maia Filho (vencido), por sua vez, concedia a ordem por entender que, apesar da leitura que faz do texto da referida súmula vinculante conduzir à conclusão de que a defesa no PAD continua a ser exigível, mas não só por advogado, podendo exercê-la quem possua conhecimentos suficientes para deduzi-la com eficácia, a instauração do procedimento, no caso, seria bem anterior ao advento da referida súmula. Pesaria, também, a seu ver, o fato de a Administração ter tolerado a situação, de conhecimento de várias gestões de diretoria da escola. Precedente citado do STF: RE 434.059-DF, DJe 26/5/2009. MS 13.266-DF, Rel. Min. Arnaldo Esteves Lima, julgado em 9/12/2009.

Por fim, deve-se ressaltar, sobre esses princípios, que Celso Antônio Bandeira de Mello salienta, em seu *Curso de direito administrativo*,[188] que tais princípios não impedem a adoção de medidas de urgência, que, justificadas pela ameaça iminente ao interesse público, recomendem uma postergação provisória do

---

[188] MELLO, Celso Antônio Bandeira de. *Curso de direito administrativo*, 1999, op. cit., p. 72.

contraditório e da ampla defesa, já que a observância de tais princípios, naquele momento, poderia acarretar-lhe grave lesão.

Princípio da isonomia

Tratando-se de um dos mais importantes princípios do Estado moderno, previsto no *caput* do art. 5º da CRFB, a isonomia nem sempre teve o caráter que sustenta hoje. Em interessantes estudos sobre o tema, Luís Roberto Barroso[189] e Carlos Roberto Siqueira Castro[190] aduzem que a origem da isonomia não possuía matriz pluralista, nem ao menos cunho social, sendo completamente alheia a questões como distribuição de renda ou quaisquer outras que levassem a uma igualdade material.

A isonomia se destinava a acabar com os privilégios nobiliárquicos frente à burguesia, mas nunca se buscou efetivamente igualar o chamado terceiro Estado ao restante da sociedade da época.

Não obstante, o desenvolvimento da sociedade e da doutrina da época levou à evolução desta concepção puramente formal da isonomia (igualdade perante a lei), para uma abordagem material do princípio, que buscava a igualdade entre os indivíduos frente aos bens da vida.

Aristóteles[191] descrevia a justiça distributiva, base para a compreensão de tratamento isonômico, com a fórmula "tratar igualmente os iguais e desigualmente os desiguais, na medida em que eles se desigualam", o que mais tarde veio a ser classificado como uma visão formal-abstrata da igualdade. Em que pese esta

---

[189] BARROSO, Luís Roberto. A igualdade perante a lei: algumas reflexões. *Revista de Direito da Procuradoria Geral do Estado do Rio de Janeiro*, n. 38, p. 64-79, 1986.
[190] CASTRO, Carlos Roberto Siqueira. O princípio da isonomia e as classificações legislativas. *Revista da Ordem dos Advogados do Brasil-RJ*, Rio de Janeiro, v. 7, n. 15, p. 27-47, 1981.
[191] ARISTÓTELES. *Ética a Nicômaco*. São Paulo: Martin Claret, 2005. Livro V.

construção, permanecia a dúvida a respeito de quem deve ser igualado e de quem seria desigualado.

Em complemento a este pensamento, foi desenvolvida a concepção formal-objetiva da igualdade, que dispunha que o conteúdo jurídico da igualdade consistiria exatamente em definir em que casos é imperativa a equiparação e em que hipóteses é válido o estabelecimento de desigualdades. Exemplos desta ideia são a distinção que a própria Constituição Federal faz em relação às mulheres quanto à obrigatoriedade do serviço militar, assim como as diversas faixas de tributação do imposto de renda de acordo com a capacidade contributiva dos indivíduos.

Assim, concluiu-se que a Constituição não só admite, como estabelece hipóteses de tratamento desigual. Além disso, percebeu-se que legislar consiste naturalmente em discriminar situações e classificar pessoas à luz dos mais diversos critérios.[192] Só o que a Carta Constitucional busca evitar são as discriminações arbitrárias e aleatórias, nada tendo a opor em relação às baseadas em critérios de razoabilidade e proporcionalidade.

Satisfeita a discussão sobre a igualdade perante a lei, passemos à abordagem da igualdade material, nos dizeres de Luís Roberto Barroso[193] in verbis:

> Os homens são naturalmente desiguais, sob inumeráveis aspectos, desigualdades físicas, morais, espirituais etc. E são contingentemente desiguais a outros tantos pontos de vista: políticos, sociais, econômicos etc. Aliás, é pela existência mesmo de desigualdades – naturais ou não – que se aspira à igualdade. Na feliz formulação de Rousseau, "é precisamente porque a força

---

[192] Sobre o tema: CASTRO, Carlos Roberto Siqueira. "O princípio da isonomia e as classificações legislativas", 1981, op. cit.; FIGUEIREDO, Lucia Valle. Direitos e garantias individuais: o princípio da isonomia. Revista de Direito Público, 49-50, p. 121-132, jan./jun. 1979.
[193] BARROSO, Luís Roberto. "A igualdade perante a lei", 1986, op. cit., p. 70.

das circunstâncias tende sempre a destruir a igualdade que a força da legislação deve sempre tender a sustentá-la".

Num plano teórico – ou melhor: retórico – não é difícil fincar determinadas bases consensuais sobre a igualdade material: paralelamente à igualdade perante a lei, deve-se promover a equiparação de todos perante a vida, assegurando-se igualdade de oportunidades no acesso à educação, à cultura e aos bens materiais.

Joaquim José Gomes Canotilho,[194] por sua vez, lembra-nos que a igualdade material depende de uma postura ativa do Estado, garantindo os direitos individuais, mas também criando bens coletivos e fornecendo prestações.

Princípio da segurança jurídica

Diogo de Figueiredo Moreira Neto[195] o define como o "cimento das civilizações", já que todas elas buscam a segurança jurídica como um dos pilares que lhes conferiria estabilidade.

Celso Antônio Bandeira de Mello[196] chega a enumerar os institutos da prescrição, da decadência, da preclusão, do usucapião e do direito adquirido como exemplos de aspiração à segurança jurídica.

Podemos citar, ainda, o art. 27 da Lei nº 9.868/1999, que permite ao Supremo Tribunal Federal disciplinar os efeitos da decisão que declarou inconstitucional lei ou ato normativo,

---

[194] CANOTILHO, Joaquim José Gomes. *Constituição dirigente e vinculação do legislador*. Coimbra: Coimbra, 1982. p. 390-391 apud BARROSO, Luís Roberto. "A igualdade perante a lei", 1986, op. cit., p. 70.
[195] MOREIRA NETO, Diogo de Figueiredo. *Curso de direito administrativo*, 2005, op. cit., p. 79.
[196] MELLO, Celso Antônio Bandeira de. *Curso de direito administrativo*, 1999, op. cit., p. 72-73.

fixando, inclusive, outro momento – que não seja o trânsito em julgado – para dar eficácia à decisão. Veja-se o dispositivo:

> Art. 27. Ao declarar a inconstitucionalidade de lei ou ato normativo, e tendo em vista razões de *segurança jurídica* ou de excepcional interesse social, poderá o Supremo Tribunal Federal, por maioria de dois terços de seus membros, restringir os efeitos daquela declaração ou decidir que ela só tenha eficácia a partir de seu trânsito em julgado ou de outro momento que venha a ser fixado [grifos nossos].

A pretensão à estabilidade pressupõe certa previsibilidade de emprego do poder pelo Estado, sem que se impeçam futuras regulações, como bem salienta Marcos Juruena Villela Souto,[197] para quem a regulação preenche o espaço de atualizar a interpretação da Constituição, das leis e dos contratos sem a necessidade de mudança dos respectivos textos, à luz da noção de que o sistema jurídico deve ser aberto à evolução e não um sistema fechado no momento histórico em que foi produzida a norma.

Decorreriam deste postulado, portanto, princípios como a confiança legítima, a boa-fé objetiva e a presunção de validade dos atos do poder público, que, por sua vez, na lição de Celso Antônio Bandeira de Mello,[198] impediriam a administração de sancionar, agravar a situação dos administrados ou denegar-lhes pleitos com base em mudanças de orientação em caso concreto que não tenham sido prévia e publicamente noticiadas.

---

[197] SOUTO, Marcos Juruena Villela. *Direito administrativo regulatório*, 2002, op. cit., p. 205.
[198] MELLO, Celso Antônio Bandeira de. *Curso de direito administrativo*, 1999, op. cit., p. 72-73.

Princípios da razoabilidade e da proporcionalidade

Em apertada síntese, razoável seria aquilo que não fosse injusto. Já o proporcional dependeria da verificação da adequação do meio empregado ao fim colimado, da exigibilidade (necessidade) da conduta, bem como da proporcionalidade em sentido estrito, o que nada mais é senão a verificação de se o proveito aferido foi maior que o ônus suportado.

José dos Santos Carvalho Filho[199] diverge quanto ao conteúdo da razoabilidade determinado por Lucia Valle Figueiredo, para quem a razoabilidade é conceito distinto e independente da legalidade.

Aduz o autor em seu favor que só se poderia aferir a irrazoabilidade de determinado ato se este padecesse de vício intrínseco às suas razões impulsionadoras ou em seu objeto, sendo, portanto, ilegal. Logo, comungando da orientação de Celso Antônio Bandeira de Mello, conclui que, uma vez satisfeitos os princípios da legalidade e da finalidade, o ato não poderia ser considerado irrazoável.

Vale aqui salientar que tal orientação embasa outro ponto defendido pelos dois doutrinadores: a impossibilidade de órgão jurisdicional rever ato administrativo exclusivamente por entendê-lo irrazoável. Desta maneira estariam resguardados o mérito administrativo e o princípio da separação dos poderes.

Não obstante a posição de tão abalizada doutrina, Fábio Corrêa Souza de Oliveira[200] defende a possibilidade de analisar a discricionariedade do administrador com base na razoabilidade, o que nada mais seria do que verificar o mérito administrativo.

---

[199] CARVALHO FILHO, José dos Santos. *Manual de direito administrativo*. 11. ed. Rio de Janeiro: Lumen Juris, 2004. p. 24-25.
[200] OLIVEIRA, Fábio Corrêa Souza de. *Por uma teoria dos princípios*: o princípio constitucional da razoabilidade. Rio de Janeiro: Lumen Juris, 2003.

A seu tempo, Ana Paula de Barcellos e Luís Roberto Barroso[201] observam que razoabilidade e proporcionalidade consistem no mesmo instituto, só variando os termos quanto à sua origem. Os citados mestres afirmam que, enquanto a razoabilidade nasceu de uma construção jurisprudencial de origem anglo-saxã, tendo como fonte o devido processo legal substantivo, que intencionava aferir a constitucionalidade das leis, a proporcionalidade, nascida da tradição jurídica germânica, foi concebida como forma de controle dos atos do Poder Executivo.

No entanto, em que pesem as origens diversas, para estes dois autores, tanto a razoabilidade como a proporcionalidade resguardam os mesmos valores: racionalidade, justiça, medida adequada, senso comum e rejeição aos atos arbitrários e caprichosos.

Princípio da supremacia do interesse público[202]

No que concerne a este princípio, há grande discussão doutrinária, não sobre o conceito de interesse público, mas sobre sua prevalência sobre os outros princípios e interesses.

Celso Antônio Bandeira de Mello[203] é quem melhor tenta explicar o conteúdo do interesse público e, portanto, é a sua linha argumentativa que aqui será seguida.

Para o citado mestre, o interesse público compreenderia o interesse da coletividade, o que ressalta não ser sinônimo da

---

[201] BARCELLOS, Ana Paula de; BARROSO, Luís Roberto. O começo da história: a nova interpretação constitucional e o papel dos princípios no direito brasileiro. *Revista de Direito da Procuradoria Geral do Estado do Rio de Janeiro*, n. 57, 2004.
[202] Sobre o tema: ÁVILA, Humberto Bergmann. Repensando o "princípio da supremacia do interesse público sobre o particular". In: PASQUALINI, Alexandre. *O direito público em tempos de crise*: estudos em homenagem a Ruy Ruben Ruschel. Porto Alegre: Livraria do Advogado, 1999. p. 99-127.
[203] MELLO, Celso Antônio Bandeira de. *Curso de direito administrativo*, 1999, op. cit., p. 29-58.

soma dos interesses individuais dos membros da sociedade, já que cada um deles teria dois tipos de interesses: seu interesse pessoal específico e seu interesse pessoal enquanto membro da coletividade.

Pondera o autor que o interesse público poderá até contrapor-se a um interesse particular específico, mas nunca poderia existir se contrariasse os interesses de todos numa coletividade.

Sendo assim, Celso Antônio Bandeira de Mello definiu o interesse público: "Trata-se do interesse resultante de interesses que os indivíduos pessoalmente têm quando considerados em sua qualidade de membros da sociedade e pelo fato de o serem".[204]

Em virtude do reconhecimento dessa parcela de titularidade do interesse público, chegou-se a duas novas conclusões: (a) esses interesses podem ser defendidos por particulares em relações privadas; e (b) nem todo interesse do Estado é público,[205] mas a finalidade mediata deve ser pública, sob pena de desvio de finalidade.

Desta última conclusão surge, portanto, um questionamento sobre como seria definida a finalidade pública e, em consequência, quais são os interesses públicos. Novamente nos socorreremos da lição de Celso Antônio Bandeira de Mello: "Será interesse público aquilo que a Constituição Federal consagrou, ou mesmo as leis o fizeram em consonância com aquela".[206]

Passada a breve análise do que representaria o interesse público, adentra-se à controvérsia acerca da chamada "supremacia do interesse público".

---

[204] Ibid.
[205] Nada impede que o interesse do Estado seja proteger um cidadão específico (testemunha-chave de um crime), caso em que seu interesse seria privado, fato que não descaracterizaria a finalidade pública, que no caso, seria resguardar o bom andamento e a efetividade do processo criminal.
[206] MELLO, Celso Antônio Bandeira de. *Curso de direito administrativo*, 1999, op. cit.

Enquanto José dos Santos Carvalho Filho,[207] Lucia Valle Figueiredo[208] e Celso Antônio Bandeira de Mello[209] convergem para garantir a preponderância do interesse público em caso de conflito com interesse individual, Diogo de Figueiredo Moreira Neto,[210] Marcos Juruena Villela Souto[211] e Gustavo Binenbojm[212] entendem que não pode haver uma superposição predeterminada do interesse público em face dos individuais, uma vez que seria necessária uma ponderação a fim de que se verificasse a melhor solução que preservasse os dois interesses envolvidos.

Para Diogo de Figueiredo Moreira Neto, tendo em vista a evolução da dogmática constitucional, não se poderia mais conferir supremacia ao interesse público, mas somente aos direitos fundamentais constitucionais.

Marcos Juruena Villela Souto observa que haveria quebra da isonomia, da segurança jurídica e da proporcionalidade ao se aplicar cegamente tal postulado.

O melhor interesse público, para Gustavo Binenbojm, seria aquele fruto da ponderação entre o interesse individual e o coletivo, de forma a obter a maior realização possível de ambos.

Princípio da moralidade

É pacífico na doutrina que o princípio estabelecido no *caput* do art. 37 da CRFB refere-se à observância de preceitos éticos no

---

[207] CARVALHO FILHO, José dos Santos. *Manual de direito administrativo*, 2004, op. cit., p. 29.
[208] FIGUEIREDO, Lucia Valle. *Curso de direito administrativo*, 2001, op. cit., p. 65-66.
[209] MELLO, Celso Antônio Bandeira de. *Curso de direito administrativo*, 1999, op. cit.
[210] MOREIRA NETO, Diogo de Figueiredo. *Curso de direito administrativo*, 2005, op. cit., p. 90-91.
[211] SOUTO, Marcos Juruena Villela. *Direito administrativo regulatório*, 2002, op. cit., p. 178-180.
[212] BINENBOJM, Gustavo. Da supremacia do interesse público ao dever de proporcionalidade: um novo paradigma para o direito administrativo. *Mundo Jurídico*, 3 set. 2005b. Disponível em: <www.mundojuridico.adv.br/sis_artigos/artigos.asp?codigo=228>. Acesso em: 18 nov. 2012.

exercício da função pública. No entanto, Diogo de Figueiredo Moreira Neto ressalta que não se limita à verificação entre o bem e o mal, mas vai além, observando objetivamente se foram realizados os deveres de boa administração.

O mesmo autor aduz ainda que a moralidade derivaria da legitimidade política e da finalidade pública, o que por si só já aproxima a moralidade da própria legalidade.

Ressalte-se, por relevante, que o Supremo Tribunal Federal, no julgamento da ADC nº 12, deu plena aplicabilidade a esse princípio, independentemente de intermediação legislativa:

> EMENTA: AÇÃO DECLARATÓRIA DE CONSTITUCIONALIDADE, AJUIZADA EM PROL DA RESOLUÇÃO Nº 7, de 18/10/2005, DO CONSELHO NACIONAL DE JUSTIÇA. ATO NORMATIVO QUE "DISCIPLINA O EXERCÍCIO DE CARGOS, EMPREGOS E FUNÇÕES POR PARENTES, CÔNJUGES E COMPANHEIROS DE MAGISTRADOS E DE SERVIDORES INVESTIDOS EM CARGOS DE DIREÇÃO E ASSESSORAMENTO, NO ÂMBITO DOS ÓRGÃOS DO PODER JUDICIÁRIO E DÁ OUTRAS PROVIDÊNCIAS". PROCEDÊNCIA DO PEDIDO. 1. Os condicionamentos impostos pela Resolução nº 7/05, do CNJ, não atentam contra a liberdade de prover e desprover cargos em comissão e funções de confiança. As restrições constantes do ato resolutivo são, no rigor dos termos, as mesmas já impostas pela Constituição de 1988, dedutíveis dos republicanos princípios da impessoalidade, da eficiência, da igualdade e da moralidade. 2. Improcedência das alegações de desrespeito ao princípio da separação dos Poderes e ao princípio federativo. O CNJ não é órgão estranho ao Poder Judiciário (art. 92, CF) e não está a submeter esse Poder à autoridade de nenhum dos outros dois. O Poder Judiciário tem uma singular compostura de âmbito nacional, perfeitamente compatibilizada com o caráter estadualizado de uma parte dele. Ademais, o art. 125 da Lei Magna

defere aos Estados a competência de organizar a sua própria Justiça, mas não é menos certo que esse mesmo art. 125, *caput*, junge essa organização aos princípios "estabelecidos" por ela, Carta Maior, neles incluídos os constantes do art. 37, cabeça. 3. Ação julgada procedente para: a) emprestar interpretação conforme a Constituição para deduzir a função de chefia do substantivo "direção" nos incisos II, III, IV, V do artigo 2º do ato normativo em foco; b) declarar a constitucionalidade da Resolução nº 7/2005, do Conselho Nacional de Justiça.[213]

José dos Santos Carvalho Filho[214] limita-se a dizer que se trata de princípio distinto do princípio da legalidade; no entanto, lembra que em alguns momentos pode confundir-se com este, no que José Guilherme Giacomuzzi[215] defende o ponto de que não haveria moralidade autônoma.

Princípio da impessoalidade

Trata-se de estabelecer tratamento imparcial a todos aqueles que se relacionem com a administração.

Face à afirmação supra, poder-se-ia concluir que se apresenta repetição ao princípio da isonomia tal como boa parte da doutrina entende.[216] No entanto, Lucia Valle Figueiredo[217]

---

[213] BRASIL. Supremo Tribunal Federal. ADC nº 12/DF. Pleno. Distrito Federal. Ação Declaratória de Constitucionalidade. Relator: ministro Ayres Britto. Julgado em 20 ago. 2008. Disponível em: <www.jusbrasil.com.br/jurisprudencia/14719157/acao-declaratoria-de-constitucionalidade-adc-12-df-stf>. Acesso em: 19 nov. 2012.
[214] CARVALHO FILHO, José dos Santos. *Manual de direito administrativo*, 2004, op. cit., p. 15-16.
[215] GIACOMUZZI, José Guilherme. A moralidade administrativa: história de um conceito. *Revista de Direito Administrativo*, Rio de Janeiro, n. 230, p. 291-303, out./dez. 2002 apud CARVALHO FILHO, José dos Santos. *Manual de direito administrativo*, 2004, op. cit., p. 15-16.
[216] Por todos: BANDEIRA DE MELLO, Celso Antônio. *Curso de direito administrativo*, 1999, op. cit., p. 84.
[217] FIGUEIREDO, Lucia Valle. *Curso de direito administrativo*, 2001, op. cit., p. 61-62.

evidencia a diferença, já que, para ela, seria possível haver tratamento isonômico, sem que fosse observado o dever de imparcialidade. Para a autora, este preceito, contido no art. 37, *caput*, da CRFB consistiria numa "valoração objetiva dos interesses públicos e privados envolvidos na relação jurídica a se formar, independentemente de qualquer interesse político". Apenas a título de sistematização, enumeramos os três efeitos decorrentes da impessoalidade, para Diogo de Figueiredo Moreira Neto:[218] (a) impossibilidade de operar distinção onde a lei não o fez; (b) vedação à busca de interesses secundários desvinculados dos públicos primários previstos em lei; e (c) proibição a que se prestigiem outros interesses além dos finalísticos.

Princípio da publicidade

Trata-se do instrumento necessário para que a moralidade, a legitimidade e a legalidade dos atos do poder público possam ser levadas a controle, já que é a publicidade que confere a transparência necessária para que seja verificada a conformidade com a ordem jurídica vigente.[219] No entanto, vale lembrar que o princípio está limitado às hipóteses em que a própria Constituição, ou mesmo norma infraconstitucional, o afasta, impondo a situação excepcional de sigilo.

Está positivado na CRFB em diversos dispositivos, tais como: art. 5º, incisos XXXIII (direito a informações), XXXIV, alínea "b" (direito a certidões para defesa de direitos e esclarecimentos de situações de pessoas), LV (implícito no devido

---

[218] MOREIRA NETO, Diogo de Figueiredo. *Curso de direito administrativo*, 2005, op. cit., p. 95.
[219] Ibid., p. 83-84.

processo legal), LX (reconhecimento da excepcionalidade do sigilo), LXXII, alínea "b" (direito a retificação de dados) e art. 93, inciso IX (necessidade que os julgamentos do Poder Judiciário sejam públicos).

Resta, por fim, diferenciar os princípios da publicidade e da transparência, já que este último está relacionado com o direito financeiro e se manifesta por meio da elaboração do orçamento (art. 165 da CRFB), do controle das renúncias de receitas (§6º do art. 165 da CRFB e art. 14 da LC nº 101/2000), da gestão orçamentária responsável (art. 48 da LC nº 101/2000) e pelo combate à corrupção.

Princípio da eficiência

O princípio da eficiência, evidenciado na Constituição Federal no *caput* do art. 37, consiste no compromisso da administração pública de buscar, por meio de padrões e metas previamente fixados, a melhor relação custo/benefício entre o procedimento adotado e o resultado obtido em proveito dela própria e do interesse público envolvido. Não há que se falar em busca pelo lucro. Trata-se da busca pela qualidade na realização da ação administrativa, seja ela desenvolvida por um órgão público ou por entidade privada.

Entretanto, vale uma ressalva quanto à maneira pela qual este instituto se encaixa em todo o quadro jurídico em que se encontra a administração. Considerando o caráter sistemático que todo o ordenamento jurídico tem, e em especial a própria Constituição, não se pode observar a eficiência como um conceito estanque, devendo ser analisada sob a luz dos princípios da legalidade e da proporcionalidade.

A tomada de decisões deverá ser sempre realizada com base em um critério técnico, o qual estará explicitado em alguma norma, seja ela legal, contratual ou regulamentar. Alexandre

Santos de Aragão, ao afirmar que a legalidade não deve ser vista como meramente formal e abstrata, leciona que

não se trata de descumprir a lei, mas apenas de, no processo de sua aplicação, prestigiar os seus objetivos maiores em relação à observância pura e simples de suas regras, cuja aplicação pode, em alguns casos concretos, se revelar antitética àqueles.[220]

Lucio Iannotta[221] afirma que, na administração de resultado, o princípio da legalidade implica a indefectível aplicação das normas que geram bons resultados, mas também implica a impossibilidade de aplicar normas que geram maus resultados. Assim, deve ser observado o critério da proporcionalidade, que consiste na adoção das melhores medidas, sem que se tornem excessivamente onerosas.

Marcos Juruena Villela Souto[222] explicita ainda que a eficiência deve ser avaliada sob um tríplice aspecto: administrativo, técnico e financeiro. A eficiência administrativa consiste na verificação da presença do interesse público no agir do administrador; a vertente técnica constatará o emprego dos meios adequados ao atendimento das necessidades públicas, enquanto a eficiência financeira observa-se na aplicação do princípio da economicidade.

Princípio da realidade

É o princípio em razão do qual a administração está obrigada a ater-se ao que pode, de fato, ser realizado, sem se perder em formulações quiméricas e pretensões impossíveis. Afinal,

---

[220] ARAGÃO, Alexandre Santos de. O princípio da eficiência. *Revista de Direito Administrativo*, Rio de Janeiro, n. 237, p. 1-6, 2004b.
[221] IANNOTTA, Lucio apud ARAGÃO, Alexandre Santos de. "O princípio da eficiência", 2004b, op. cit., p. 2.
[222] SOUTO, Marcos Juruena Villela. *Direito administrativo regulatório*, 2002, op. cit., p. 184-185.

isto implicaria fugir à sua finalidade, pois os comandos da administração, sejam abstratos ou concretos, devem ter condições objetivas de serem efetivamente cumpridos em favor da sociedade a que se destinam.[223] Confira-se, sobre o tema, Marcos Juruena Villela Souto:

> A doutrina menciona, ainda, os princípios da realidade e da razoabilidade; pelo primeiro, a pretensão não pode ser absurda, irreal, irrealizável, contrária à natureza das coisas ou além da técnica disponível; o outro, voltado para o julgamento, exige uma relação entre a opção razoável e a finalidade inafastável do atendimento ao interesse público.[224]

Pelo princípio da realidade, as ações da administração não podem deixar de considerar circunstâncias e conclusões existentes no mercado, que podem e devem ser corrigidas, sendo o edital e o contrato instrumentos regulatórios para tanto.

Este princípio vem ganhando repercussão com o incremento do controle judicial das políticas públicas. O Poder Judiciário, por meio de seu ativismo, vem exigindo prestações positivas do Executivo, com vistas a dar eficácia às normas programáticas previstas na CRFB (como o direito à saúde e à educação). Ocorre que esse controle deve respeitar a "reserva do possível" e, consequentemente, as previsões orçamentárias.

Princípio da subsidiariedade

Reflete uma ordem escalonada de competências, de acordo com a complexidade dos problemas em questão. Problemas

---

[223] MOREIRA NETO, Diogo de Figueiredo. *Curso de direito administrativo*, 2005, op. cit., p. 83-84.
[224] SOUTO, Marcos Juruena Villela. *Direito administrativo contratual*. Rio de Janeiro: Lumen Juris, 2004a. p. 19.

individuais – ou mesmo coletivos, limitados a poucas pessoas de determinada localidade – podem ser resolvidos por órgãos locais, tais como subprefeituras ou regiões administrativas, ao passo que questões maiores e mais complexas merecem a atenção de entes maiores, mais aptos a solucioná-las. Este é um dos princípios que informam a distribuição de competências entre os entes da Federação, já que, enquanto os municípios são responsáveis pelos interesses locais, a União tem como encargo a satisfação dos interesses nacionais. Tal princípio decorre de diversos outros, como o da eficiência, o da especialização e o da descentralização. No que concerne às atividades econômicas, Marcos Juruena Villela Souto[225] observa que, de acordo com o art. 173 da Constituição Federal, o Estado só poderá criar sociedades de economia mista ou empresas públicas por força de imperativo de segurança nacional ou relevante interesse coletivo. No entanto, o autor observa que, para conferir determinação a estes conceitos, é necessário que o Estado ofereça a região ou setor à iniciativa privada, para que esta, favorecida por técnicas de fomento, possa explorá-la. Somente em casos nos quais a iniciativa privada não se interesse, o Estado, subsidiariamente, atuaria no segmento, sem, contudo, violar o princípio da livre iniciativa.

Cumpre registrar, que a expressão "intervenção do Estado do domínio econômico" encontra-se obsoleta, tendo em vista que sugere algo excepcional, que foge à normalidade, segundo preleciona Fábio Nusdeo:

> [...] a figura mesma do Estado intervencionista se supera, pois a palavra intervenção traz em si o signo da transitoriedade, conota uma arremetida seguida de retirada, trai, em suma,

---

[225] SOUTO, Marcos Juruena Villela. *Direito administrativo regulatório*, 2002, op. cit., p. 212.

uma situação excepcional, anormal. Não é essa, porém, a nova realidade. O Estado não mais intervém no sistema econômico. Integra-o. Torna-se um seu agente e um habitual partícipe de suas decisões. O intrometimento e posterior retirada poderão ocorrer neste ou naquele setor, nesta ou naquela atividade. Jamais no conjunto. Daí as diversas expressões para caracterizar o novo estado de coisas: economia social de mercado, economia dirigida; exonomia de comando parcial e tantas outras.[226]

Tanto é verdade que o Estado, quando explora diretamente atividade econômica, se transforma em agente econômico, e, quando isto ocorre, fica submetido, integralmente, ao regime jurídico de direito privado (art. 173, §1º, II, da CRFB).

Princípio da responsabilidade

Decorre diretamente das competências estabelecidas em lei, que, por sua vez, não constituem mera faculdade de agir, mas verdadeiros poderes-deveres de fazê-lo.

Celso Antônio Bandeira de Mello,[227] ao comentar o art. 37, §6º, da Constituição Federal observa: (a) a responsabilidade do Estado aplica-se indistintamente a quaisquer funções públicas, não estando restrita a danos provenientes de atos administrativos; (b) a responsabilidade do Estado é objetiva, ou seja, independente de dolo ou culpa, nos casos de ato comissivo; (c) nos casos de ato omissivo, a responsabilidade será subjetiva; (d) a responsabilidade não se limita às pessoas de direito público, já que as pessoas de direito privado prestadoras de serviço público também estão afetadas a essas regras.

---

[226] NUSDEO, Fábio. *Curso de economia*: introdução ao direito econômico. São Paulo: RT, 1997. p. 216.
[227] MELLO, Celso Antônio Bandeira de. *Curso de direito administrativo*, 1999, op. cit., p. 74-75.

Diogo de Figueiredo Moreira Neto[228] traz apenas uma distinção no que se refere à responsabilidade, a qual divide em responsabilidade e responsividade. Responsabilidade estaria ligada a atos ilícitos, enquanto a responsividade estaria ligada a atos ilegítimos. Confiram-se, sobre o ponto, seus ensinamentos:

> O princípio da responsividade vem, por isso, complementar o princípio da responsabilidade e ampliar-lhe os efeitos, além da legalidade estrita, para inspirar e fundar ações sancionatórias do Direito Administrativo, voltadas à preservação do princípio democrático e da legitimidade, que dele decorre. Na verdade, tomada em seu sentido mais dilatado, a responsividade, tal como surgiu nos estudos sobre a participação política, é princípio instrumental da democracia, uma vez que se destina a salvaguardar a legitimidade, ou seja, a conciliar a expressão da vontade popular, democraticamente recolhida, com a racionalidade pública. Por isso, apresentada como complemento atualizador da responsabilidade, a responsividade é a reação governamental, que deve ser a normalmente esperada e exigida, ante a enunciação da vontade dos governados. Neste sentido, a responsividade está para o Estado Democrático assim como a responsabilidade está para o Estado de Direito. São, nesta linha de ideias, responsabilidade e responsividade princípios complementares para a construção de um conceito integrado de Estado Democrático de Direito, tal como inaugurado pela Lei Fundamental de Bonn e difundido nas Constituições contemporâneas. Em razão do exposto, pode-se afirmar que, nas democracias contemporâneas, a responsividade é hoje um dever jurídico autônomo dos agentes do Poder Público, sempre que

---

[228] MOREIRA NETO, Diogo de Figueiredo. *Curso de direito administrativo*, 2005, op. cit., p. 84-85.

disponham de competência para fazer escolhas discricionárias para atender (responder) adequadamente às demandas da cidadania, regularmente manifestadas.

Princípio da autotutela

Nasce do poder que tem a administração de rever seus atos, de ofício, ou provocada para tal, a fim de resguardar a legalidade. O Supremo Tribunal Federal editou dois enunciados sumulares acerca da matéria:

> Súmula nº 346 – A administração pública pode declarar a nulidade de seus próprios atos.

> Súmula nº 473 – A administração pode anular os seus próprios atos, quando eivados de vícios que os tornam ilegais, porque deles não se originam direitos; ou revogá-los, por motivo de conveniência ou oportunidade, respeitados os direitos adquiridos, e ressalvada, em todos os casos, a apreciação judicial.

O dever de autotutela está expressamente consagrado no art. 53 da Lei nº 9.784/1999: "Art. 53. A Administração deve anular seus próprios atos, quando eivados de vício de legalidade, e pode revogá-los por motivo de conveniência ou oportunidade, respeitados os direitos adquiridos".

Atos administrativos

Conceito

Em que pese à enorme controvérsia doutrinária, pode-se verificar que o ato administrativo é uma declaração de vontade do Estado, ou de quem lhe faça às vezes, no exercício de prerrogativas de direito público, em conformidade com a norma legal que lhe dá fundamento, que se destine à produção de efeitos jurídicos. Visa ao atendimento de interesse público e está sujeito a controle de órgão jurisdicional.

Elementos

Novamente aqui reside divergência doutrinária acerca da nomenclatura. Entretanto adotaremos o termo "elementos" por parecer-nos a opção mais adequada. São eles: competência, objeto, forma, motivo e finalidade.

A competência, também compreendida na ideia de "agente competente", refere-se à capacidade de atuação conferida ao agente. Tendo em vista a origem da fixação desta competência (atos organizacionais, leis e mesmo a própria Constituição Federal), defende-se que ela seja inderrogável (não pode ser transferida de um órgão para outro por mero acordo de vontades) e improrrogável (órgão incompetente não se torna competente, salvo em caso de lei superveniente), cabendo apenas, em hipóteses previstas em lei, a delegação (art. 12 do Decreto-Lei nº 200/1967 e art. 13, I, II e III, da Lei nº 9.784/1999) e a avocação (ato pelo qual o órgão hierarquicamente superior atrai para si competência de outro inferior).[229]

Objeto será aquilo que o ato se propõe a alterar na ordem jurídica, devendo ser permitido por lei, não bastando que não seja vedado. Desta forma, deve ser materialmente possível, sob pena de inexistência.[230] Caso seja ilícito, ensejará a invalidade do ato.[231]

---

[229] CARVALHO FILHO, José dos Santos. *Manual de direito administrativo*, 2004, op. cit., p. 95-96.
[230] MELLO, Celso Antônio Bandeira de. *Curso de direito administrativo*, 1999, op. cit., p. 278-280.
[231] Ibid.

A forma do ato é a maneira pela qual ele se exterioriza no mundo jurídico, que compreenderia tanto as formalidades a serem observadas na sua produção, quanto sua espécie em si. Motivo é a razão que leva o agente à prática do ato. Pode ser de fato ou de direito. Motivo de direito é aquele que a lei define, ou seja, é a hipótese legal que vincula a produção de determinado ato. Já o motivo de fato é aquele que, em razão de não estar previsto em lei, permite ao administrador a escolha discricionária da atitude a ser tomada.

José Cretella Jr.[232] ressalta que motivação não é sinônimo de motivo, uma vez que aquela é a justificativa do pronunciamento tomado.

No que diz respeito à finalidade, a referência feita é ao interesse público tutelado. Sendo assim, cada ato, respeitando sua finalidade específica, garantirá a proteção a um interesse público específico. É justamente desta ideia que Maria Sylvia Zanella Di Pietro[233] configura o atributo da tipicidade aos atos administrativos.

O distanciamento da finalidade a ser adotada configurará desvio de poder. Entretanto, nem sempre que estiver configurado o desvio de poder estará presente uma finalidade ilícita, uma vez que aquele ocorrerá em situações em que o agente direcionar sua conduta a um interesse público, mas, servir-se-á de ato impróprio (e, consequentemente, atípico).

Atributos

São eles: presunção de legitimidade, imperatividade, exigibilidade[234] e executoriedade.

---

[232] CRETELLA JR., José. *Curso de direito administrativo*. Rio de Janeiro: Forense, 1986. p. 310 apud CARVALHO FILHO, José dos Santos. *Manual de direito administrativo*, 2004, op. cit., p. 101.
[233] DI PIETRO, Maria Sylvia Zanella. *Direito administrativo*. 3. ed. São Paulo: Atlas, 1992. p. 453 apud MELLO, Celso Antônio Bandeira de. *Curso de direito administrativo*, 1999, op. cit., p. 287.
[234] Observam autonomia da exigibilidade frente à imperatividade: MELLO, Celso Antônio Bandeira de. *Curso de direito administrativo*, 1999, op. cit., p. 298; GASPARINI,

A presunção de legitimidade é verdadeira presunção *juris tantum*, ou seja, os atos presumem-se verdadeiros até que se prove o contrário. A imperatividade é o atributo que permite ao ato impor obrigações unilateralmente a terceiros. A exigibilidade garante ao Estado meios indiretos que obriguem ao cumprimento da obrigação *per se*. A executoriedade, por sua vez, autoriza o Estado a agir materialmente a fim de garantir o cumprimento do seu ato. Vale lembrar que a executoriedade é atributo excepcional, só sendo possível quando a lei permitir e a imperatividade não for suficiente para garantir a satisfação do interesse público.

Formação e efeitos

Em primeiro plano, observa-se se o ato produzido viola algum direito fundamental. Em caso positivo, será considerado inexistente. Mas, uma vez verificada a existência, observa-se a validade, ou seja, verifica-se se o ato foi produzido de acordo com as normas legais pertinentes. Em caso negativo, a invalidade implicará a nulidade do mesmo. Satisfeita a validade, examina-se a eficácia, que nada mais é do que a aptidão do ato para produzir efeitos, mesmo que esta esteja limitada por uma condição suspensiva, por exemplo. Observada a eficácia, passa-se ao exame da exequibilidade, que representa a aptidão a produzir efeitos imediatos, ou seja, naquele exato momento.

Há quem inclua, ainda, a efetividade como parte do ciclo de formação. Pela análise desta verificar-se-ia a capacidade do ato de atingir os fins objetivados quando da sua produção.[235]

Diógenes. *Direito administrativo*. São Paulo: Saraiva, 1992. p. 78 apud CARVALHO FILHO, José dos Santos. *Manual de direito administrativo*, 2004, op. cit., p. 108. Em sentido contrário: CARVALHO FILHO, José dos Santos. *Manual de direito administrativo*, 2004, op. cit., p. 108.
[235] BARROSO, Luís Roberto. *O direito constitucional e a efetividade de suas normas*. Rio de Janeiro: Renovar, 1996b.

Classificações

Os atos administrativos podem ser classificados por meio de diversos critérios: quanto à natureza da atividade administrativa,[236] quanto à natureza do conteúdo[237] (ou quanto à estrutura do ato[238]), quanto aos destinatários do ato,[239] quanto ao grau de liberdade para o administrador decidir,[240] quanto à função da vontade administrativa,[241] quanto aos seus efeitos e sua respectiva abrangência[242] e quanto à composição da vontade administrativa,[243] entre tantos outros critérios possíveis.

Espécies

Os atos administrativos em espécie podem ser subclassificados por meio de dois critérios: quanto à forma de exteriorização e quanto ao conteúdo.

São tipos de atos administrativos classificados quanto à forma de exteriorização: decretos, resoluções e deliberações, instruções, circulares, portarias, ordens de serviço, provimentos, avisos, alvarás, ofícios, pareceres, despachos, certidões, atestados e declarações.[244]

---

[236] MELLO, Celso Antônio Bandeira de. *Curso de direito administrativo*, 1999, op. cit., p. 301; GASPARINI, Diógenes. *Direito administrativo*. 4. ed. São Paulo: Saraiva, 1995. p. 75.
[237] Ibid., p. 76.
[238] Celso Antônio apresenta a mesma classificação, embora com nomenclatura diversa.
[239] MELLO, Celso Antônio Bandeira de. *Curso de direito administrativo*, 1999, op. cit., p. 302; GASPARINI, Diógenes. *Direito administrativo*, 1995, op. cit.; CARVALHO FILHO, José dos Santos. *Manual de direito administrativo*, 2004, op. cit., p. 116.
[240] Ibid.
[241] MELLO, Celso Antônio Bandeira de. *Curso de direito administrativo*, 1999, op. cit., p. 302-303; GASPARINI, Diógenes. *Direito administrativo*, 1995, op. cit., p. 78.
[242] Carvalho Filho elenca os atos enunciativos, além dos constitutivos e declaratórios explicitados pela doutrina.
[243] MELLO, Celso Antônio Bandeira de. *Curso de direito administrativo*, 1999, op. cit., p. 303-304; GASPARINI, Diógenes. *Direito administrativo*, 1995, op. cit., p. 78; CARVALHO FILHO, José dos Santos. *Manual de direito administrativo*, 2004, op. cit., p. 117.
[244] CARVALHO FILHO, José dos Santos. *Manual de direito administrativo*, 2004, op. cit., p. 120-124.

No que concerne ao critério relativo ao conteúdo, podem ser: licenças, permissões, autorizações, admissões, aprovações, homologações, vistos, atos sancionatórios e funcionais.[245]

Extinção dos atos administrativos[246]

A tendência é que a extinção dos atos administrativos ocorra naturalmente, ou seja, pelo cumprimento natural dos seus efeitos. No entanto, os atos podem se extinguir pelo desaparecimento do sujeito, do objeto, pela caducidade,[247] ou pela manifestação de vontade.

Especificamente em relação a estas formas voluntárias de desfazimento do ato administrativo, a doutrina elenca três modalidades: invalidação (ou anulação), revogação e cassação.

Atividades administrativas

A fim de esclarecer quais seriam as atividades administrativas, tomaremos novamente os ensinamentos de Marcos Juruena Villela Souto,[248] que enumera as seguintes atividades (ou funções) administrativas: a função de executar a vontade da lei, a função regulamentar (ou normativa), a função de direção, a função sancionatória, a função discricionária e a função regulatória.

A função de executar a vontade da lei está intimamente ligada à ideia do estado de direito, o qual foi concebido justamente

---

[245] Ibid., p. 125-132.
[246] Sobre o tema: AMARAL, Antônio Carlos Cintra do. *Extinção do ato administrativo*. São Paulo: Revista dos Tribunais, 1978.
[247] Perda dos efeitos jurídicos em virtude de norma jurídica superveniente contrária àquela que respaldava a prática do ato (CARVALHO FILHO, José dos Santos. *Manual de direito administrativo*, 2004, op. cit., p. 133).
[248] SOUTO, Marcos Juruena Villela. *Direito administrativo regulatório*, 2002, op. cit., cap. II.

para limitar o próprio Estado, obrigando a cumprir as leis que ele mesmo cria. Tal função não está limitada à administração, mas aos outros poderes de Estado e a todos os cidadãos. A função normativa do administrador compreende a regulamentação das leis e a edição de atos normativos inferiores. Tal função foi dada com exclusividade ao chefe do Poder Executivo (art. 84, IV, da CRFB), que a desempenhará por meio de decretos, sempre buscando detalhar a lei e aproximá-la da realidade. Desta forma, assim como seria inaceitável ao nosso ordenamento a edição de regulamentos por parte de agentes reguladores, também o seria a edição de regulamentos "autônomos" que inovassem em matéria legal.

Vale lembrar apenas que outras autoridades administrativas, como os auxiliares diretos do chefe do Poder Executivo, podem exercer a função normativa, sem, no entanto, se afastarem da observância da lei.

A função de direção consiste no dever de estruturar a administração pública distribuindo tarefas e controlando seu atendimento. É dessa função que decorre o poder discricionário de estruturar as funções da administração direta e indireta, podendo inclusive transferir certas funções aos particulares.

A função sancionatória decorre justamente do dever de fiscalização que nasce juntamente com o dever de observar as normas e princípios legais. A imposição de limites legais às condutas tanto da administração quanto dos administrados não é imotivada, razão pela qual a própria lei estabelece sanções às condutas infratoras. E é justamente da obrigatoriedade de aplicação destas sanções que nasce tal função.

É em decorrência do dever de executar a lei que nasce a função discricionária, pela qual o administrador irá optar pela ação que realizará o interesse público envolvido da melhor maneira possível. Ressalte-se que esta possibilidade só ocorre quando a própria lei não definiu o procedimento a ser tomado, já que, se assim tivesse sido, em respeito ao princípio da legalidade, o administrador não teria tal liberdade.

Por fim, a função regulatória compreenderia o exercício da regulação de determinado segmento de mercado, com vistas à eficiência e à implementação de uma determinada política pública.

Questões de automonitoramento

1. Após ler este capítulo, você é capaz de resumir os casos geradores do capítulo 8, identificando as partes envolvidas, os problemas atinentes e as possíveis soluções cabíveis?
2. No que concerne ao princípio da isonomia, é correto afirmar que esta se limita à igualdade de tratamento na lei?
3. Existe mesmo uma verdadeira supremacia do interesse público sobre o privado?
4. É possível um ato administrativo inválido ser dotado de eficácia?
5. Pense e descreva, mentalmente, alternativas para a solução dos casos geradores do capítulo 8.

5

A administração consensual: o contrato de gestão com organizações sociais, os termos de parceria com organizações da sociedade civil de interesse público

Roteiro de estudo

Contextualização

Com a promulgação da Constituição Federal de 1988, o Estado brasileiro assumiu o compromisso de garantir aos cidadãos todo um conjunto de prestações sociais para viabilizar uma vida em sociedade em consonância com a ideia de dignidade da pessoa humana. Por outro lado, a crise do modelo prestador do Estado e a necessidade de seu redimensionamento são assertivas dominantes na atualidade.

Assim, nem sempre a concretização desses compromissos se faz mediante a atuação direta. Não raras vezes, o particular é convidado para atuar em parceria,[249] sob disciplina e controle

---

[249] O termo "parceria" aqui é utilizado na mesma concepção de Maria Sylvia Zanella Di Pietro, designando "todas as formas de sociedade que, sem formar uma nova pessoa

do poder público. Afinal, pondera Diogo de Figueiredo Moreira Neto,[250] a Constituição brasileira em vigor, na linha das tendências mundiais, incentiva, reiteradamente, a colaboração social, a começar pela afirmação do princípio do pluralismo estampado no art. 1º, IV, da CRFB, seguindo-se o da participação, no parágrafo único do mesmo artigo, descendo mesmo, embora superfluamente, em seu texto, à previsão de vários instrumentos de colaboração participativa, como no campo da saúde (arts. 197 e 198, III), da assistência social (art. 204, I), da educação (arts. 205 e 206, IV), da cultura (art. 216, §1º), do meio ambiente (art. 225), da criança e do adolescente (art. 227, §1º), para mencionar alguns dos mais relevantes.

Para enfrentar as vicissitudes decorrentes da adequação do modelo estatal à modernidade e ao fenômeno de globalização econômica, que arrasta atrás de si uma série interminável de consequências de ordem política, social, econômica e administrativa, é resgatado da doutrina social católica o princípio da subsidiariedade, como uma alternativa que estabeleça um equilíbrio entre ideologia interventiva e supressora do Estado na ordem econômica e social, a revelar um novo paradigma de legitimidade do papel do Estado. Tal princípio vem a ser uma justificativa à substituição do Estado de bem-estar social, hoje em refluxo, em homenagem à valorização da sociedade e à liberdade humana, que têm como pressupostos a livre iniciativa, como fundamento da República e da ordem econômica (art. 1º, inciso IV c/c art. 170, ambos da CRFB), e a responsabilidade dos indivíduos e grupos no exercício de seus direitos e obrigações.

---

jurídica, são organizadas entre os setores público e privado, para a consecução de fins de interesse público" (DI PIETRO, Maria Sylvia Zanella. *Parcerias na administração pública*: concessão, permissão, terceirização e outras formas. 4. ed. São Paulo: Atlas, 2002. p. 33).

[250] MOREIRA NETO, Diogo de Figueiredo. *Curso de direito administrativo*. 14. ed. Rio de Janeiro: Forense, 2005. p. 548.

Alvitrando a constituição de um sistema mais eficaz e econômico, a forma de prestação de serviços tem alterado seu rumo, valorizando, para tanto, a parceria com as organizações da sociedade civil. Ocorre o que Diogo de Figueiredo Moreira Neto chama de delegação social, isto é,

> como forma de devolver à sociedade organizada as atividades que, não obstante apresentem um definido interesse público, possam dispensar o tratamento político-burocrático e, ordinariamente, o emprego do aparelho coercitivo estatal, o Poder Público retrai-se a uma atuação subsidiária da atividade gestora das entidades privadas, sempre que estas possam apresentar superiores condições de eficiência.[251]

Nesse cenário, consolida-se "a noção de que esfera estatal não é equiparada à esfera pública, sobretudo quando vem se tornando usual a distinção entre espaço público estatal e espaço público não estatal".[252]

A sociedade civil passa a ser vista como autopromotora dos interesses sociais, de forma que na ordem sociopolítica compreendida, até recentemente, apenas por dois setores bem distintos um do outro – o público e o privado –, ganha força o campo denominado terceiro setor que, como sustenta José Eduardo Sabo Paes,[253] visa ocupar, pelo menos em tese, uma posição intermediária que permita a prestação de serviços de interesse social sem as limitações do Estado, nem sempre evi-

---

[251] Ibid. p. 549.
[252] MÂNICA, Fernando Borges; OLIVEIRA, Gustavo Henrique Justino de. Organizações da sociedade civil de interesse público: termo de parceria e licitação. *Fórum Administrativo*: direito público, Belo Horizonte, ano 5, n. 49, p. 5227, mar. 2005.
[253] PAES, José Eduardo Sabo. Terceiro setor: conceituação e observância dos princípios constitucionais aplicáveis à administração pública. *Fórum Administrativo*: direito público, Belo Horizonte, ano 5, n. 48, p. 41, 2006.

táveis, e as ambições do mercado, muitas vezes inaceitáveis ou incompatíveis.

Nesse contexto, a reforma da administração pública brasileira dos anos 1990,[254] visando à instituição de um modelo gerencial, dividiu o aparelho do Estado em quatro setores.

O primeiro compreende o núcleo estratégico, responsável pela definição das políticas públicas, enquanto o segundo consiste nas atividades exclusivas de Estado, ou seja, aquelas em que sua presença é imprescindível, seja por expresso comando constitucional, seja por exigirem a incidência do poder de império.

Por sua vez, o terceiro setor abrange os serviços não exclusivos que "correspondem ao setor onde o Estado atua simultaneamente com outras organizações privadas ou públicas não estatais".[255] São aqueles que, embora não envolvam "poder de Estado", este os executa e/ou subsidia porque os considera de alta relevância, como os serviços sociais que abrangem universidades, hospitais, museus, centros de pesquisa, entre outros.

O quarto, por fim, é o setor de produção de bens e serviços para o mercado. Esse setor "corresponde à área de atuação das empresas, abrangendo atividades econômicas voltadas para o lucro".[256]

Aqui, cabe registrar que, enquanto no núcleo estratégico a participação privada é vedada, a exploração pelo particular dos serviços públicos exclusivos do Estado é possível na forma do art. 175, *caput*, da Lei Maior, somente podendo ocorrer pelos regimes de concessão e permissão, que, por sua vez, são

---

[254] Inserido no processo de desestatização e demonstrando o intuito de alavancar as parcerias entre o poder público e o setor privado, foi criado pelo governo federal o Programa Nacional de Publicização – PNP (Lei nº 9.637/1998).
[255] PAES, José Eduardo Sabo. "Terceiro setor: conceituação e observância dos princípios constitucionais aplicáveis à administração pública", 2006, op. cit., p. 44.
[256] Loc. cit.

materializados por meio de contratos administrativos ou atos administrativos unilaterais, através dos quais a administração pública conserva a titularidade do serviço e o parceiro privado fica como delegado do poder público.[257] Já nos serviços públicos não exclusivos, conforme leciona Vladimir da Rocha França, "os entes privados também são titulares da atividade, por injunção constitucional. Entretanto, eles deverão se submeter ao poder de polícia[258] do Estado, desenvolvendo suas ações sob o regime de fomento".[259] O fomento é parcela da atividade administrativa que envolve o incentivo da iniciativa privada a determinado comportamento, podendo ser positivo ou negativo. Segundo Diogo de Figueiredo Moreira Neto, fomento público é

> a função administrativa através da qual o Estado ou seus delegados estimulam ou incentivam, direta, imediata e concretamente, a iniciativa dos administrados ou de outras entidades, públicas e privadas, para que estas desempenhem ou estimulem, por seu turno, as atividades que a lei haja considerado de interesse público para o desenvolvimento integral e harmonioso da sociedade.[260]

---

[257] Maria Sylvia Zanella Di Pietro coloca esta forma de participação como descentralização por colaboração (DI PIETRO, Maria Sylvia Zanella. *Parcerias na administração pública*, 2002, op. cit., p. 54).
[258] O poder de polícia envolve a imposição de limitações administrativas à liberdade ou à propriedade dos administrados em prol do interesse público. Segundo Hely Lopes Meirelles, poder de polícia é "a faculdade de que dispõe a Administração Pública para condicionar e restringir o uso de bens, atividades e direitos individuais, em benefício da coletividade ou do próprio Estado" (MEIRELLES, Hely Lopes. *Direto administrativo brasileiro*. 24. ed. São Paulo: Malheiros, 1999. p. 115).
[259] FRANÇA, Vladimir da Rocha. Reflexões sobre a prestação de serviços públicos por entidades do terceiro setor. *Interesse Público*: revista bimestral de direito público, Porto Alegre, ano 7, n. 34, p. 91, 2005.
[260] MOREIRA NETO, Diogo de Figueiredo. *Curso de direito administrativo*, 2005, op. cit., p. 524.

A produção de bens e serviços para o mercado, em outra vertente, deve ser em princípio, realizado pelo setor privado, eis que abarca atividade lucrativa típica do segmento sujeito a livre iniciativa. Só deve ser estatal, neste caso, quando a atividade envolver imperativo de segurança nacional ou relevante interesse coletivo, na forma do art. 173, *caput*, da Carta Magna.

Contratos administrativos e acordos administrativos

Tradicionalmente a parceria entre o poder público e a iniciativa privada ocorre por via do contrato administrativo em suas várias espécies. Celso Antônio Bandeira de Mello define contrato administrativo como

> um tipo de avença travada entre a Administração e terceiros na qual, por força de lei, de cláusulas pactuadas ou do tipo de objeto, a permanência do vínculo e as condições preestabelecidas sujeitam-se a cambiáveis imposições de interesse público, ressalvados os interesses patrimoniais do contratante privado.[261]

O contrato administrativo revela-se, assim, como um negócio jurídico bilateral. Entretanto, por estar vinculado à promoção do interesse público, verifica-se que o ordenamento jurídico confere, à administração pública, prerrogativas que acabam por mitigar ou enfraquecer os efeitos da bilateralidade e do pressuposto consenso no transcurso da relação instaurada pelo ajuste.

Nesse sentido, Gustavo Henrique Justino de Oliveira assenta que

> na execução dos contratos administrativos isso se torna evidente, pois o ordenamento confere à Administração-contratante

---

[261] MELLO, Celso Antônio Bandeira de. *Curso de direito administrativo*. 15. ed. São Paulo: Malheiros, 2003. p. 570.

prerrogativas de atuação unilateral sobre o particular-contratado, independentemente de sua prévia aquiescência. Nas formas de extinção dos contratos administrativos esses poderes unilaterais igualmente são previstos no ordenamento, pois há hipóteses de extinção do vínculo contratual por vontade exclusiva da contratante, sem que para isso o contratado concorra com sua culposa inexecução.[262]

Continua o autor, lembrando que também na formação dos contratos administrativos

visualiza-se um abrandamento dos efeitos oriundos dessa bilateralidade, pois uma das características de tais ajustes encontra-se no fato de representarem autênticos contratos de adesão, com a imposição, pela administração pública, de quase a totalidade das cláusulas que comporão o quadro regulatório da relação.[263]

Ocorre que, no contexto da administração pública pós-moderna, a figura do contrato administrativo até então conhecido não se ajusta à finalidade de fomento e de gestão associada à sociedade civil. Assim, proliferam novos institutos consensuais mais coadunados com a pluralidade de vontades, como os convênios, os consórcios, a conferência de serviços, os acordos substitutivos, o protocolo de intenções e os atos administrativos complexos[264] ou acordos administrativos.[265]

---

[262] OLIVEIRA, Gustavo Henrique Justino de. Parceria público-privada e direito ao desenvolvimento: uma abordagem necessária. *Revista de Direito da Associação dos Procuradores do Novo Estado do Rio de Janeiro*, v. XVII, p. 123-124, 2005f.
[263] Loc. cit.
[264] Termo usado por MOREIRA NETO, Diogo de Figueiredo. *Curso de direito administrativo*, 2005, op. cit., p. 134.
[265] Termo utilizado por DI PIETRO, Maria Sylvia. *Parcerias na administração pública*, 2002, op. cit.; OLIVEIRA, Gustavo Henrique Justino de. *O contrato de gestão na administração pública brasileira*. Tese (Doutorado) – Faculdade de Direito da USP, São Paulo, 2005e.

A figura do acordo administrativo distingue-se do contrato principalmente pelo fato de aquele pressupor uma comunhão de interesses convergentes, enquanto neste há harmonização de interesses divergentes. Diogo de Figueiredo Moreira Neto afirma que

> nos atos complexos, as vontades permanecem autônomas e seus respectivos interesses, por serem comuns, se fundem, passando a existir um interesse solidário, que é o visado na relação bi ou multilateral. Nos atos contratuais, são as vontades que se fundem, para surgir a vontade ficta do contrato, enquanto os interesses permanecem individuados e autônomos.[266]

No mesmo sentido, Gustavo Henrique Justino de Oliveira:

> O acordo administrativo distingue-se do contrato administrativo, pois o acordo, diferentemente do contrato, não tem por objeto a aquisição de bens e serviços junto à iniciativa privada, nem a construção de obras ou a transferência da execução de atividades estatais qualificadas como serviços públicos. No acordo há a conjugação de vontades para a realização de um interesse que é comum a ambas as partes, enquanto nos contratos a combinação de vontades visa, em regra, a realização de interesses diversos entre si. O vínculo instaurado pelo acordo institui uma parceria, da qual a princípio não se originam prestações equivalentes entre as partes (embora possam ser estipulados compromissos recíprocos com efeitos vinculantes), ao passo que contrato é um acordo vinculativo, em regra originando prestações equivalentes entre as partes (comutatividade); o con-

---

[266] MOREIRA NETO, Diogo de Figueiredo. *Curso de direito administrativo*, 2005, op. cit., p. 134.

teúdo do acordo geralmente não é dotado de patrimonialidade, característica tida pela doutrina como essencial aos contratos administrativos, embora do vínculo instaurado pelo acordo possam decorrer repercussões de ordem financeira.[267]

A reforma do aparelho estatal brasileiro dos anos 1990, visando instituir uma administração consensual, concedeu papel de destaque a duas espécies de acordos administrativos, a saber, os contratos de gestão e os termos de parceria.

Contrato de gestão

Primeiramente, é necessário esclarecer que não existe um conceito genérico e único para identificar o que se pretende abranger sob o nome "contrato de gestão". Segundo Celso Antônio Bandeira de Mello,

> nem poderia haver, pois tal rótulo foi normativamente utilizado para referir realidades visceralmente distintas, a saber: a) pretensos contratos travados com sujeitos (pessoas jurídicas) integrantes do próprio aparelho administrativo do Estado; b) contratos travados com pessoas alheias ao Estado [...], que não guardam relação alguma com os anteriores.[268]

Gustavo Henrique Justino de Oliveira[269] classifica os contratos de gestão brasileiros em contratos de gestão que configuram

---

[267] OLIVEIRA, Gustavo Henrique Justino de. *O contrato de gestão na administração pública brasileira*, 2005e, op. cit., p. 478.
[268] MELLO, Celso Antônio Bandeira de. *Curso de direito administrativo*, 2003, op. cit., p. 207.
[269] OLIVEIRA, Gustavo Henrique Justino de. *O contrato de gestão na administração pública brasileira*, 2005e, op. cit., p. 480. Em sentido semelhante, vide: OLIVEIRA, Rafael Carvalho Rezende. *Administração pública, concessões e terceiro setor*. 2. ed. Rio de Janeiro: Lumen Juris, 2011a. p. 45.

acordos administrativos organizatórios (contratos de gestão internos ou endógenos) e contratos de gestão que configuram acordos administrativos colaborativos (contratos de gestão externos ou exógenos).

No primeiro grupo estão os contratos de gestão de feição constitucional, os contratos de gestão firmados com as empresas estatais, os contratos de gestão firmados com as agências reguladoras e os contratos firmados com órgãos administrativos e agências executivas. Por outro lado. No segundo, aparecem os contratos de gestão celebrados com os entes de colaboração, sejam eles qualificados como organizações sociais ou serviços sociais autônomos e os contratos de gestão celebrados com base na Lei nº 10.881, de 9 de junho de 2004, firmados pela Agência Nacional das Águas (ANA) e as entidades delegatárias das funções de agência de águas relativas aos recursos hídricos de domínio da União (entidades privadas sem fins lucrativos).

Diante da ausência de uma norma geral disciplinadora, o contrato de gestão toma a feição dada por cada diploma normativo que o utilize, mas pode-se afirmar que o contrato de gestão, enquanto gênero, tem como finalidade incrementar a eficiência da administração pública e pautar-se no controle de resultados.

Registre-se, por fim, que o projeto de lei, elaborado por juristas de escol, que visa alterar a estrutura da administração federal, já citado em outras seções, disciplinará o "contrato de gestão", mudando sua nomenclatura para "contrato de autonomia". Confira-se, por relevante, a exposição de motivos que orienta esta normatização:

> Contrato de autonomia
>
> O anteprojeto trata com a denominação de *contrato de autonomia* o contrato previsto no artigo 37, §8º, da Constituição Federal, deixando de lado a expressão contrato de gestão, que vinha

sendo utilizada, por entender que a mesma gera confusão, de modo inconveniente, com o ajuste adotado, com a mesma denominação, pela Lei nº 9.637, de 15/5/98, que disciplina as chamadas organizações sociais. A expressão "contrato de autonomia", além de designar bem o objetivo de sua celebração, é sugerida pelo próprio teor da norma constitucional.

O contrato de autonomia é previsto, para o órgão ou entidade supervisora (o contratante), como forma de autovinculação e, para o órgão submetido a controle (o contratado) como condição para fruição de flexibilidades ou autonomias especiais. Realça-se o aspecto de autonomia concedida ao órgão contratado, bem como o aspecto do controle a ser exercido pelo órgão supervisor, de modo a permitir a verificação do cumprimento das metas de desempenho previamente estipuladas. Essas metas de desempenho – que têm por objetivo garantir a eficiência e facilitar o controle de resultados – é que justificam a maior autonomia outorgada aos órgãos ou entidades que firmarem o contrato de autonomia. Os países que adotam essa modalidade de ajuste utilizam-no como instrumento de controle; na realidade, como o anteprojeto enfatiza, trata-se de forma de contratualização do controle, seja no âmbito interno (entre órgão controlador e órgão controlado), seja no âmbito das relações entre administração direta e indireta. Ele é baseado em três ideias fundamentais: (a) a fixação de metas a serem atingidas pelo órgão ou entidade controlado; (b) a outorga de maior autonomia gerencial, orçamentária e financeira, para facilitar a consecução das metas e melhorar a eficiência; (c) o controle de resultados, que facilitará a verificação do cumprimento das metas. É o que decorre do artigo 37, §8º, da Constituição.

O anteprojeto estabelece:

– os objetivos do contrato de autonomia, voltados para a melhoria do desempenho de órgãos e entidades da administração pública;

– as cláusulas necessárias;

– a possibilidade de suspensão do contrato quando não atingidas as metas intermediárias;

– a rescisão do contrato por acordo entre as partes ou, administrativamente, pelo contratante nas hipóteses de insuficiência injustificada de desempenho do contratado ou por descumprimento reiterado das cláusulas contratuais.

O anteprojeto define flexibilidades e autonomias gerenciais, orçamentárias e financeiras que podem ser outorgadas por meio do contrato de gestão, suprindo omissão legislativa que vinha dificultando a aplicação do referido dispositivo constitucional [grifos no original].[270]

Do contrato de gestão com organizações sociais

As organizações sociais foram previstas inicialmente na Medida Provisória nº 1.591, de 9 de outubro de 1997, convertida, em 15 de maio de 1998, na Lei nº 9.637,[271] em que foram estabelecidas regras para que o Poder Executivo possa qualificar como organização social pessoas jurídicas de direito privado desprovidas de fins lucrativos, cujas atividades sejam dirigidas ao ensino, à pesquisa científica, ao desenvolvimento tecnológico, à proteção e preservação do meio ambiente, à saúde e à cultura (art. 1º).

As organizações sociais objetivam ser um modelo de parceria entre Estado e sociedade, mas não constituem uma nova pessoa jurídica, inserindo-se no âmbito das pessoas jurídicas já

---

[270] Disponível em: <www.direitodoestado.com.br/leiorganica/anteprojeto.pdf>. Acesso em: 26 jul. 2010.
[271] Destaque-se que foram propostas duas ações diretas de inconstitucionalidade em face da Lei nº 9.637/1998 – ADI nº 1.923-5 (relator ministro Ilmar Galvão) e ADI nº 1.943-1 (relator ministro Ilmar Galvão), ainda pendentes de julgamento final.

existentes sob a forma de fundações e associações civis. Ambas são pessoas jurídicas de direito privado sem fins lucrativos; portanto, estão fora da administração pública.[272] Conforme leciona Diogo de Figueiredo Moreira Neto, "essa qualificação tem natureza jurídica de um reconhecimento, ato administrativo unilateral e discricionário, outorgado pelo poder público federal (art. 2º, II)",[273] sendo certo de que uma vez outorgado o título, o reconhecimento não poderá ser discricionariamente cassado, sendo necessária, para tanto, a instauração de processo administrativo de desqualificação[274] pela União, em que deverá, respeitados a ampla defesa e o contraditório,[275]

---

[272] Embora seja posição minoritária e não tenha gerado quaisquer consequências na classificação doutrinária, o STF, no julgamento da ADI nº 1.864/PR entendeu que os serviços sociais autônomos integrariam a administração indireta. Ver *Informativo*, n. 343. Disponível no site: <www.stf.gov.br>. Acesso em: 1 fev. 2005.

[273] MOREIRA NETO, Diogo de Figueiredo. *Curso de direito administrativo*, 2005, op. cit., p. 553.

[274] Vale mencionar a lição de Carvalho Filho sobre o tema: "Definida a desqualificação, porém, os dirigentes são solidariamente responsáveis pelos danos causados ao Poder Público, impondo-se ainda a reversão dos bens usados sob permissão e a devolução dos recursos alocados à entidade, sem prejuízo de outras sanções cabíveis. Anote-se que, a despeito de a lei haver empregado a expressão 'poderá proceder à desqualificação', dando a falsa impressão de que se trata de conduta facultativa, o certo é que, descumpridas as normas e cláusulas a que está submetida, a Administração exercerá atividade vinculada, devendo (e não podendo) desqualificar a entidade responsável pelo descumprimento" (CARVALHO FILHO, José dos Santos. *Manual de direito administrativo*. 16. ed. Rio de Janeiro: Lumen Juris, 2006. p. 294).

[275] Esse, aliás, vem sendo o entendimento do Superior Tribunal de Justiça: "No caso dos autos, a impetrante foi qualificada como organização social por meio de Decreto Presidencial (em 18/03/1999) e celebrou contrato de gestão com a União, representada pelo Ministério do Meio Ambiente, em 14/11/2001. Em virtude da apuração de irregularidades no cumprimento do referido contrato, a autoridade apontada como coatora determinou a instauração de processo administrativo que, após os trâmites legais – inclusive a análise da defesa apresentada pela ora impetrante – culminou com o ato impetrado, determinando a desqualificação da impetrante como organização social. 3. Diversamente do que alega a impetrante, não houve cerceamento de defesa, tampouco ocorreu violação dos princípios do contraditório e do devido processo legal. Isso porque o processo administrativo foi regularmente instaurado e processado, oportunizando-se o oferecimento de defesa pela impetrante, que foi exaustivamente analisada pelo Ministério do Meio Ambiente. 4. A impetrante não fez prova das nulidades que alega, como a vedação de acesso aos autos, e sequer indica a existência de prejuízo causado pelo trâmite do processo administrativo nos moldes como ocorreu. Pelo contrário, a

comprovar-se o descumprimento de obrigações assumidas no contrato de gestão (art. 16) ou a invalidade ou perda das condições essenciais à qualificação obtida (art. 2º, I).[276]

Qualificada como organização social, a entidade estará habilitada para formar uma relação de colaboração com o poder público, por meio de contrato de gestão, para o fomento e a execução de atividades de interesse público.

A figura das organizações sociais foi criada dentro do projeto de reforma do Estado como forma de as organizações da sociedade civil assumirem a prestação dos serviços não exclusivos. A respeito dessas entidades constava no plano diretor o seguinte:

> A estratégia de transição para uma administração pública gerencial prevê, ainda na dimensão institucional-legal, a elaboração,

---

substanciosa defesa apresentada pela demandante evidencia que essa pôde impugnar todas as imputações contra si realizadas no processo em questão. 5. Assim, o exame dos autos e a análise da legislação de regência demonstram, com absoluta segurança, que não há nenhuma ilegalidade no processo que, motivadamente, desqualificou a impetrante como organização social" (BRASIL. Superior Tribunal de Justiça. MS nº 200500468511. MS – Mandado de Segurança nº 10.527).

[276] "Art. 2º. São requisitos específicos para que as entidades privadas referidas no artigo anterior habilitem-se à qualificação como organização social: I. comprovar o registro de seu ato constitutivo, dispondo sobre: a) natureza social de seus objetivos relativos à respectiva área de atuação; b) finalidade não lucrativa, com a obrigatoriedade de investimento de seus excedentes financeiros no desenvolvimento das próprias atividades; c) previsão expressa de a entidade ter, como órgãos de deliberação superior e de direção, um conselho de administração e uma diretoria definidos nos termos do estatuto, asseguradas àquele composição e atribuições normativas e de controle básicas previstas nesta Lei; d) previsão de participação, no órgão colegiado de deliberação superior, de representantes do Poder Público e de membros da comunidade, de notória capacidade profissional e idoneidade moral; e) composição e atribuições da diretoria; f) obrigatoriedade de publicação anual, no Diário Oficial da União, dos relatórios financeiros e do relatório de execução do contrato de gestão; g) no caso de associação civil, a aceitação de novos associados, na forma do estatuto; h) proibição de distribuição de bens ou de parcela do patrimônio líquido em qualquer hipótese, inclusive em razão de desligamento, retirada ou falecimento de associado ou membro da entidade; i) previsão de incorporação integral do patrimônio, dos legados ou das doações que lhe foram destinados, bem como dos excedentes financeiros decorrentes de suas atividades, em caso de extinção ou desqualificação, ao patrimônio de outra organização social qualificada no âmbito da União, da mesma área de atuação, ou ao patrimônio da União, dos Estados, do Distrito Federal ou dos Municípios, na proporção dos recursos e bens por estes alocados."

que já está adiantada, de projeto de lei que permita a "publicização" dos serviços não exclusivos do Estado, ou seja, sua transferência do setor estatal para o público não estatal, onde assumirão a forma de "organizações sociais".

O Projeto das Organizações Sociais tem como objetivo permitir a descentralização de atividades no setor de prestação de serviços não exclusivos, nos quais não existe o exercício do poder de Estado, a partir do pressuposto de que esses serviços serão mais eficientemente realizados se, mantendo o financiamento do Estado, forem realizados pelo setor público não estatal.

Entende-se por "organizações sociais" as entidades de direito privado que, por iniciativa do Poder Executivo, obtêm autorização legislativa para celebrar contrato de gestão com esse poder, e assim ter direito à dotação orçamentária.

As organizações sociais terão autonomia financeira e administrativa, respeitadas as condições descritas em lei específica como, por exemplo, a forma de composição de seus conselhos de administração, prevenindo-se, desse modo, a privatização ou a feudalização dessas entidades. Elas receberão recursos orçamentários, podendo obter outros ingressos através da prestação de serviços, doações, legados, financiamentos etc.

As entidades que obtenham a qualidade de organizações sociais gozarão de maior autonomia administrativa e, em compensação, seus dirigentes terão maior responsabilidade pelo seu destino. Por outro lado, busca-se através das organizações sociais uma maior participação social, na medida em que elas são objeto de um controle direto da sociedade através de seus conselhos de administração recrutados no nível da comunidade à qual a organização serve. Adicionalmente, se busca uma maior parceria com a sociedade, que deverá financiar uma parte menor, mas significativa dos custos dos serviços prestados.

A transformação dos serviços não exclusivos estatais em organizações sociais se dará de forma voluntária, a partir da iniciativa dos respectivos ministros, através de um Programa Nacional de Publicização. Terão prioridade os hospitais, as universidades e escolas técnicas, os centros de pesquisa, as bibliotecas e os museus. A operacionalização do Programa será feita por um Conselho Nacional de Publicização, de caráter interministerial.[277]

Apesar de o plano diretor referir-se ao projeto como forma de descentralização, o texto legal traz a ideia de que o contrato de gestão constitui instrumento de fomento. A intenção do governo é a de transferir para entidades qualificadas como organizações sociais as atividades desempenhadas por órgãos públicos, que as desempenharão não mais como serviços públicos,[278] mas sim como atividades privadas de interesse público.[279]

CONCEITO

Consoante o art. 5º da Lei Federal nº 9.637/1998, contrato de gestão é

> o instrumento firmado entre o Poder Público e a entidade qualificada como organização social, com vistas à formação de parceria entre as partes para fomento e execução de atividades relativas às áreas relacionadas no art. 1º.

---

[277] Informações extraídas do Plano Diretor de Reforma do Aparelho do Estado. Disponível em: <www.planejamento.gov.br/noticia.asp?p=not&cod=524&cat=238&sec=25>. Acesso em: 9 mar. 2006.
[278] O art. 18 da Lei nº 9.637/1998 permite que a organização social preste serviço de saúde na forma dos princípios do Sistema Único de Saúde, o que pode gerar controvérsias quanto a sua natureza ser ou não de serviço público.
[279] DI PIETRO. Maria Sylvia Zanella. *Parcerias na administração pública*, 2002, op. cit., p. 213.

Criticam os doutrinadores a nomenclatura "contrato de gestão", afirmando que

> é inadequada, uma vez que a natureza jurídica das relações que se estabelecem entre o Estado e a organização social não é contratual. Com efeito, não são pactuadas prestações recíprocas, resultantes do sinalagma, voltadas à satisfação de interesses de cada uma delas em separado, senão que dirigidas à satisfação de um mesmo interesse público que lhes é comum.[280]

Eis a razão para Rafael Carvalho Rezende Oliveira[281] entender ter o contrato de gestão a natureza jurídica de convênio. Entretanto, conforme destaca Ana Paula Rodrigues Silvano,

> nos convênios o Poder Público não dispõe da mesma ingerência que tem sobre a entidade quando a parceria se dá através de um contrato de gestão. De fato, o interesse social perseguido é comum a ambos os contratantes, mas no contrato de gestão há controle quanto ao atingimento das metas estabelecidas para a organização social.[282]

Ressalte-se, contudo, que a competência para legislar sobre os acordos administrativos decorre da autonomia política e administrativa de cada ente federativo, podendo, assim, os estados, o Distrito Federal e os municípios adotar regras semelhantes às estabelecidas na Lei nº 9.637/1998 ou diversificar, formalizando outras modalidades de contrato de gestão.

---

[280] MOREIRA NETO, Diogo de Figueiredo. *Curso de direito administrativo*, 2005, op. cit., p. 553. No mesmo sentido: CARVALHO FILHO, José dos Santos. *Manual de direito administrativo*, 2006, op. cit., p. 294.
[281] OLIVEIRA, Rafael Carvalho Rezende. *Administração pública, concessões e terceiro setor*, 2011a, op. cit., p. 302.
[282] SILVANO, Ana Paula Rodrigues. *Fundações públicas e o terceiro setor*. Rio de Janeiro: Lumen Juris, 2003. p. 69.

Origem

A Lei nº 9.637/1998 teve, sem dúvida, como inspiração a Lei nº 8.246, de 22 de outubro de 1991, que instituiu a Associação das Pioneiras Sociais na qualidade de pessoa jurídica de direito privado sem fins lucrativos, como serviço social autônomo, de interesse coletivo e utilidade pública, tendo como objetivo a prestação de assistência médica qualificada e gratuita a todos os níveis da população, o desenvolvimento de atividades educacionais e de pesquisa no campo da saúde, tudo em cooperação com o poder público (art. 1º).

Foi autorizada, na mesma lei, a extinção da Fundação das Pioneiras Sociais, que era uma fundação de direito privado instituída pelo governo federal que, a partir da Constituição Federal de 1988, passou a ter seu regime jurídico afetado pelas regras de direito público, especialmente no que cinge a contratação de pessoal.

O patrimônio da antiga fundação foi incorporado pela União. O art. 3º deu ao Ministério da Saúde competência para supervisionar a gestão da entidade e disciplinou o contrato de gestão a ser celebrado como instrumento hábil a conceder uma maior autonomia administrativa à Associação das Pioneiras Sociais.

Segundo José Eduardo Sabo Paes, o referido contrato de gestão apresentava as seguintes características legais:

> 1º. Termo, prazo e responsabilidade de sua execução estabelecidos pelos Ministérios da Saúde e da Administração Federal, que também especifica, com base em padrões internacionalmente aceitos, os critérios para avaliação do retorno obtido com a aplicação dos recursos repassados ao Serviço Social Autônomo Associação das Pioneiras Sociais, atendendo ao quadro nosológico brasileiro e respeitando a especificidade da entidade (art. 32, III).

2º. Supervisão pelo Ministério da Saúde e fiscalização pelo Tribunal de Contas da União, que verifica, especialmente, a legalidade, legitimidade, operacionalidade e a economicidade no desenvolvimento das respectivas atividades e na consequente aplicação dos recursos repassados ao Serviço Social Autônomo Associação das Pioneiras Sociais (art. 32, V).

3º. Permitir para que a APS celebre contratos de prestação de serviços com quaisquer pessoas físicas ou jurídicas, sempre que considere ser essa a solução mais econômica para atingir os objetivos previstos no contrato (art. 32, VI).

4º. Assegurou à Diretoria da APS autonomia para a contratação e administração de pessoal para aquele Serviço e para as instituições de assistência médica, de ensino e de pesquisa por ele geridas, sob regime da Consolidação das Leis do Trabalho, de forma a assegurar a preservação dos mais elevados e rigorosos padrões de atendimento à população (art. 32, VII).

5º. Conferiu à Diretoria da APS poderes para fixar níveis de remuneração para o pessoal da entidade em padrões compatíveis com o mercado de trabalho, segundo o grau de qualificação exigido e os setores de especialização profissional (art. 32, IX).

6º. Estabeleceu, como de obrigatória obediência por todo o pessoal da APS, os seguintes princípios: a) proibição de contratação de servidores e empregados públicos em atividade; b) tempo integral; c) dedicação exclusiva; d) salário fixo, proibida a percepção de qualquer vantagem ou remuneração de qualquer outra fonte de natureza retributiva, excetuados proventos de aposentadoria ou pensão ou renda patrimonial (art. 3º, X).

7º. Obrigou a APS a apresentar anualmente, ao Ministério da Saúde e ao Tribunal de Contas da União, até 31 de janeiro de cada ano, relatório circunstanciado sobre a execução do plano no exercício findo, com a prestação de contas dos recursos públicos nele aplicados, a avaliação do andamento do contrato e as análises gerenciais cabíveis (art. 32, XII).[283]

A referida lei teve expresso propósito, portanto, de possibilitar que a entidade permanecesse com o regime de entidade privada, fugindo do regime público que se instaurava a partir da nova ordem constitucional.[284]

Além dessa finalidade tortuosa, a Associação das Pioneiras Sociais enfrenta dificuldade, *ab initio*, com o termo "associação", eis que não possui associados, tampouco seus fins institucionais voltam-se a uma classe determinada. Ademais, a entidade não possui patrimônio e, ao contrário dos demais serviços sociais autônomos, não é custeada diretamente pela sociedade por meio de contribuições sociais, sendo totalmente dependente de dotação orçamentária da União.

Por isso, conclui Maria Sylvia Zanella Di Pietro que a Associação das Pioneiras Sociais "está em situação inteiramente irregular, qualquer que seja a natureza jurídica que se lhe atribua",[285] constituindo, continua a autora, "utilização indevida da parceria com o setor privado como forma de fugir ao regime publicístico".[286]

Em que pese à duvidosa constitucionalidade da experiência da Associação das Pioneiras Sociais, deve-se reconhecer sua importância, principalmente por introduzir no país um novo modelo de prestação de serviço.

---

[283] PAES, José Eduardo Sabo. *Fundações e entidades de interesse social*: aspectos jurídicos, administrativos, contábeis e tributários. Brasília: Brasília Jurídica, 1999. p. 63-64.
[284] Para melhor análise, ver a Exposição de Motivos nº 57/GM, de 28 de maio de 1991, cujo texto integrou a mensagem presidencial que encaminhou ao Congresso Nacional o projeto de lei que originou a Lei nº 8.246/1991.
[285] DI PIETRO, Maria Sylvia Zanella. *Parcerias na administração pública*, 2002, op. cit., p. 225.
[286] Loc. cit.

Conteúdo

A Lei nº 9.637/1988 estabelece:

Art. 7º. Na elaboração do contrato de gestão, devem ser observados os princípios da legalidade, impessoalidade, moralidade, publicidade, economicidade e, também, os seguintes preceitos:

I. especificação do programa de trabalho proposto pela organização social, a estipulação das metas a serem atingidas e os respectivos prazos de execução, bem como previsão expressa dos critérios objetivos de avaliação de desempenho a serem utilizados, mediante indicadores de qualidade e produtividade;

II. a estipulação dos limites e critérios para despesa com remuneração e vantagens de qualquer natureza a serem percebidas pelos dirigentes e empregados das organizações sociais, no exercício de suas funções.

Parágrafo único. Os Ministros de Estado ou autoridades supervisoras da área de atuação da entidade devem definir as demais cláusulas dos contratos de gestão de que sejam signatários.

Ora, a simples leitura do mencionado artigo remete o leitor à figura dos contratos administrativos, em que a administração unilateralmente configura o contrato, o que desnaturaria a classificação do ajuste em tela como acordo administrativo. Contudo, como bem assenta Gustavo Henrique Justino de Oliveira,[287] embora o artigo reserve esse direito de elaboração de cláusulas às autoridades públicas, a versão final do instrumento há de ser aprovada por ambas as partes, notadamente em atenção ao que estipula o *caput* do art. 6º, garantindo a consensualidade na elaboração do contrato de gestão.

---

[287] OLIVEIRA, Gustavo Henrique Justino de. *O contrato de gestão na administração pública brasileira*, 2005e, op. cit., p. 397.

Em cumprimento ao art. 12, §1º, deve o contrato de gestão conter cláusula prevendo detalhadamente o cronograma de desembolso para que a organização social receba os créditos previstos no orçamento e as respectivas liberações financeiras. A organização social deve, também, para que lhe sejam cedidos bens públicos, dispensada licitação, mediante permissão de uso, fazer constar no contrato de gestão cláusula expressa autorizativa (art. 12, §3º). Fica ainda facultada ao Poder Executivo a cessão especial de servidor para as organizações sociais, com ônus para a origem (art. 14).

Por fim, conforme salienta Marcos Juruena Villela Souto,

> essa possibilidade de transferência de créditos, permissão de uso de bens públicos e cessão de servidores pode ser estendida, no âmbito da União, para as entidades qualificadas como organizações sociais pelos Estados, pelo Distrito Federal e pelos Municípios, quando houver reciprocidade e desde que a legislação local não contrarie os preceitos da legislação específica de âmbito federal.[288]

Fiscalização e controle

A fiscalização e o controle das organizações sociais serão realizados pela sociedade e pelo Estado por meio dos conselhos a que se refere a Lei nº 9.637/1998. A execução do contrato de gestão será fiscalizada pelo órgão ou entidade do núcleo estratégico a que se vincula. Esse controle se dá, conforme dispõe o art. 8º da Lei nº 9.637/1998, por meio da apresentação do relatório de execução do contrato de gestão, que deverá conter

---

[288] SOUTO, Marcos Juruena Villela. *Direito administrativo contratual.* Rio de Janeiro: Lumen Juris, 2004a. p. 124.

comparativo específico das metas propostas com os resultados obtidos, bem como a prestação de contas correspondentes ao exercício financeiro. Tal relatório deverá ser apresentado sempre ao final de cada exercício ou, caso haja justificativa em razão do interesse público, a qualquer momento em que for solicitado pela autoridade supervisora (art. 8º, §1º).

Há, também, previsão da criação de uma comissão de avaliação, composta por especialistas de notória capacidade técnica na área correspondente, que serão indicados pela autoridade supervisora. Essa comissão analisará o relatório de resultados, apresentado periodicamente pela organização social. Com base nessa análise, a comissão deverá, por sua vez, apresentar à autoridade supervisora a que esteja vinculada a entidade um relatório conclusivo sobre a avaliação procedida (§§2º e 3º).

Tem-se, também, o controle realizado pelo Tribunal de Contas[289] respectivo, consoante o art. 70, parágrafo único, da Constituição Federal, que teve sua redação alterada pela Emenda Constitucional nº 19/1998, determinando que

> prestará contas qualquer pessoa física ou jurídica, pública ou privada, que utilize, arrecade, guarde, gerencie ou administre dinheiros, bens e valores públicos ou pelos quais a União responda, ou que, em nome desta, assuma obrigações de natureza pecuniária.

Outrossim, existe a possibilidade de fiscalização e controle a serem exercidos pela sociedade – indiretamente, por meio do Ministério Público, pela instauração do inquérito civil e proposi-

---

[289] Vide, como exemplo de fiscalização por parte do TCU, o Acórdão nº 1.146/2003. Plenário. Processo nº 007.032/1999-4. Relator: ministro Walton Alencar Rodrigues. *DOU*, 25 ago. 2003.

tura da ação civil pública[290] e diretamente, por qualquer cidadão, com a propositura da ação popular –, viabilizando, dessa forma, um controle efetivo sobre os atos de tais entidades, conforme autoriza o art. 5º, LXXIII, da Constituição Federal.[291] Essa fiscalização se justifica, de acordo com Ana Paula Rodrigues Silvano, porque

> as organizações sociais fazem uso de patrimônio público e na execução dos serviços a que se destinam podem, eventualmente, vir a violar interesses difusos ou coletivos, demandando, assim, a tutela ministerial através da ação civil pública. Por seu turno, a utilização da via processual da ação popular se justifica, tendo em vista que essas entidades podem atuar nas áreas sociais de cultura e meio ambiente, o que pode levar à violação desses valores por parte das mesmas.[292]

Termo de parceria com as organizações sociais de interesse público

No ímpeto de fortalecer a parceria entre Estado e organizações da sociedade civil, logo após a aprovação da Lei nº 9.637/1998, já tramitava no Congresso Nacional o Projeto de Lei nº 4.690/1998, de iniciativa do Poder Executivo, depois convertido na Lei nº 9.790, de 23 de março de 1999, dispondo

---

[290] Vide, como exemplo de atuação do Ministério Público em sede de ação civil pública, o Recurso de Revista nº 16.696/2002-900-10-00.5. Quinta Turma. *DJU*, 23 maio 2003 e seus respectivos embargos E-RR nº 16.696/2002-900-10-00.5. *DJU*, 16 mar. 2007.
[291] Art. 5º, LXXIII, da CRFB: "Qualquer cidadão é parte legítima para propor ação popular que vise a anular ato lesivo ao patrimônio público ou de entidade de que o Estado participe, à moralidade administrativa, ao meio ambiente e ao patrimônio histórico e cultural, ficando o autor, salvo comprovada má-fé, isento de custas judiciais e do ônus de sucumbência".
[292] SILVANO, Ana Paula Rodrigues. *Fundações públicas e o terceiro setor*, 2003, op. cit., p. 73-74.

sobre as organizações da sociedade civil de interesse público (Oscips), bem como o termo de parceria a ser celebrado entre essas entidades e o poder público, que, por sua vez, foi regulamentado pelo Decreto nº 3.100, de 30 de junho de 1999. Como as organizações sociais, a Oscip é uma qualificação especial, a ser requerida junto ao Ministério da Justiça que, conforme observa Diogo de Figueiredo Moreira Neto,

> satisfeitos os requisitos legais, emitirá o certificado de qualificação, um ato declarativo, de natureza vinculada, insuscetível de desfazimento senão por perda da qualificação, por decisão, também vinculada, proferida em processo administrativo ou judicial, de iniciativa popular ou do Ministério Público, no qual serão assegurados: a ampla defesa e o devido contraditório (art.7º).[293]

De acordo com a Lei das Oscips, para obter a qualificação, a entidade da sociedade civil deve ser sem fins lucrativos, na forma do §1º do art. 1º, e expressar sua dedicação a pelo menos uma das finalidades do art. 3º[294] por intermédio da realização direta

---

[293] MOREIRA NETO, Diogo de Figueiredo. *Curso de direito administrativo*, 2005, op. cit., p. 554.
[294] "Art. 3º. A qualificação instituída por esta Lei, observado, em qualquer caso, o princípio da universalização dos serviços, no respectivo âmbito de atuação das Organizações, somente será conferida às pessoas jurídicas de direito privado, sem fins lucrativos, cujos objetivos sociais tenham pelo menos uma das seguintes finalidades: I. promoção da assistência social; II. promoção da cultura, defesa e conservação do patrimônio histórico e artístico; III. promoção gratuita da educação, observando-se a forma complementar de participação das organizações de que trata esta Lei; IV. promoção gratuita da saúde, observando-se a forma complementar de participação das organizações de que trata esta Lei; V. promoção da segurança alimentar e nutricional; VI. defesa, preservação e conservação do meio ambiente e promoção do desenvolvimento sustentável; VII. promoção do voluntariado; VIII. promoção do desenvolvimento econômico e social e combate à pobreza; IX. experimentação, não lucrativa, de novos modelos socioprodutivos e de sistemas alternativos de produção, comércio, emprego e crédito; X. promoção de direitos estabelecidos, construção de novos direitos e assessoria jurídica gratuita de interesse suplementar; XI. promoção da ética, da paz, da cidadania, dos direitos humanos, da

de projetos, programas, planos de ações correlatas, por meio da doação de recursos físicos, humanos e financeiros, ou ainda pela prestação de serviços intermediários de apoio a outras organizações sem fins lucrativos e a órgãos do setor público que atuem em áreas afins [parágrafo único do art. 3º].

Além disso, a entidade não pode se enquadrar numa das hipóteses do art. 2º,[295] bem como deve estar regida por estatuto cujas normas expressamente disponham sobre:

I. a observância dos princípios da legalidade, impessoalidade, moralidade, publicidade, economicidade e da eficiência;

II. a adoção de práticas de gestão administrativa, necessárias e suficientes para coibir a obtenção, de forma individual ou coletiva, de benefícios ou vantagens pessoais, em decorrência da participação no respectivo processo decisório;

III. a constituição de conselho fiscal ou órgão equivalente, dotado de competência para opinar sobre os relatórios de desempenho financeiro e contábil, e sobre as operações patrimoniais

---

democracia e de outros valores universais; XII. estudos e pesquisas, desenvolvimento de tecnologias alternativas, produção e divulgação de informações e conhecimentos técnicos e científicos que digam respeito às atividades mencionadas neste artigo."

[295] "Art. 2º. Não são passíveis de qualificação como Organizações da Sociedade Civil de Interesse Público, ainda que se dediquem de qualquer forma às atividades descritas no art. 3º desta Lei: I. as sociedades comerciais; II. os sindicatos, as associações de classe ou de representação de categoria profissional; III. as instituições religiosas ou voltadas para a disseminação de credos, cultos, práticas e visões devocionais e confessionais; IV. as organizações partidárias e assemelhadas, inclusive suas fundações; V. as entidades de benefício mútuo destinadas a proporcionar bens ou serviços a um círculo restrito de associados ou sócios; VI. as entidades e empresas que comercializam planos de saúde e assemelhados; VII. as instituições hospitalares privadas não gratuitas e suas mantenedoras; VIII. as escolas privadas dedicadas ao ensino formal não gratuito e suas mantenedoras; IX. as organizações sociais; X. as cooperativas; XI. as fundações públicas; XII. as fundações, sociedades civis ou associações de direito privado criadas por órgão público ou por fundações públicas; XIII. as organizações creditícias que tenham qualquer tipo de vinculação com o sistema financeiro nacional a que se refere o art. 192 da Constituição Federal."

realizadas, emitindo pareceres para os organismos superiores da entidade;

IV. a previsão de que, em caso de dissolução da entidade, o respectivo patrimônio líquido será transferido a outra pessoa jurídica qualificada nos termos desta Lei, preferencialmente que tenha o mesmo objeto social da extinta;

V. a previsão de que, na hipótese de a pessoa jurídica perder a qualificação instituída por esta Lei, o respectivo acervo patrimonial disponível, adquirido com recursos públicos durante o período em que perdurou aquela qualificação, será transferido a outra pessoa jurídica qualificada nos termos desta Lei, preferencialmente que tenha o mesmo objeto social;

VI. a possibilidade de se instituir remuneração para os dirigentes da entidade que atuem efetivamente na gestão executiva e para aqueles que a ela prestam serviços específicos, respeitados, em ambos os casos, os valores praticados pelo mercado, na região correspondente a sua área de atuação;

VII. as normas de prestação de contas a serem observadas pela entidade, que determinarão, no mínimo:

a) a observância dos princípios fundamentais de contabilidade e das Normas Brasileiras de Contabilidade;

b) que se dê publicidade por qualquer meio eficaz, no encerramento do exercício fiscal, ao relatório de atividades e de demonstrações financeiras da entidade, incluindo-se as certidões negativas de débitos junto ao INSS e ao FGTS, colocando-os à disposição para exame de qualquer cidadão;

c) a realização de auditoria, inclusive por auditores externos independentes se for o caso, da aplicação dos eventuais recursos objeto do termo de parceria conforme previsto em regulamento;

d) a prestação de contas de todos os recursos e bens de origem pública recebidos pelas Organizações da Sociedade Civil de Interesse Público conforme determina o parágrafo único do art. 70 da Constituição Federal [art. 4º da Lei nº 9.790/1999].

Os demais procedimentos para a obtenção da qualificação das entidades como Oscips foram disciplinadas pelo Ministério da Justiça por meio da Portaria nº 361, de 27 de julho de 1999, como forma de conceder total transparência do procedimento aos interessados.

Uma vez qualificadas como organizações da sociedade civil de interesse público, essas entidades poderão celebrar, com o poder público, um acordo denominado pelo Poder Legislativo de "termo de parceria".

Conceito

O termo de parceria das organizações da sociedade civil de interesse público (Oscips) consiste em outro exemplo de acordo administrativo. Segundo o art. 9º da Lei nº 9.790/1999, termo de parceria é

> o instrumento passível de ser firmado entre o Poder Público e as entidades qualificadas como Organizações da Sociedade Civil de Interesse Público destinado à formação de vínculo de cooperação entre as partes, para o fomento e a execução das atividades de interesse público previstas no art. 3º desta Lei.

Diogo de Figueiredo Moreira Neto novamente critica a denominação utilizada pelo legislador, porque, segundo o autor,

> ignora a correta e pacífica denominação de *convênios*, já adotada pelo *legislador constitucional* ao prever este instituto para instru-

mentar a *gestão associada* de serviços públicos (art. 241, CF), e, em segundo lugar, porque a *parceria* é expressão designativa de um *contrato* nominado de direito privado que era previsto nos arts. 1.410 a 1.425 do Código Civil de 1916, que nada tem em comum com um *ato complexo*, senão o mero *acordo de vontades*, que lhes dá existência.[296]

Conteúdo

Nos termos do art. 10 da Lei nº 9.790/1999:

Art. 10. O Termo de Parceria firmado de comum acordo entre o Poder Público e as Organizações da Sociedade Civil de Interesse Público discriminará direitos, responsabilidades e obrigações das partes signatárias.

§1º A celebração do Termo de Parceria será precedida de consulta aos Conselhos de Políticas Públicas das áreas correspondentes de atuação existentes, nos respectivos níveis de governo.

A verificação do regular funcionamento da organização é disciplinada nos arts. 9º-A e 10 do Decreto nº 3.100/1999, com redação dada pelo Decreto nº 7.568/2011, *verbis*:

Art. 9º-A. É vedada a celebração de Termo de Parceria com Organizações da Sociedade Civil de Interesse Público que tenham, em suas relações anteriores com a União, incorrido em pelo menos uma das seguintes condutas: (Incluído pelo Decreto nº 7.568, de 2011)

I. omissão no dever de prestar contas; (Incluído pelo Decreto nº 7.568, de 2011)

---
[296] MOREIRA NETO, Diogo de Figueiredo. *Curso de direito administrativo*, 2005, op. cit., p. 554, grifos no original.

II. descumprimento injustificado do objeto de convênios, contratos de repasse ou termos de parceria; (Incluído pelo Decreto nº 7.568, de 2011)

III. desvio de finalidade na aplicação dos recursos transferidos; (Incluído pelo Decreto nº 7.568, de 2011)

IV. ocorrência de dano ao Erário; ou (Incluído pelo Decreto nº 7.568, de 2011)

V. prática de outros atos ilícitos na execução de convênios, contratos de repasse ou termos de parceria. (Incluído pelo Decreto nº 7.568, de 2011)

Art. 10. Para efeitos da consulta mencionada no art. 10, §1º, da Lei nº 9.790, de 1999, o modelo a que se refere o parágrafo único do art. 8º deverá ser preenchido e remetido ao Conselho de Política Pública competente.

[...]

§3º. O Conselho de Política Pública terá o prazo de trinta dias, contado a partir da data de recebimento da consulta, para se manifestar sobre o Termo de Parceria, cabendo ao órgão estatal responsável, em última instância, a decisão final sobre a celebração do respectivo Termo de Parceria.

O órgão estatal firmará o termo de parceria mediante modelo padrão próprio, do qual constarão os direitos, as responsabilidades e as obrigações das partes e as cláusulas essenciais, sendo essas as arroladas no §2º do art. 10 da Lei das Oscips, como se segue:

I. a do objeto, que conterá a especificação do programa de trabalho proposto pela Organização da Sociedade Civil de Interesse Público;

II. a de estipulação das metas e dos resultados a serem atingidos e os respectivos prazos de execução ou cronograma;

III. a de previsão expressa dos critérios objetivos de avaliação de desempenho a serem utilizados, mediante indicadores de resultado;

IV. a de previsão de receitas e despesas a serem realizadas em seu cumprimento, estipulando item por item as categorias contábeis usadas pela organização e o detalhamento das remunerações e benefícios de pessoal a serem pagos, com recursos oriundos ou vinculados ao Termo de Parceria, a seus diretores, empregados e consultores;

V. a que estabelece as obrigações da Sociedade Civil de Interesse Público, entre as quais a de apresentar ao Poder Público, ao término de cada exercício, relatório sobre a execução do objeto do Termo de Parceria, contendo comparativo específico das metas propostas com os resultados alcançados, acompanhado de prestação de contas dos gastos e receitas efetivamente realizados, independente das previsões mencionadas no inciso IV;

VI. a de publicação, na imprensa oficial do Município, do Estado ou da União, conforme o alcance das atividades celebradas entre o órgão parceiro e a Organização da Sociedade Civil de Interesse Público, de extrato do Termo de Parceria e de demonstrativo da sua execução física e financeira, conforme modelo simplificado estabelecido no regulamento desta Lei, contendo os dados principais da documentação obrigatória do inciso V, sob pena de não liberação dos recursos previstos no Termo de Parceria.

Ressalte-se que o termo de parceria poderá ser celebrado por período superior ao do exercício fiscal, bem como poderá ser prorrogado caso se constate o não cumprimento total de seu objeto pelo órgão parceiro, ou haja excedentes financeiros disponíveis com a Oscip (art. 13 do Decreto nº 3.100/1999).

Fiscalização e controle

A sistemática de fiscalização e controle das Oscips muito se assemelha à das organizações sociais, existindo o controle exercido pela entidade "contratante", o social[297] e o exercido pelo Tribunal de Contas.[298] De acordo com o art. 11 da Lei nº 9.790/1999,

> a execução do objeto do Termo de Parceria será acompanhada e fiscalizada por órgão do Poder Público da área de atuação correspondente à atividade fomentada, e pelos Conselhos de Políticas Públicas das áreas correspondentes de atuação existentes, em cada nível de governo [...].

Como disposto no §1º do art. 11 da Lei nº 9.790/1999, "os resultados atingidos [...] devem ser analisados por comissão de avaliação, composta de comum acordo entre o órgão parceiro

---

[297] Registre-se que o controle social deve demonstrar, perante o Poder Judiciário, os prejuízos sofridos pela administração, como se vê da seguinte decisão da lavra do Superior Tribunal de Justiça: "ADMINISTRATIVO. CONTRATO DE GESTÃO. LICITAÇÃO. DISPENSA. 1. O contrato de gestão administrativo constitui negócio jurídico criado pela Reforma Administrativa Pública de 1990. 2. A Lei nº 8.666, em seu art. 24, inciso XXIV, dispensa licitação para a celebração de contratos de prestação de serviços com as organizações sociais, qualificadas no âmbito das respectivas esferas de governo, para atividades contempladas no contrato de gestão. 3. Instituto Candango de Solidariedade (organização social) *versus* Distrito Federal. Legalidade de contrato de gestão celebrado entre partes. 4. Ausência de comprovação de prejuízo para a Administração em razão do contrato de gestão firmado. 5. A Ação Popular exige, para sua procedência, o binômio ilicitude e lesividade. 6. Recurso especial improvido" (BRASIL. Superior Tribunal de Justiça. RESP nº 200701138640. RESP – RECURSO ESPECIAL nº 952.899).

[298] Cite-se, a título de exemplo, a atuação do Tribunal de Contas do Estado do Rio de Janeiro, que declarou a ilegalidade de um termo de parceria celebrado entre um município do respectivo estado e uma entidade qualificada como Oscip, por entender que, no caso analisado, a relação estabelecida entre ambos era contratual – contratação direta de prestação de serviço pela administração municipal –, que deveria, portanto, ser licitada e não objeto de termo de parceria. Ver processo: TCE-RJ nº 230.889-6/05, relator: Marco Antônio Barbosa de Alencar). Disponível em: <www.tce.rj.gov.br>. Acesso em: 20 jul. 2007.

e a Organização da Sociedade Civil de Interesse Público", encaminhando a comissão, à autoridade competente, "relatório conclusivo sobre a avaliação procedida".

Destaca-se que, na forma do Decreto nº 3.100/1999:

Art. 17. O acompanhamento e a fiscalização por parte do Conselho de Política Pública de que trata o art. 11 da Lei nº 9.790/1999, não pode introduzir nem induzir modificação das obrigações estabelecidas pelo Termo de Parceria celebrado.

§1º. Eventuais recomendações ou sugestões do Conselho sobre o acompanhamento dos Termos de Parceria serem encaminhadas ao órgão estatal parceiro, para adoção de providências que entender cabíveis.

Como disposto no art. 13 da Lei das Oscips, em caso de

malversação de bens ou recursos de origem pública, os responsáveis pela fiscalização representarão ao Ministério Público, à Advocacia-Geral da União [ou à Procuradoria da entidade], para que requeira ao juízo competente a decretação de indisponibilidade dos bens da entidade e o sequestro dos bens de seus dirigentes, bem como de agente público ou terceiro, que possam ter enriquecido ilicitamente ou causado dano ao patrimônio público [...].

Distinção entre organizações sociais e Oscips

Como se verifica, embora haja pontos comuns entre as organizações sociais e as organizações da sociedade civil de interesse público, mister se faz reconhecer que os objetivos são diversos, *eis que, enquanto nas organizações sociais é evidente o intuito de substituição do poder público, nas Oscips a qualificação em nada afeta a existência e competência de entidades ou órgãos da administração pública*. Nesse sentido, Fernando Borges Mânica e Gustavo Henrique Justino de Oliveira:

> Cumpre ressaltar que a OSCIP deve atuar de forma distinta do Poder Público parceiro, ou seja, deve ser clara a separação entre os serviços públicos prestados pela entidade pública e as atividades desenvolvidas pela OSCIP. É importantíssimo que tal distinção fique evidenciada, impedindo-se assim a caracterização de uma forma ilegal de terceirização de serviços públicos.
>
> Afinal, o termo de parceria é instrumento criado para que entidades do terceiro setor recebam incentivos para atuar ao lado do ente público, de maneira distinta dele, e não para que substitua tal ente, fazendo às vezes do Poder Público. De acordo com a Lei das OSCIPs, a entidade assim qualificada há de expressar sua dedicação às atividades enumeradas no parágrafo único do art. 3º da Lei federal nº 9.790/1999 por intermédio (i) da realização de projetos, programas e planos de ações correlatas, (ii) da doação de recursos físicos, humanos e financeiros, ou ainda (iii) através da prestação de serviços intermediários de apoio a outras organizações sem fins lucrativos e a órgãos do setor público que atuem em áreas afins. Assim, é imprescindível que se saiba de antemão: (i) qual das três formas acima aludidas será adotada na parceria entre o Poder Público e a OSCIP, podendo coexistir mais de uma forma no mesmo Termo de Parceria; (ii) se essa parceria tem um caráter complementar ou suplementar aos serviços públicos e demais atividades desenvolvidas pelo parceiro público, jamais podendo caracterizar a substituição/terceirização dos serviços antes prestados pelo Poder Público; (iii) qual a programação específica do projeto a ser desenvolvido pela OSCIP e (iv) no caso de não serem projetos, mas a prestação dos denominados "serviços intermediários de apoio", quais são esses serviços, e de que forma serão prestados.[299]

---

[299] MÂNICA, Fernando Borges; OLIVEIRA, Gustavo Henrique Justino de. "Organizações da sociedade civil de interesse público", 2005, op. cit., p. 5232.

Por esta razão, Maria Sylvia Zanella Di Pietro conclui que,

em relação às organizações da sociedade civil de interesse público, o Poder Público exerce verdadeira atividade de fomento, ou seja, de incentivo à iniciativa privada de interesse público. Ao contrário do que ocorre na organização social, o Estado não abre mão de serviço público para transferi-lo à iniciativa privada, mas faz parceria com a entidade, para ajudá-la, incentivá-la a exercer atividades que, mesmo sem a natureza de serviços públicos, atendem a necessidades coletivas.[300]

Outra distinção muito bem-ressaltada por José dos Santos Carvalho Filho cinge a participação dos agentes públicos na estrutura da entidade. Ora, "enquanto é ela exigida nos Conselhos de Administração (art. 3º da Lei nº 9.637/1998), não há esse tipo de ingerência nas organizações sociais da sociedade civil de interesse público".[301]

Daí, provavelmente, decorre o fato de que somente as organizações sociais podem receber recursos orçamentários, cessão de bens públicos e de servidores públicos em decorrência do contrato de gestão. Às Oscips não podem ser cedidos bens públicos ou servidores por meio do acordo firmado, sendo que os recursos necessários para a execução do termo de parceria são depositados em conta bancária específica (art. 14 do Decreto nº 3.100/1999).

De acordo com Rafael Carvalho Rezende Oliveira, as diferenças entre a OS e a Oscip, em âmbito federal, podem ser assim resumidas:[302]

---

[300] DI PIETRO, Maria Sylvia Zanella. *Parcerias na administração pública*, 2002, op. cit., p. 219.
[301] CARVALHO FILHO, José dos Santos. *Manual de direito administrativo*, 2006, op. cit., p. 298.
[302] OLIVEIRA, Rafael Carvalho Rezende. *Administração pública, concessões e terceiro setor*, 2011a, op. cit., p. 308.

a) *Organizações Sociais (Lei nº 9.637/1998):*

a.1) qualificação: discricionária (arts. 1º e 2º, II);

a.2) análise do pedido de qualificação: Ministério ou órgão regulador responsável pela área de atuação da entidade privada requerente (art. 2º, II);

a.3) formalização da parceria (vínculo jurídico): "contrato de gestão" (art. 5º), que permitirá o repasse de dinheiro (art. 12), a cessão de bens (art. 12) e a cessão especial de servidor sem custo para entidade (art. 14);

a.4) presença obrigatória de representante do Poder Público no órgão de deliberação superior da OS (art. 2º, I, "d").

b) *Organizações da Sociedade Civil de Interesse Público (Lei nº 9.790/1999):*

b.1) qualificação: vinculada (art. 1º, §2º);

b.2) análise do pedido de qualificação: Ministério da Justiça (art. 5º);

b.3) termo de parceria (art. 9º): repasse de verba, não prevendo expressamente a cessão de bens e de pessoal;

b.4) presença facultativa de servidor na composição do Conselho da OSCIP (art. 4º, parágrafo único).

Das entidades parceiras e a Lei nº 8.666/1993

Como visto, tanto o contrato de gestão com as organizações sociais quanto os termos de parceria com as organizações da sociedade civil de interesse público são espécies de acordos administrativos que não se confundem com contratos administrativos, o que torna evidente a inaplicabilidade da Lei nº 8.666/1993 às espécies em questão.

Ora, segundo o *caput* do art. 2º da Lei Geral de Licitações (Lei nº 8.666/1993), é exigida licitação para obras, serviços, compras, alienações, concessões, permissões e locações quando contratadas com terceiros e, no parágrafo único, define-se o contrato de forma que não alcança os contratos de gestão e os termos de parceria, já que nestes não existe a estipulação de obrigações recíprocas a que se refere o dispositivo.

Não obstante a não incidência da lei geral de licitações no procedimento de escolha da entidade privada parceira (seja como organização social, seja como Oscip), todo ato administrativo deve ser regido pelos princípios esculpidos pelo art. 37 da Lei Maior, entre eles o da impessoalidade, moralidade e publicidade, de forma que, havendo possibilidade de concorrência entre os interessados na gestão associada, deve o poder público promover algum procedimento transparente e objetivo de seleção.

Vale registrar, nesse passo, que o projeto de lei que visa a alterar a estrutura da administração federal,[303] pretende instituir um processo de chamamento público, de modo a propiciar maior isonomia na celebração dos acordos administrativos, como se vê a seguir:

> Art. 78. O processo de chamamento público destina-se à tomada de decisão quanto às entidades a serem contratadas e ao conteúdo das contratações, com observância dos princípios constitucionais e legais da administração pública.
>
> §1º. O processo deve ser iniciado pela publicação, na imprensa oficial e em página eletrônica, de edital contendo as especificações relativas ao processo e ao contrato ou contratos a serem celebrados, nos termos do regulamento.
>
> §2º. São públicos os autos, sessões deliberativas e atos do processo de seleção.

---

[303] Disponível em: <www.direitodoestado.com.br/leiorganica/anteprojeto.pdf>. Acesso em: 26 jul. 2010.

§3º. Às participantes é assegurada igualdade de oportunidades e de tratamento no procedimento.

§4º. As decisões devem ser formalmente motivadas, com análise obrigatória e comparação das manifestações de interesse ou projetos apresentados.

No âmbito do Estado do Rio de Janeiro, a Lei nº 5.498, de 7 de julho de 2009, que dispõe sobre a qualificação de entidades sem fins lucrativos como organizações sociais, mediante contrato de gestão, introduziu uma espécie de processo seletivo para a assinatura deste instrumento:

> Art. 12. A seleção da entidade para a assinatura do contrato de gestão far-se-á com observância das seguintes etapas:
>
> I. publicação do edital;
>
> II. recebimento e julgamento das propostas.
>
> Art. 13. O edital conterá:
>
> I. a descrição detalhada da atividade a ser executada, e os bens e recursos a serem destinados para esse fim;
>
> II. metas e indicadores de gestão de interesse do órgão supervisor;
>
> III. limite máximo de orçamento previsto para realização das atividades e serviços;
>
> IV. critérios de seleção da proposta mais vantajosa para a administração pública;
>
> V. prazo para apresentação da proposta de trabalho;
>
> VI. minuta do contrato de gestão.

Interessante, todavia, é a posição de Luiz Oliveira Castro Jungstedt sobre o tema. Em relação às organizações sociais, entende o autor que seria necessário o prévio procedimento licitatório para que uma entidade (por exemplo, ONG) fosse qualificada como tal. No que tange às Oscips sustenta o autor:

> Na qualificação da ONG para OSCIP defendemos a tese de não se realizar licitação para tal fim, pois não há competição neste momento. No entanto, depois desta qualificação, quando a OSCIP celebrar termo de parceria, a competição poderá existir entre várias OSCIPs interessadas.
>
> [...]
>
> Nada impede que o Poder Público providencie um procedimento licitatório ou algo similar para escolher, entre várias OSCIPs, a que melhor realizará as tarefas definidas no termo de parceria, mas entendemos que neste caso estaríamos diante de uma decisão discricionária.
>
> [...]
>
> Desta forma, diferentemente do que ocorre com as OS, onde entendemos ser obrigatória a prévia licitação, nas OSCIPs estamos diante de um quadro totalmente diverso, pois elas não visam substituir a figura do Estado, mas colaborar com atividades de interesse coletivo não exclusivas dele.[304]

Quanto ao procedimento a ser adotado pelo poder público para a escolha da Oscip parceira, o Decreto nº 3.100/1999 dispõe, em seus arts. 23 a 31, a respeito da possibilidade de adoção do concurso de projetos.

---

[304] JUNGSTEDT, Luiz Oliveira Castro. Formas alternativas de gestão pública. In: OSÓRIO, Fábio Medina; SOUTO, Marcos Juruena Villela (Coord.). *Direito administrativo*: estudos em homenagem a Diogo de Figueiredo Moreira Neto. Rio de Janeiro: Lumen Juris, 2006. p. 629, 634-635.

Atualmente, o art. 23 do Decreto nº 3.100/1999, alterado pelo Decreto nº 7.568/2011, exige a realização do concurso de projetos para celebração do termo de parceria.[305]

Após demonstrar as controvérsias sobre o tema, Rafael Carvalho Rezende Oliveira sustenta ser necessária a realização de processo objetivo de seleção dos interessados na formalização do contrato de gestão e do termo de parceria, "sem a obrigatoriedade de aplicação da Lei nº 8.666/1993. O mais importante, em verdade, é a observância dos princípios que regem a administração pública".[306]

Outra questão relevante recai sobre a necessidade de licitação para contratos administrativos a serem firmados com as organizações sociais e as Oscips pelo poder público.

As organizações sociais, por força do art. 12, §3º, da Lei nº 9.637/1998 e do art. 24, XXIV, da Lei nº 8.666/1993, têm dispensa de licitação para a permissão de uso de bens públicos destinados a entidade privada e para a contratação de serviços, por parte da administração pública, que estiverem contemplados no contrato de gestão.[307]

A *contrario sensu*, como bem salienta Ana Paula Rodrigues Silvano, "se o contrato referir-se a alguma outra atividade não prevista no instrumento, será, portanto, imperativa a realização de licitação para contratar".[308]

Por fim, cabe analisar a aplicabilidade da Lei nº 8.666/1993 às contratações realizadas pelas organizações sociais e organiza-

---

[305] Na redação anterior, o art. 23 do Decreto nº 3.100/1999 não tornava obrigatória a realização do concurso de projetos, conforme pronunciamento do Tribunal de Contas da União. Processo nº TC 014.334/1999-2. Relator: ministro Marcos Vilaça. Decisão em 15 dez. 1999. BTCU 78/1999.
[306] OLIVEIRA, Rafael Carvalho Rezende. *Administração pública, concessões e terceiro setor*, 2011a, op. cit., p. 315.
[307] Frise-se que a permissão contida no art. 24, XXIV, da Lei nº 8.666/1993 restringe-se ao âmbito do ente federativo que promoveu a classificação da entidade privada em OS.
[308] SILVANO, Ana Paula Rodrigues. *Fundações públicas e o terceiro setor*, 2003, op. cit., p. 70.

ções da sociedade civil de interesse público. Tal questão ganha relevo com a publicação do Decreto nº 5.504, de 5 de agosto de 2005, cujo art. 1º estipula que

> os instrumentos de formalização, renovação ou aditamento de convênios, instrumentos congêneres ou de consórcios públicos que envolvam repasse voluntário de recursos públicos da União deverão conter cláusula que determine que as obras, compras, serviços e alienações a serem realizados por entes públicos ou privados, com os recursos ou bens repassados voluntariamente pela União, sejam contratados mediante processo de licitação pública, de acordo com o estabelecido na legislação federal pertinente.

Por seu turno, o §5º do citado artigo estabelece:

> Aplica-se o disposto neste artigo às entidades qualificadas como Organizações Sociais, na forma da Lei nº 9.637, de 15 de maio de 1998, e às entidades qualificadas como Organizações da Sociedade Civil de Interesse Público, na forma da Lei nº 9.790, de 23 de março de 1999, relativamente aos recursos por elas administrados oriundos de repasses da União, em face dos respectivos contratos de gestão ou termos de parceria.

Ocorre que, com o firme propósito de inovar o mecanismo de gestão de serviços, a Lei nº 9.637/1998, em seu art. 17, e a Lei nº 9.790/1999, em seu art. 14, estabelecem a competência da organização parceira para editar regulamento próprio contendo os procedimentos que adotará para a contratação de obras e serviços, bem como para comprar com emprego de recursos provenientes do poder público.

Logo, o reconhecimento da ilegalidade dos preceitos do Decreto nº 5.504/2005 é imperativo, uma vez que é latente a exorbitação do poder de regulamentar, sendo certo que tal norma encontra-se passível de sustação pelo Congresso Nacional, na forma do art. 49, V, da Constituição Federal de 1988.

Nesse sentido, vale transcrever a lição de Rafael Carvalho Rezende Oliveira:

Isso porque a legislação remete às entidades, e não ao Chefe do Executivo, a atribuição para a criação de procedimentos adequados na contratação de terceiros. O Chefe do Executivo, portanto, ao editar o Decreto em comento, exorbitou do seu poder regulamentar na parte em que exigiu a realização de licitação, na modalidade pregão, às Organizações Sociais e Organizações da Sociedade Civil de Interesse Público.[309]

Questões de automonitoramento

1. Após ler este capítulo, você é capaz de resumir o caso gerador do capítulo 8, identificando as partes envolvidas, os problemas atinentes e as possíveis soluções cabíveis?
2. Como se inserem os contratos de gestão e os termos de parceria no âmbito da administração pública gerencial brasileira?
3. O que são os serviços públicos não exclusivos e de que forma são prestados no país?
4. Quais as diferenças entre contratos e acordos administrativos?
5. Quais são as características do contrato de gestão firmadas com as organizações sociais?
6. Diferencie contrato de gestão e termo de parceria.
7. Pense e descreva, mentalmente, alternativas para a solução do caso gerador do capítulo 8.

---

[309] OLIVEIRA, Rafael Carvalho Rezende. *Administração pública, concessões e terceiro setor*, 2011a, op. cit., p. 320.

6

A participação do setor privado na ordem social: a gestão privada de saúde e educação

Roteiro de estudo

Saúde e educação: tratamento constitucional

A saúde e a educação estão incluídas no Título VIII da Constituição Federal de 1988, intitulado "Da Ordem Social", cujo objetivo principal, segundo o art. 193 da Lei Maior, é o bem-estar e a justiça social.

Paulo César Melo da Cunha, ao estabelecer as diferenças básicas entre o ordenamento econômico e o ordenamento social, assim conceitua este:

> O ordenamento social, por sua vez, consiste na atividade administrativa impositiva de uma disciplina pública ou substantiva da ação da sociedade no campo social, ou seja, na saúde, na educação, no trabalho, na previdência, na assistência social ou em outros setores designados pela Constituição.[310]

---

[310] CUNHA, Paulo César Melo da. *A regulação jurídica da saúde suplementar no Brasil*. Rio de Janeiro: Lumen Juris, 2003. p. 21.

Sobre os serviços sociais, José dos Santos Carvalho Filho estabelece:

> Serviços sociais são os que o Estado executa para atender aos reclamos sociais básicos e representam ou uma atividade propiciadora de comodidade relevante, ou serviços assistenciais e protetivos. [...] Estão nesses casos os serviços de assistência à criança e ao adolescente; assistência médica e hospitalar; assistência educacional; apoio a regiões menos favorecidas; assistência a comunidades carentes etc.[311]

Saúde

Em relação à saúde, o art. 196 da CRFB dispõe:

> A saúde é direito de todos e dever do Estado, garantido mediante políticas sociais e econômicas que visem à redução do risco de doença e de outros agravos e ao acesso universal e igualitário às ações e serviços para sua promoção, proteção e recuperação.

O art. 198 da CRFB[312] estabelece que as ações e serviços públicos de saúde integram uma rede regionalizada e hierarquizada, constituindo um sistema único, sendo certo que todos os entes federativos devem atuar nesse campo (art. 23, II, CRFB[313]).[314]

---

[311] CARVALHO FILHO, José dos Santos. *Manual de direito administrativo*. 16. ed. Rio de Janeiro: Lumen Juris, 2006. p. 274.
[312] "Art. 198. As ações e serviços públicos de saúde integram uma rede regionalizada e hierarquizada e constituem um sistema único [...]."
[313] "Art. 23. É competência comum da União, dos Estados, do Distrito Federal e dos Municípios: [...]; II. cuidar da saúde e assistência pública, da proteção e garantia das pessoas portadoras de deficiência."
[314] Registre-se que o Supremo Tribunal Federal realizou audiência pública, por convocação do ministro Gilmar Mendes, ouvindo 50 especialistas, entre advogados, defensores públicos, promotores e procuradores de justiça, magistrados, professores, médicos, técnicos de saúde, gestores e usuários do sistema único de saúde, nos dias 27, 28 e 29

Os serviços de saúde podem ser prestados pelo poder público tanto de forma direta (poder-dever) ou por terceiros (regime de cooperação), conforme dispõe o art. 197 da Lei Ápice.[315] Cite-se a valiosa lição de Paulo César Melo da Cunha:

> Ainda na orientação do serviço de saúde pública prestado por terceiros, outras ações podem ser (1) desenvolvidas por empresas terceirizadas, nos termos da Lei nº 8.666, de 21 de junho de 1993, que institui normas para as licitações e contratos da administração pública; (2) fomentadas junto a organizações sociais por meio de um contrato de gestão, como no caso da Lei nº 9.637, de 15 de maio de 1998, que dispõe sobre a qualificação de entidades como organizações sociais; ou (3) promovidas por organizações da sociedade civil, nos moldes da Lei nº 9.790, de 23 de março de 1999, que dispõe sobre a qualificação de pessoas jurídicas de direito privado, sem fins lucrativos, como

---

de abril, e 4 6 e 7 de maio de 2009. Os esclarecimentos prestados pela sociedade a esta audiência pública foram de grande importância no julgamento dos processos de competência da presidência que versam sobre o direito à saúde. Hoje, tramitam no tribunal os agravos regimentais nas suspensões de liminares nos 47 e 64, nas suspensões de tutela antecipada nos 36, 185, 211 e 278, e nas suspensões de segurança nos 2.361, 2.944, 3.345 e 3.355, processos de relatoria da Presidência. Disponível em: <www.stf.jus.br/portal/cms/verNoticiaDetalhe.asp?idConteudo=106823&tip=UN>. Acesso em: 26 jul. 2010. Após esta oitiva da sociedade civil, o Supremo Tribunal Federal proferiu a seguinte decisão: "EMENTA: Suspensão de Segurança. Agravo Regimental. Saúde pública. Direitos fundamentais sociais. Art. 196 da Constituição. Audiência Pública. Sistema Único de Saúde – SUS. Políticas públicas. Judicialização do direito à saúde. Separação de poderes. Parâmetros para solução judicial dos casos concretos que envolvem direito à saúde. Responsabilidade solidária dos entes da Federação em matéria de saúde. Fornecimento de medicamento: Zavesca (miglustat). Fármaco registrado na ANVISA. Não comprovação de grave lesão à ordem, à economia, à saúde e à segurança públicas. Possibilidade de ocorrência de dano inverso. Agravo regimental a que se nega provimento" (BRASIL. Supremo Tribunal Federal. 175 AgR-CE. Ag.Reg. na Suspensão de Tutela Antecipada. Pleno. Relator: ministro Gilmar Mendes. Julgado em 17 mar. 2010).

[315] "Art. 197. São de relevância pública as ações e serviços de saúde, cabendo ao Poder Público dispor, nos termos da lei, sobre sua regulamentação, fiscalização e controle, devendo sua execução ser feita diretamente ou através de terceiros e, também, por pessoa física ou jurídica de direito privado."

Organizações da Sociedade Civil de Interesse Público e institui o Termo de Parceria.[316]

Assim, foram editadas pelo legislador infraconstitucional a Lei nº 8.080/1990, que trata do Sistema Único de Saúde (SUS), dispondo sobre condições para a promoção, proteção e recuperação da saúde, a organização e o funcionamento dos seus serviços correspondentes, e a Lei nº 8.142/1990, que trata das transferências intergovernamentais de recursos financeiros.

Frise-se, por oportuno, que além da prestação direta pelo Estado ou por terceiros (por delegação ou cooperação) do serviço público de saúde, é possível também que as ações e serviços de saúde sejam paralelamente *prestados pela iniciativa privada*, conforme dispõem os arts. 197, *in fine*, e 199 da CRFB[317] – o que se convencionou chamar de *saúde suplementar*[318] (integrante, portanto, das atividades econômicas, sendo amparada pelos princípios da livre iniciativa e da livre concorrência). Em suma, os serviços de saúde podem ser desenvolvidos tanto pelo Estado – *serviços públicos* (CRFB, art. 196) – ou em regime de liberdade, pela iniciativa privada – *atividades econômicas* (CRFB, art. 199 e Lei nº 8.080, de 19 de setembro de 1990, art. 4º, §2º c/c art. 21).

Sendo assim, tornou-se imperiosa uma atuação regulatória do Estado no campo da saúde suplementar (art. 174, CRFB),[319] visando a preservar o equilíbrio entre a atuação da iniciativa privada (art. 170, IV, CRFB) e os consumidores (art. 170, V,

---

[316] CUNHA, Paulo César Melo da. *A regulação jurídica da saúde suplementar no Brasil*, 2003, op. cit., p. 2.
[317] "Art. 199. A assistência à saúde é livre à iniciativa privada."
[318] A Lei nº 9.656/1998 dispõe sobre os planos privados de assistência à saúde.
[319] "Art. 174. Como agente normativo e regulador da atividade econômica, o Estado exercerá, na forma da lei, as funções de fiscalização, incentivo e planejamento, sendo este determinante para o setor público e indicativo para o setor privado."

CRFB)[320] no mercado de saúde, propósito como qual foi criada a Agência Nacional de Saúde Suplementar (ANS), pela Lei nº 9.961/2000.

Cite-se novamente a lição cristalina de Paulo César Melo da Cunha:

> [...] cumpre frisar que a *saúde pública* implica uma atividade administrativa empreendida pelo próprio Estado (ainda que com eventuais meios privados, nos termos do já citado art. 197 da Constituição da República), não se confundindo com a *atividade econômica de saúde*, que é livre à iniciativa privada (CR, art. 199), desenvolvida em regime de livre iniciativa, mas, como visto, sujeita a uma regulação estatal (CR, art. 197, c/c art. 174).[321]

Educação

A educação, conforme dispõe o art. 205 da Constituição Federal de 1988,

> direito de todos e dever do Estado e da família, será promovida e incentivada com a colaboração da sociedade, visando ao pleno desenvolvimento da pessoa, seu preparo para o exercício da cidadania e sua qualificação para o trabalho.

Assim como na saúde, paralelamente ao serviço público de educação, que deve ser prestado pelo Estado ou por particulares

---

[320] "Art. 170. A ordem econômica, fundada na valorização do trabalho humano e na livre iniciativa, tem por fim assegurar a todos existência digna, conforme os ditames da justiça social, observados os seguintes princípios: [...]; IV. livre concorrência; V. defesa do consumidor."
[321] CUNHA, Paulo César Melo da. *A regulação jurídica da saúde suplementar no Brasil*, 2003, op. cit., p. 55-56, grifos no original.

em colaboração (por exemplo, Lei nº 9.790/1999 que possibilita a promoção gratuita de educação por meio das Oscips), é lícito que o ensino seja prestado pela iniciativa privada, desde que ocorra o "I. cumprimento das normas gerais da educação nacional; II. autorização e avaliação de qualidade pelo poder público" conforme estabelece o art. 209 da CRFB.

Frise-se que por expressa previsão constitucional (art. 210) deverão ser fixados pelo poder público "conteúdos mínimos para o ensino fundamental, de maneira a assegurar formação básica comum e respeito aos valores culturais e artísticos, nacionais e regionais". Como exemplo dessa regulamentação estatal, tem-se a Lei nº 9.394/1996, que estabelece as diretrizes e bases da educação nacional.

Nesse sentido também a posição do egrégio Supremo Tribunal Federal (STF):

> Os serviços de educação, seja os prestados pelo Estado, seja os prestados por particulares, configuram serviço público não privativo, podendo ser prestados pelo setor privado independentemente de concessão, permissão ou autorização. Tratando-se de serviço público, incumbe às entidades educacionais particulares, na sua prestação, rigorosamente acatar as normas gerais de educação nacional e as dispostas pelo Estado-Membro, no exercício de competência legislativa suplementar (§2º do art. 24 da Constituição do Brasil).[322]

Note-se, ainda, que, cada vez mais, o Poder Judiciário vem exercendo a "judicialização" das questões envolvendo o dever do Estado em prestar educação à população, tendo em vista sua

---

[322] BRASIL. Supremo Tribunal Federal. ADI nº 1.266. Relator: ministro Eros Grau. Julgado em 6 abr. 2005. *DJ*, 23 set. 2005.

natureza de direito fundamental. Confira-se, sobre o tema, o seguinte julgado da lavra do Supremo Tribunal Federal:

> EMENTA: AGRAVO REGIMENTAL NO RECURSO EXTRAORDINÁRIO. AÇÃO CIVIL PÚBLICA. TRANSPORTE DE ALUNOS DA REDE ESTADUAL DE ENSINO. OMISSÃO DA ADMINISTRAÇÃO. EDUCAÇÃO. DIREITO FUNDAMENTAL INDISPONÍVEL. DEVER DO ESTADO. 1. A educação é um direito fundamental e indisponível dos indivíduos. É dever do Estado propiciar meios que viabilizem o seu exercício. Dever a ele imposto pelo preceito veiculado pelo artigo 205 da Constituição do Brasil. A omissão da Administração importa afronta à Constituição. 2. O Supremo fixou entendimento no sentido de que "[a] educação infantil, por qualificar-se como direito fundamental de toda criança, não se expõe, em seu processo de concretização, a avaliações meramente discricionárias da administração pública, nem se subordina a razões de puro pragmatismo governamental [...]. Embora resida, primariamente, nos Poderes Legislativo e Executivo, a prerrogativa de formular e executar políticas públicas, revela-se possível, no entanto, ao Poder Judiciário determinar, ainda que em bases excepcionais, especialmente nas hipóteses de políticas públicas definidas pela própria Constituição, sejam essas implementadas pelos órgãos estatais inadimplentes, cuja omissão – por importar em descumprimento dos encargos políticos-jurídicos que sobre eles incidem em caráter mandatório – mostra-se apta a comprometer a eficácia e a integridade de direitos sociais impregnados de estatura constitucional". Precedentes. Agravo regimental a que se nega provimento.[323]

---

[323] BRASIL. Supremo Tribunal Federal. RE n. 603.575 AgR-SC. Ag.Reg. no recurso extraordinário. Segunda Turma. Relator: ministro Eros Grau. Julgado em 20 abr. 2010.

Serviço público e atividade de interesse público: breve reflexão em face dos direitos à saúde e à educação

Como visto, a saúde e a educação podem ser prestadas aos cidadãos tanto pela atuação do poder público (diretamente ou por delegação a terceiros) quanto por particulares no regime da livre iniciativa privada. Esta seção pretende, portanto, definir a natureza dessas prestações, sejam elas prestadas pela administração ou por particulares.[324]

Inicialmente, cumpre estabelecer a abrangência da expressão "serviço público".

Para Hely Lopes Meirelles:

> Serviço público é todo aquele prestado pela Administração ou por seus delegados, sob normas e controles estatais, para satisfazer necessidades essenciais ou secundárias da coletividade ou simples conveniência do Estado.[325]

Nas palavras de Marçal Justen Filho:

> Serviço público é uma atividade pública administrativa de satisfação concreta de necessidades individuais ou transindividuais, materiais ou imateriais, vinculadas diretamente a um direito fundamental, destinada a pessoas indeterminadas e executada sob regime de direito público.[326]

---

[324] Anote-se que a Constituição Federal estabelece distinção entre a figura do usuário (quando a prestação do serviço for feita diretamente pelo poder público ou por terceiro delegado) e a do consumidor (quando a execução for privada).
[325] MEIRELLES, Hely Lopes. *Direito administrativo brasileiro*. São Paulo: Malheiros, 2000. p. 319.
[326] JUSTEN FILHO, Marçal. *Curso de direito administrativo*. São Paulo: Saraiva, 2005b. p. 478.

Não há dúvida de que quando a administração pública presta o serviço de saúde ou educação, ou o delega para um terceiro (quando cabível e dentro dos ditames jurídico-legais), esta atividade estará incluída no que se entende por serviço público.

A questão que se coloca é estabelecer a natureza da atuação dos particulares no regime da livre iniciativa nos campos da saúde e da educação: consistiria também em serviço público ou em uma atividade privada de interesse público?[327]

Caso se adote uma concepção objetivista ou materialista do conceito de serviço público, que engloba todas as atividades, públicas ou privadas, sujeitas ao direito público ou privado, que visem ao interesse público, será forçoso reconhecer que as atividades privadas de saúde e educação são serviços públicos.

Todavia, esta não parece ser a concepção de serviço público mais aceita atualmente na doutrina, que, em sua maioria, entende que a atuação privada de saúde e educação são "atividades privadas de relevância pública".

Assim, para Odete Medauar:

> Os elementos comuns às atividades qualificadas de serviço público são os seguintes: a) Vínculo orgânico com a Administração. [...] a.2) relação de dependência entre a atividade e a Administração ou presença orgânica da Administração; quer dizer, a Administração está vinculada a essa atividade, exercendo controle permanente sobre o executor do serviço público; sua intervenção, portanto, é maior do que a aplicação de medidas decorrentes

---

[327] Esse questionamento não se firmou apenas no âmbito do ordenamento pátrio, lembrando Paulo César Melo da Cunha: "Daí surgir na União Europeia, o conceito de Serviço de Interesse Geral, como gênero, do qual são espécies o serviço público (geral) e o serviço de interesse econômico geral, este último também objeto de regulação estatal, dada a sua relevância. É onde se situam os serviços de saúde privada" (CUNHA, Paulo César Melo da. *A regulação jurídica da saúde suplementar no Brasil*, 2003, op. cit., p. 04).

do poder de polícia, porque a Administração é responsável pela atividade. A Administração tem, assim, parte preponderante na organização da atividade. [...] A Constituição Federal fixa vínculo orgânico ao dispor, no *caput* do art. 175, que incumbe ao Poder Público a prestação de serviços públicos, diretamente ou sob o regime de concessão ou permissão. Por isso, os chamados "serviços de utilidade pública", realizados por particulares e reconhecidos pela Administração como de "utilidade pública", não podem ser qualificados como serviços públicos, em sentido técnico, por faltar o vínculo orgânico com a Administração, por não incumbir ao Poder Público; este apenas reconhece que tais atividades trazem benefício à população, sobretudo se forem assistenciais, culturais, educacionais, por exemplo.[328]

Dinorá Adelaide Musetti Grotti sustenta:

> Nem todos os serviços qualificáveis como públicos estão – salvo autorização, concessão ou permissão – excluídos do campo de ação dos particulares.
>
> Com efeito, cumpre distinguir entre serviços públicos privativos do Estado e os serviços públicos não privativos do Estado. Nesta última categoria estão os serviços de educação (arts. 205 e 209) e saúde (arts. 196 e 199), que não serão serviços públicos quando desempenhados pelos particulares, uma vez que a Constituição não limitou a prestação deles ao Estado ou a quem lhe faça as vezes. Embora a assistência à saúde seja livre à iniciativa privada, os serviços são de todo modo qualificados como de relevância pública (art. 197, primeira parte).[329]

---

[328] MEDAUAR, Odete. *Direito administrativo moderno*. 5. ed. São Paulo: RT, 2001. p. 369-370.
[329] GROTTI, Dinorá Adelaide Musetti. Teoria dos serviços públicos e sua transformação. In: SUNDFELD, Carlos Ari (Coord.). *Direito administrativo econômico*. São Paulo: Malheiros, 2006. p. 47.

José dos Santos Carvalho Filho comunga da mesma opinião:

> Existem algumas atividades que, exercidas por particulares, poderiam indicar, numa ótica genérica, a prestação de um serviço público, tendo em vista que inegavelmente se destinam ao bem-estar de grupos sociais ou de comunidades específicas da sociedade. É o caso de assistência médica ou de ensino proporcionados por pessoas privadas, como entidades religiosas e organizações não governamentais. Numa visão jurídica, entretanto, tais atividades não constituem serviços públicos, porque não são executadas sob regime jurídico de direito público, mas sim dentro do âmbito normal das pessoas privadas que têm na solidariedade ou assistência social um de seus objetivos institucionais. Mesmo que o Poder Público tenha o poder de regular e fiscalizar essas atividades, a atuação estatal se faz dentro do âmbito normal de controle, e não sob um sistema normativo específico, destinado à detalhada disciplina da atividade. Por conseguinte, é mister distinguir: um posto médico municipal enseja a prestação de serviço público de assistência médica, mas um posto médico mantido por entidade religiosa reflete o exercício da atividade privada, embora também de assistência médica.[330]

Confira-se o posicionamento de Alexandre Santos de Aragão:

> A adoção pelo Constituinte da nomenclatura "serviços de relevância pública" para abranger serviços de iniciativa privada que tenham forte sensibilidade para o interesse da coletividade

---

[330] CARVALHO FILHO, José dos Santos. *Manual de direito administrativo*, 2006, op. cit., p. 272.

(p. ex., artigos 121 e 197) deixa claro que, pelo menos no Brasil, não foi recebida a figura do serviço público impróprio ou virtual, oriundo de uma concepção puramente material, funcional ou objetiva de serviço público, como tudo que seja de forte interesse para a coletividade e sujeito, por esta razão, a um intenso poder de polícia.

Com efeito, não é possível sustentar que a Constituição tenha tal conceito de serviço público, abrangente de atividades exclusivamente privadas de forte interesse público (serviços essenciais ou de relevância pública, saúde e educação privadas, [...]), pois, se fosse assim, seria despicienda a referência a tais "serviços de relevância pública".[331]

E, trazendo de forma clara a questão sobre a natureza das atividades privadas de saúde e educação, continua o autor:

> Estas atividades se encontram no meio-termo entre os serviços públicos, que são atividades desempenhadas diretamente ou indiretamente (por delegação à iniciativa privada) pelo próprio Estado em razão da impossibilidade de a iniciativa privada atender aos interesses públicos pertinentes, e às atividades econômicas privadas não sujeitas a controle ou sujeitas a um controle de polícia administrativa geral, que apenas verifica se a atividade não fere a ordem pública, a saúde pública, a segurança pública etc., não a funcionalizando específica e comissivamente ao interesse público.
>
> As atividades de que estamos tratando são atividades econômicas privadas; não são desenvolvidas pelo Estado, seja diretamen-

---

[331] ARAGÃO, Alexandre Santos de. Atividades privadas regulamentadas. In: OSÓRIO, Fábio Medina; SOUTO, Marcos Juruena Villela (Coord.). *Direito administrativo*: estudos em homenagem a Diogo de Figueiredo Moreira Neto. Rio de Janeiro: Lumen Juris, 2006. p. 757.

te, seja através de concessão ou permissão. São prestadas pelos particulares por direito próprio, mas o Estado as sujeita a um controle constante e que pode em alguns aspectos imiscuir-se em elementos contratuais da prestação da atividade, para que ela, não apenas não agrida o interesse público, mas também contribua para sua valorização. [...]

Em outras palavras, o norte principal que distingue essas atividades dos serviços públicos é o fato de elas se encontrarem protegidas pelo direito fundamental de livre-iniciativa privada, ao passo que os serviços públicos são excluídos desse âmbito, podendo ser exercidos por particulares apenas mediante delegação quando, como e enquanto o Estado politicamente assim decidir, observados, naturalmente, os limites impostos pelos Princípios do Direito Administrativo Econômico. [...]

De maneira inteiramente diversa, temos as atividades privadas de interesse público, que, apesar do Estado poder impor fortes obrigações decorrentes de sua ligação com interesses sensíveis da sociedade, ele, ainda quando previstas autorizações administrativas discricionárias, estará originariamente constrito pelo direito fundamental da livre-iniciativa econômica, integrante das esferas jurídicas dos interessados em exercer tais atividades.[332]

Gestão privada da saúde

A saúde pública poderá ser prestada diretamente pelos entes federativos, por meio de seus hospitais públicos, postos de saúde, creches, casas de enfermos etc., que, em geral, são órgãos da administração (desconcentração do serviço). Entretanto, poderá também o poder público, por meio da descentralização,

---

[332] Ibid., p. 758-759.

outorgar por lei a titularidade do serviço para uma nova pessoa jurídica,[333] integrante da administração direta ou indireta, ou, então, delegar a particulares a execução de serviços públicos de saúde (por contrato ou ato administrativo), mas mantendo a titularidade do mesmo.

Conforme já abordado, também é possível que o particular atue no campo da saúde complementar (p. ex.: planos de saúde, hospitais privados etc.), respeitando as disposições regulatórias emanadas da agência reguladora atuante nessa área (ANS).

Além disso, nada impede (pelo contrário, há um incentivo nesse sentido) que a iniciativa privada atue em cooperação com o Estado, suprindo as necessidades do sistema de saúde pública do país e fiscalizando a promoção dos serviços públicos de saúde, seja por atos administrativos unilaterais, bilaterais ou multilaterais, ou, até mesmo, a possibilidade de execução privada dos serviços de saúde pública, inclusive por empresas que visem ao lucro.

Nesta seção, busca-se analisar, mesmo que de forma breve, os principais mecanismos de atuação do setor privado na saúde, seja no campo da saúde suplementar ou em complementaridade aos serviços públicos de saúde prestados pelo poder público.

O Sistema Único de Saúde (SUS)

As atribuições básicas do Sistema Único de Saúde estão previstas na própria Constituição Federal (art. 200). Com a edição da Lei nº 8.080/1990 foi regulamentado o dispositivo, definindo as ações e serviços de saúde pública a serem prestados

---

[333] A forma mais adequada seria a de fundações públicas, já que por elas não possuírem finalidade lucrativa, se coadunariam melhor com os propósitos do ordenamento social. Cf. CUNHA, Paulo César Melo da. *A regulação jurídica da saúde suplementar no Brasil*, 2003, op. cit., p. 25.

pelos entes da Federação (suas respectivas administrações diretas e indiretas, além das fundações mantidas pelo Estado), além de ser considerada também a base das ações privadas na área da saúde, quando em cooperação com o poder público. Frise-se que o §1º do art. 199 da CRFB estabelece:

> §1º. As *instituições privadas* poderão participar de forma complementar do sistema único de saúde, segundo diretrizes deste, mediante contrato de direito público ou convênio, tendo preferência as entidades filantrópicas e as sem fins lucrativos [grifos nossos].

Assim, a participação complementar do setor privado no serviço público de saúde disciplinado pelo SUS foi contemplada em diversos artigos da Lei nº 8.080/1990, como: art. 7º, *caput*;[334] art. 8º, *caput*;[335] art. 16, XIV;[336] além do título III da referida Lei que trata "dos serviços privados de assistência à saúde".

Descentralização da saúde por ato unilateral

O "CHEQUE SAÚDE"

Esta proposta é apresentada por Marcos Juruena Villela Souto,[337] que, a partir da constatação de que o atual modelo de

---

[334] "Art. 7º. As ações e serviços públicos de saúde e os serviços privados contratados ou conveniados que integram o Sistema Único de Saúde (SUS) [...]".
[335] "Art. 8º. As ações e serviços de saúde, executados pelo Sistema Único de Saúde (SUS), seja diretamente ou mediante participação complementar da iniciativa privada, serão organizados de forma regionalizada e hierarquizada em níveis de complexidade crescente."
[336] "Art. 16. À direção nacional do Sistema Único da Saúde (SUS) compete: [...]; XIV. elaborar normas para regular as relações entre o Sistema Único de Saúde (SUS) e os serviços privados contratados de assistência à saúde;"
[337] SOUTO, Marcos Juruena Villela. *Direito administrativo das concessões*. Rio de Janeiro: Lumen Juris, 2004b. p. 408-413.

transferência de recursos entre entidades e por convênios (para unidades particulares) não vem gerando benefícios concretos aos cidadãos (visto que a situação de saúde pública, de forma geral, permanece calamitosa em todo o Brasil), sugere que os recursos sejam repassados diretamente para os cidadãos (inscritos em um registro social), que, então, poderiam escolher no mercado a entidade de saúde que melhor lhes atendesse.

Essas entidades prestadoras de saúde (que deveriam ser credenciadas previamente pelo Estado e possuir condições operacionais mínimas) seriam pagas pelo denominado "cheque saúde" (documentos nominais, intransferíveis, com destinação única, que representaria um valor suficiente para contratação de um serviço de saúde com itens essenciais[338] – englobando a medicina preventiva e curativa – e que deveria ser aceito compulsoriamente pelas entidades credenciadas – entidades provedoras de serviços (EPS).

Nesse modelo, caberia ao poder público, juntamente com a população, a fiscalização do cumprimento das obrigações pactuadas por parte das EPS, além da manutenção da prestação direta de serviço público de saúde nos casos de epidemias, catástrofes ou situações de emergência.

Assim, deveria a União transformar seus estabelecimentos de saúde em EPS, podendo transferir sua administração para organizações sociais (atuação do terceiro setor), por meio de contratos de gestão. Os demais entes federativos preservariam sua autonomia, escolhendo entre transformar ou não suas unidades em EPS; todavia, o repasse de recursos federais para os "cheques saúde" só seriam possíveis se fossem respeitadas as diretrizes estabelecidas pela União.

---

[338] Segundo o próprio Marcos Juruena Villela Souto: "Se o cidadão desejasse além do básico, o valor do cheque poderia amortizar parcela do contrato especial" (ibid., p. 411).

AUTORIZAÇÃO DE USO DE BEM PÚBLICO

Em determinadas situações a administração pública pode autorizar ou permitir que bens públicos sejam utilizados para a prestação de serviços médicos privados, como postos médicos colocados às margens de uma rodovia para servir de base operacional a médicos – "anjos do asfalto". Saliente-se que se trata de um ato administrativo precário e que não se confunde com a autorização prevista na Lei Geral de Telecomunicações (Lei nº 9.472/1999, art. 131).

Descentralização da saúde por ato bilateral: terceirizações

A terceirização consiste na prestação de um dado serviço por uma determinada pessoa, estabelecendo-se o vínculo diretamente entre o trabalhador e o prestador de serviço, respondendo o tomador de serviços apenas de forma subsidiária (conforme Enunciado nº 331, IV e V, do TST).

Segundo expõem Francisco Ferreira Jorge Neto e Jouberto de Quadros Pessoa Cavalcante:

> O avanço fez com que surgissem modificações radicais na organização da produção, novos métodos de gestão de mão de obra etc. [...] O objetivo da terceirização é a diminuição dos custos, além da melhora quanto à qualidade do produto ou do serviço.[339]

Saliente-se a posição de Marcos Juruena Villela Souto sobre o tema:

---

[339] JORGE NETO, Francisco Ferreira; CAVALCANTE, Jouberto de Quadros Pessoa. *Manual de direito do trabalho.* Rio de Janeiro: Lumen Juris, 2004. t. I, p. 405.

Embora utilizada em atividades administrativas internas, tais como limpeza, vigilância e digitação, não devem vigorar para a administração pública as limitações impostas pela jurisprudência trabalhista (Enunciados n⁰ˢ 226 e 331 do TST), que vedam a contratação por interposta pessoa na atividade-fim da entidade. A Administração moderna, que busca o "enxugamento" da máquina Administrativa, não pode ser compelida a criar cargos e estruturas burocráticas se puder ser atendido o interesse público com técnicas mais eficientes e menos onerosas [...].[340]

Já Maria Sylvia Zanella Di Pietro sustenta:

> A Constituição fala em contrato de direito público e em convênio. Com relação aos contratos, uma vez que forçosamente deve ser afastada a concessão de serviço público, por ser inadequada para esse tipo de atividade, tem-se que entender que a Constituição está permitindo a terceirização, ou seja, os contratos de prestação de serviços tendo por objeto a execução de determinadas atividades complementares aos serviços do SUS, mediante remuneração pelos cofres públicos. Trata-se dos contratos de serviços regulamentados pela Lei nº 8.666, de 8/6/1994. [...]
>
> É importante realçar que a Constituição, no dispositivo citado, permite a participação de instituições privadas "de forma complementar", o que afasta a possibilidade de que o contrato tenha por objeto o próprio serviço de saúde, como um todo, de tal modo que o particular assuma a gestão de determinado serviço. Não pode, por exemplo, o Poder Público transferir a uma instituição privada toda administração e execução das atividades de saúde prestadas por um hospital público ou por um centro de saúde; o

---

[340] SOUTO, Marcos Juruena Villela. *Direito administrativo da economia*. 3. ed. Rio de Janeiro: Lumen Juris, 2003. p. 148.

que pode o Poder Público é contratar instituições privadas para prestar atividades-meio, como limpeza, vigilância, contabilidade, ou mesmo determinados serviços técnico-especializados, como os inerentes aos hemocentros, realização de exames médicos, consultas etc.; nesses casos, estará transferindo apenas a execução material de determinadas atividades ligadas ao serviço de saúde, mas não sua gestão operacional. [...]

Isto não significa que o Poder Público vai abrir mão da prestação do serviço que lhe incumbe para transferi-la a terceiros; ou que estes venham a administrar uma entidade pública prestadora do serviço de saúde; significa que a instituição privada, em suas próprias instalações e com seus próprios recursos humanos e materiais, vai complementar as ações e serviços de saúde, mediante contrato ou convênio.[341]

Assim, tendo em vista que na prestação dos serviços públicos de saúde não há, em regra, a necessidade do uso de poder de império pelo Estado, entende-se que este pode estabelecer vínculos com empresas (ou mesmo cooperativas),[342] após regular procedimento licitatório, a fim de que estas prestem serviços.

Marcos Juruena Villela Souto[343] explicita que, com a terceirização, busca-se não exatamente economia, mas sim a economicidade. Logo, mesmo que alguns valores, se considerados individualmente, forem mais elevados do que era pago anteriormente à terceirização, esta ainda pode se mostrar interessante, posto que além de se aumentar a especialização dos serviços, haverá também o repasse dos elevados custos de fiscalização e de gestão dos serviços para o fornecedor de mão de obra.

---

[341] DI PIETRO, Maria Sylvia Zanella. *Parcerias na administração pública*: concessão, permissão, terceirização e outras formas. 5. ed. São Paulo: Atlas, 2005. p. 242-244.
[342] Sobre o tema, ver: TEIXEIRA JÚNIOR, Amílcar Barca; CIOTTI, Lívio Rodrigues. *Cooperativas de trabalho na administração pública*. Belo Horizonte: Mandamentos, 2003.
[343] SOUTO, Marcos Juruena Villela. *Desestatização*: privatização, concessões, terceirizações e regulação. 4. ed. Rio de Janeiro: Lumen Juris, 2001. p. 373.

Cabe à administração, portanto, pelo seu poder discricionário (mas sempre devendo respeitar os princípios da eficiência e da economicidade), optar entre executar o serviço público de saúde de forma direta, com seu pessoal próprio (estatutário ou celetista – aprovado em concurso público, comissionado e/ou temporário – nos casos previstos em lei) ou terceirizar os serviços, por meio de prévio procedimento licitatório, sem que isso caracterize violação ao princípio do concurso público.

Frise-se, ainda, a possibilidade aventada na doutrina da "quarteirização"[344] dos serviços, visando à contratação de uma empresa para que esta possa fiscalizar ou gerenciar a prestação do serviço de outra empresa. Assim, seria lícito ao poder público contratar empresas (após licitação) com o fito único de fiscalizar e/ou gerenciar os serviços de saúde já terceirizados para outra empresa.

Descentralização da saúde por atos multilaterais

ATUAÇÃO DO TERCEIRO SETOR (OS E OSCIP)

As organizações sociais (OSs) e as organizações da sociedade civil de interesse público (Oscips) estão inseridas no contexto

---

[344] Para Sérgio Pinto Martins: "A quarteirização vem a ser a contratação de uma empresa especializada que se encarrega de gerenciar as empresas terceirizadas, as parcerias. Normalmente, se contrata uma empresa completamente distinta das terceirizadas e especialista num mercado determinado de serviços ou de administração de serviços. Esta empresa passa a administrar os fornecedores da terceirizante, em função do grande número deles. Tem-se entendido que há uma economia de recursos na contratação da referida empresa, que cuida desses fornecedores, com altos custos trabalhistas e previdenciários, que é o que se pretende minorar com a utilização da terceirização. Exemplo de quarteirização é o da empresa GR, integrante do grupo Ticket Serviços, que gerencia os fornecedores da IBM. A quarteirização também vem a ser uma parceria entre a empresa que quer terceirizar e a empresa que vai gerenciar a terceirização, o que acaba por melhorar a eficácia do referido processo" (MARTINS, Sérgio Pinto. *A terceirização e o direito do trabalho*. 2. ed. São Paulo: Malheiros, 1996. p. 19 apud CUNHA, Paulo César Melo da. *A regulação jurídica da saúde suplementar no Brasil*, 2003, op. cit., p. 41-42).

da busca por uma administração pública consensual, estabelecendo parcerias entre o Estado e a sociedade com a finalidade de fomento e de gestão de atividades de interesse público.

Assim, em relação às OSs, a Lei nº 9.637/1998 estabelece, em seu art. 1º, que

> o Poder Executivo poderá qualificar como organizações sociais pessoas jurídicas de direito privado, sem fins lucrativos, cujas atividades sejam dirigidas *ao ensino*, à pesquisa científica, ao desenvolvimento tecnológico, à proteção e preservação do meio ambiente, à cultura e *à saúde*, atendidos os requisitos previstos nesta Lei [desde que as mesmas possuam os requisitos especificados no art. 2º da própria Lei] [grifos nossos].

Após a qualificação como OS, a entidade privada estará apta a realizar um contrato de gestão[345] com o poder público, estabelecendo as metas, compromissos, responsabilidades, e podendo, então, receber recursos orçamentários, cessão de bens públicos e de servidores públicos (com ônus para origem – Estado), a fim de que possa, por exemplo, prestar determinado serviço de saúde em substituição ao poder público (que passa a adotar uma postura fiscalizatória sobre a atividade).

Ou seja, após a realização do contrato de gestão com a organização social, transferindo-se, por exemplo, a gestão de um hospital público, a administração promove a chamada "gestão compartilhada", em que se busca a otimização dos recursos públicos (princípio da economicidade), transferindo a execução (gestão) de um dado serviço público não exclusivo para uma pessoa jurídica privada mais capacitada tecnicamente (princípio da eficiência), que poderá melhor atender à população – garantindo

---

[345] Ver arts. 5º a 10 da Lei nº 9.637/1998.

os princípios da universalidade, da equidade e da integralidade de atenção à saúde –, sendo que o custeio e a fiscalização das atividades continuam nas mãos do Estado. Saliente-se que, segundo o art. 18 da Lei nº 9.637/1998:

> A organização social que absorver atividades de entidade federal extinta no âmbito da área de saúde deverá considerar no contrato de gestão, quanto ao atendimento da comunidade, os princípios do Sistema Único de Saúde, expressos no art. 198 da Constituição Federal e no art. 7º da Lei nº 8.080, de 19 de setembro de 1990.

O mesmo raciocínio deve ser aplicado às entidades qualificadas pelo poder público como Oscips, que por meio de um termo de parceria,[346] poderão cooperar[347] com o Estado no fomento e na execução das atividades de interesse público previstas no art. 3º da Lei nº 9.790/1999, cujo destaque se dá, por ora, ao inciso IV:

> Art. 3º. A qualificação instituída por esta Lei, observado em qualquer caso, o princípio da universalização dos serviços, no respectivo âmbito de atuação das Organizações, somente será conferida às pessoas jurídicas de direito privado, sem fins lucrativos, cujos objetivos sociais tenham pelo menos uma das seguintes finalidades:
> [...]
> IV. promoção gratuita da saúde, observando-se a forma complementar de participação das organizações de que trata esta Lei.

---

[346] Ver Lei nº 9.790, de 23 de março de 1999.
[347] Sobre a diferenciação entre a atuação da Oscip e da OS, ver: MÂNICA, Fernando Borges; OLIVEIRA, Gustavo Henrique Justino de. Organizações da sociedade civil de interesse público: termo de parceria e licitação. *Fórum administrativo*: direito público, Belo Horizonte, ano 5, n. 4, p. 5232, 2005.

As formas como essas entidades poderão colaborar com a administração estão previstas de modo genérico no próprio parágrafo único do art. 3º da Lei das Oscips,[348] devendo sua especificação se dar no correspondente termo de parceria.

Lembre-se, por oportuno, de que as entidades ou empresas que comercializam planos de saúde ou assemelhados, bem como as instituições hospitalares privadas não gratuitas e suas mantenedoras, não são passíveis de serem qualificadas como Oscips, conforme expressa previsão do art. 2º, incisos VI e VII, da Lei nº 9.790/1999.

Convênios para execução do SUS

A iniciativa privada poderá participar da prestação de serviços públicos de saúde por meio de convênios administrativos, conforme disposição do §1º, do art. 199, da Lei Maior, e também na Lei nº 8.080/1990, em seu art. 24:

> Art. 24. Quando as suas disponibilidades forem insuficientes para garantir a cobertura assistencial à população de uma determinada área, o Sistema Único de Saúde (SUS) poderá recorrer aos serviços ofertados pela iniciativa privada.
>
> Parágrafo único. A participação complementar dos serviços privados será formalizada mediante contrato ou convênio, observadas, a respeito, as normas de direito público.

---

[348] "Art. 3º. [...] Parágrafo único. Para os fins deste artigo, a dedicação às atividades nele previstas configura-se mediante a execução direta de projetos, programas, planos de ações correlatas, por meio da doação de recursos físicos, humanos e financeiros, ou ainda pela prestação de serviços intermediários de apoio a outras organizações sem fins lucrativos e a órgãos do setor público que atuem em áreas afins."

Maria Sylvia Zanella Di Pietro destaca:

> A própria Constituição, no art. 199, §1º, e a Lei nº 8.080 permitem que a participação complementar das instituições privadas no SUS se faça por meio de convênio, o que somente é viável quando se tratar de entidade sem fins lucrativos, hipótese em que a mesma receberá auxílios ou subvenções provenientes de recursos do SUS, não se cogitando propriamente de remuneração por serviços prestados; se for o caso de remunerar por serviço prestado, cuida-se de contrato e não de convênio.[349]

A regulação do mercado de saúde suplementar: atuação da ANS

A regulação (inserida no que se convencionou chamar de "deslegalização"[350]) visa, entre outros objetivos, manter o equilíbrio de determinado mercado, por meio da edição de normas técnicas (e não político-partidárias) que assegurem o regime da livre iniciativa e da competição, preservando-se qualidade e preço aceitáveis para os consumidores. Cabe, então, às agências reguladoras o papel de formular orientações/diretrizes (função "quase legislativa"), implementar essas medidas por meio de autorizações, licenças (função "quase executiva") e também controlar e fiscalizar a atuação dos agentes no mercado regulado, solucionando possíveis conflitos existentes (função "quase judicial").

Em relação ao mercado de saúde suplementar (prestado pela iniciativa privada, com a natureza, como visto, de atividade privada de interesse social) o marco inicial da regulação se deu

---

[349] DI PIETRO, Maria Sylvia Zanella. *Parcerias na administração pública*, 2005, op. cit., p. 242-244.
[350] Sobre o tema, ver: MOREIRA NETO, Diogo de Figueiredo. Agências reguladoras (descentralização e deslegalização). In: _____. *Mutações de direito administrativo*. 2. ed. Rio de Janeiro: Renovar, 2001.

com a edição da Lei nº 9.656/1998,[351] que dispõe sobre planos e seguros privados de assistência à saúde.[352]

Destaque-se que estão sujeitas às normas da referida lei todas as pessoas jurídicas de direito privado que operam planos ou seguros privados de assistência à saúde, inclusive as cooperativas (não obstante também devam respeitar as legislações específicas – por exemplo, Lei nº 5.764/1971) e as caixas de assistência (por exemplo, a Caixa de Assistência dos Advogados – que possui personalidade jurídica própria e atuação/propósitos distintos daqueles da OAB), conforme já decidiu o egrégio Superior Tribunal de Justiça.[353]

Posteriormente, visando a maior regulação do mercado de saúde (justificável pelo interesse estatal na manutenção do equilíbrio do mercado e por ser uma atividade privada de extrema relevância pública), foi criada a Agência Nacional de Saúde Suplementar (ANS), pela Lei nº 9.961/2000 – autarquia de regime especial, vinculada ao Ministério da Saúde, com atuação em todo o Brasil –, visando promover o livre ingresso, a permanência (dentro de um regime de competição) e a saída do mercado de saúde suplementar por parte da iniciativa privada e também a defesa do consumidor,[354] que, no mais das vezes,

---

[351] Registre-se que a Medida Provisória nº 2.177-44, de 24 de agosto de 2001, alterou a redação de diversos artigos da Lei nº 9.656/1998. Assim, optou-se neste livro por manter a redação da lei e apontar, quando necessário, a devida indicação para o texto da referida medida provisória.
[352] A Lei nº 10.185/2001 trata da especialização das sociedades seguradoras em planos privados de assistência à saúde.
[353] "PROCESSO CIVIL – CONFLITO DE COMPETÊNCIA – CAIXA DE ASSISTÊNCIA DOS ADVOGADOS – PERSONALIDADE JURÍDICA – LEI Nº 8.906/1994. 1. As Caixas de Assistência dos Advogados adquirem personalidade jurídica própria (arts. 45, §4º e 62 da Lei nº 8.906/1994) com a aprovação e registro do estatuto no Conselho Seccional da OAB. 2. As Caixas de Assistência não são órgãos da OAB por terem personalidade própria e não são autarquias porque não são criadas por lei e sim por deliberação da OAB. 3. Os precedentes jurisprudenciais desta Corte e do STF não enfrentam a questão de forma direta. 4. Conflito de competência conhecido para declarar a competência da Justiça Estadual" (BRASIL. Superior Tribunal de Justiça. CC nº 3.055/MG. Primeira Seção. Relator: ministra Eliana Calmon. Julgado em 24 fev. 2002. DJ, 27 maio 2002, p. 123).
[354] Frise-se que apesar de a ANS não ser uma entidade voltada especificamente para a defesa do consumidor, mas sim para a manutenção do equilíbrio de um determinado

se demonstra a parte mais fraca da relação (tanto econômica quanto intelectualmente).[355]

Assim, por exemplo, a própria Lei nº 9.656/1998 garante aos consumidores um mínimo de prestações médico-hospitalares que devem ser realizadas pelas operadoras de plano de saúde e seguradoras de saúde – o chamado "plano-referência" (arts. 10 e 12 da referida lei), disciplinado pela Resolução RDC nº 7/2000 da ANS.

A ANS,[356] que visa regular a comercialização dos planos de saúde pelas operadoras privadas, deve realizar um contrato de gestão, formalizado entre o diretor-presidente da autarquia e o

---

mercado, é inegável que esta deverá evitar ou compor os possíveis conflitos existentes. Para tanto, é possível, por exemplo, que se disponibilize um ouvidor no âmbito da ANS – art. 4º, IV, do Decreto nº 3.327/2000.

[355] Ressalte-se que, para a proteção dos consumidores de planos de saúde, torna-se de extrema importância a conjugação das normas oriundas da ANS e também as do Código de Defesa do Consumidor (CDC), que devem ser interpretadas em conformidade com as normas específicas existentes, sempre com o intuito de manutenção do equilíbrio do mercado regulado de saúde suplementar.

[356] A competência da ANS é prevista no art. 4º da Lei nº 9.961/2000: "Art. 4º. Compete à ANS: I. propor políticas e diretrizes gerais ao Conselho Nacional de Saúde Suplementar – Consu para a regulação do setor de saúde suplementar; II. estabelecer as características gerais dos instrumentos contratuais utilizados na atividade das operadoras; III. elaborar o rol de procedimentos e eventos em saúde, que constituirão referência básica para os fins do disposto na Lei nº 9.656, de 3 de junho de 1998, e suas excepcionalidades; IV. fixar critérios para os procedimentos de credenciamento e descredenciamento de prestadores de serviço às operadoras; V. estabelecer parâmetros e indicadores de qualidade e de cobertura em assistência à saúde para os serviços próprios e de terceiros oferecidos pelas operadoras; VI. estabelecer normas para ressarcimento ao Sistema Único de Saúde – SUS; VII. estabelecer normas relativas à adoção e utilização, pelas operadoras de planos de assistência à saúde, de mecanismos de regulação do uso dos serviços de saúde; VIII. deliberar sobre a criação de câmaras técnicas, de caráter consultivo, de forma a subsidiar suas decisões; IX. normatizar os conceitos de doença e lesão preexistentes; X. definir, para fins de aplicação da Lei nº 9.656, de 1998, a segmentação das operadoras e administradoras de planos privados de assistência à saúde, observando as suas peculiaridades; XI. estabelecer critérios, responsabilidades, obrigações e normas de procedimento para garantia dos direitos assegurados nos arts. 30 e 31 da Lei nº 9.656, de 1998; XII. estabelecer normas para registro dos produtos definidos no inciso I e no §1º do art. 1º da Lei nº 9.656, de 1998; XIII. decidir sobre o estabelecimento de subsegmentações aos tipos de planos definidos nos incisos I a IV do art. 12 da Lei nº 9.656, de 1998; XIV. estabelecer critérios gerais para o exercício de cargos diretivos das operadoras de planos privados de assistência à saúde; XV. estabelecer critérios de aferição e controle da qualidade dos serviços oferecidos pelas operadoras de planos privados de assistência à saúde, sejam eles próprios, referenciados, contratados ou conveniados;

ministro da Saúde, a ser posteriormente aprovado pelo Conselho de Saúde Suplementar, prevendo metas a serem alcançadas e facilitando a fiscalização das atividades pelo poder público. Uma das principais fontes de receitas da ANS, além das multas aplicadas, advém da chamada taxa de saúde suplementar (TSS), prevista no art. 18 da Lei nº 9.961/2000,[357] que tem como

---

XVI. estabelecer normas, rotinas e procedimentos para concessão, manutenção e cancelamento de registro dos produtos das operadoras de planos privados de assistência à saúde; XVII. autorizar reajustes e revisões das contraprestações pecuniárias dos planos privados de assistência à saúde, de acordo com parâmetros e diretrizes gerais fixados conjuntamente pelos Ministérios da Fazenda e da Saúde; (Vide Medida Provisória nº 2.177-44, de 24/8/2001) XVIII; expedir normas e padrões para o envio de informações de natureza econômico-financeira pelas operadoras, com vistas à homologação de reajustes e revisões; XIX. proceder à integração de informações com os bancos de dados do Sistema Único de Saúde; XX. autorizar o registro dos planos privados de assistência à saúde; XXI monitorar a evolução dos preços de planos de assistência à saúde, seus prestadores de serviços, e respectivos componentes e insumos; XXII. autorizar o registro e o funcionamento das operadoras de planos privados de assistência à saúde, bem assim, ouvidos previamente os órgãos do sistema de defesa da concorrência, sua cisão, fusão, incorporação, alteração ou transferência do controle societário; (Vide Medida Provisória nº 2.177-44, de 24/8/2001) XXIII. fiscalizar as atividades das operadoras de planos privados de assistência à saúde e zelar pelo cumprimento das normas atinentes ao seu funcionamento; XXIV. exercer o controle e a avaliação dos aspectos concernentes à garantia de acesso, manutenção e qualidade dos serviços prestados, direta ou indiretamente, pelas operadoras de planos privados de assistência à saúde; XXV. avaliar a capacidade técnico-operacional das operadoras de planos privados de assistência à saúde para garantir a compatibilidade da cobertura oferecida com os recursos disponíveis na área geográfica de abrangência; XXVI. fiscalizar a atuação das operadoras e prestadores de serviços de saúde com relação à abrangência das coberturas de patologias e procedimentos; XXVII. fiscalizar aspectos concernentes às coberturas e o cumprimento da legislação referente aos aspectos sanitários e epidemiológicos, relativos à prestação de serviços médicos e hospitalares no âmbito da saúde suplementar; XXVIII. avaliar os mecanismos de regulação utilizados pelas operadoras de planos privados de assistência à saúde; XXIX. fiscalizar o cumprimento das disposições da Lei nº 9.656, de 1998, e de sua regulamentação; XXX. aplicar as penalidades pelo descumprimento da Lei nº 9.656, de 1998, e de sua regulamentação; XXXI. requisitar o fornecimento de informações às operadoras de planos privados de assistência à saúde, bem como da rede prestadora de serviços a elas credenciadas; XXXII. adotar as medidas necessárias para estimular a competição no setor de planos privados de assistência à saúde; XXXIII. instituir o regime de direção fiscal ou técnica nas operadoras; XXXIV. proceder à liquidação das operadoras que tiverem cassada a autorização de funcionamento;(Vide Medida Provisória nº 2.177-44, de 24/8/2001) XXXV. promover a alienação da carteira de planos privados de assistência à saúde das operadoras; (Vide Medida Provisória nº 2.177-44, de 24/8/2001) XXXVI. articular-se com os órgãos de defesa do consumidor visando a eficácia da proteção e defesa do consumidor de serviços privados de assistência à saúde, observado o disposto na Lei nº 8.078, de 11 de setembro de 1990; XXXVII. zelar pela qualidade dos serviços de assistência à saúde no âmbito da assistência à saúde suplementar; XXXVIII. administrar e arrecadar as taxas instituídas por esta Lei".

[357] "Art. 18. É instituída a Taxa de Saúde Suplementar, cujo fato gerador é o exercício pela ANS do poder de polícia que lhe é legalmente atribuído."

fato gerador o exercício do poder de polícia administrativa sobre as pessoas privadas que atuam no mercado regulado pela agência.

Destaque-se que o Poder Judiciário já se manifestou diversas vezes pela possibilidade de cobrança da TSS.[358]

Caso não seja pago o referido tributo, é possível que o crédito seja inscrito em dívida ativa da ANS, extraindo-se a respectiva certidão de dívida ativa (CDA) para a propositura de ação de execução fiscal (Lei nº 6.830/1990 e Lei nº 4.320/1964) pela própria Procuradoria da ANS (art. 25 da Lei nº 9.961/2000).

Anote-se que, além da TSS e demais receitas previstas no art. 17 da Lei nº 9961/2000[359] (créditos tributários e não tributários), foi prevista em lei a possibilidade de a ANS arrecadar o ressarcimento feito pelas operadoras de plano privado ao SUS (art. 32 da Lei nº 9.656/1998[360] c/c art. 4º, VI, da Lei nº 9.961/2000).[361]

---

[358] Ver, a título de exemplo, o REsp nº 891.373/RJ. Primeira Turma. Relator: ministro Francisco Falcão. Julgado em 12 dez. 2006. *DJ*, 8 mar. 2007, p. 181.
[359] "Art. 17. Constituem receitas da ANS: I. o produto resultante da arrecadação da Taxa de Saúde Suplementar de que trata o art. 18; II. a retribuição por serviços de quaisquer natureza prestados a terceiros; III. o produto da arrecadação das multas resultantes das suas ações fiscalizadoras; IV. o produto da execução da sua dívida ativa; V. as dotações consignadas no Orçamento-Geral da União, créditos especiais, créditos adicionais, transferências e repasses que lhe forem conferidos; VI. os recursos provenientes de convênios, acordos ou contratos celebrados com entidades ou organismos nacionais e internacionais; VII. as doações, legados, subvenções e outros recursos que lhe forem destinados; VIII. os valores apurados na venda ou aluguel de bens móveis e imóveis de sua propriedade; IX. o produto da venda de publicações, material técnico, dados e informações; X. os valores apurados em aplicações no mercado financeiro das receitas previstas neste artigo, na forma definida pelo Poder Executivo; XI. quaisquer outras receitas não especificadas nos incisos I a X deste artigo."
[360] "Art. 32. Serão ressarcidos pelas operadoras a que alude o art. 1º os serviços de atendimento à saúde previstos nos respectivos contratos, prestados a seus consumidores e respectivos dependentes, em instituições públicas ou privadas, conveniadas ou contratadas, integrantes do Sistema Único de Saúde. SUS. (Vide Medida Provisória nº 2.177-44, de 2001). §1º. O ressarcimento a que se refere o *caput* será efetuado pelas operadoras diretamente à entidade prestadora de serviços, quando esta possuir personalidade jurídica própria, ou ao SUS, nos demais casos, mediante tabela a ser aprovada pelo CNSP, cujos valores não serão inferiores aos praticados pelo SUS e não superiores aos praticados pelos planos e seguros. (Vide Medida Provisória nº 2.177-44, de 2001). §2º. Para a efetivação do ressarcimento, a entidade prestadora ou o SUS, por intermédio do Ministério da Saúde, conforme o caso, enviará à operadora a discriminação dos procedimentos realizados para cada consumidor; (Vide Medida Provisória nº 2.177-44, de 2001). §3º. A operadora efetuará o ressarcimento até o trigésimo dia após a apresentação da fatura, creditando os valores correspondentes à entidade prestadora ou ao Fundo Nacional de Saúde, conforme o caso. (Vide Medida Provisória nº 2.177-44, de 2001)."
[361] "Art. 4º. Compete à ANS: [...]; VI. estabelecer normas para ressarcimento ao Sistema Único de Saúde – SUS".

Dessa maneira, a ANS, na efetivação de sua finalidade institucional, desenvolverá:

❏ *Regulação normativa.* Relativa a todos os atos emanados da agência para a realização de suas atribuições – por exemplo, resoluções da diretoria colegiada (RDC), resoluções normativas (RN), resoluções (RE), instruções normativas (IN), resoluções do Conselho de Saúde Suplementar (Consu).

❏ *Regulação executiva.* Ligada ao consentimento de polícia – por exemplo, registro de produto, autorização para que uma operadora de saúde possa atuar no mercado, análise dos índices de reajuste de preço propostos para os planos de saúde, atividades fiscalizatórias em geral etc.

❏ *Regulação judicante.* Trata-se de importante papel da ANS, consistente em aplicar sanções, após a fiscalização, quando houver necessidade (sempre respeitando o devido processo administrativo – art. 20 da Lei nº 9.656/1998).[362]

Destaque-se que, no bojo da regulação judicante, as penas deverão ser sempre proporcionais ao delitos/infrações cometidas, podendo, sempre que a situação fática e o interesse público permitirem, ser substituída a penalidade por outra prestação alternativa, que puna ou restrinja as atividades do infrator, mas não impeça a continuidade da prestação do serviço por ele oferecido (o que poderia acarretar, em última análise, prejuízo para a própria população, tão carente de um serviço de saúde eficiente).

Identificam-se, assim, basicamente as medidas que podem ser adotadas pela ANS em:

---

[362] "Art. 29. As infrações serão apuradas mediante processo administrativo que tenha por base o auto de infração, a representação ou a denúncia positiva dos fatos irregulares, cabendo ao CNSP dispor sobre normas para instauração, recursos e seus efeitos, instâncias, prazos, perempção e outros atos processuais, assegurando-se à parte contrária amplo direito de defesa e o contraditório. (Vide Medida Provisória nº 2.177-44, de 2001)."

- *Direção fiscal e direção técnica.* Trata-se de uma intervenção branda da atividade regulatória (alternativa à liquidação judicial ou extrajudicial), que permite que as operadoras de planos de saúde sejam mantidas no mercado, devendo, no entanto, corrigir as falhas existentes e manter o funcionamento dentro dos padrões técnicos e legais estabelecidos[363] (ver art. 24 da Lei nº 9.656/1998).
- *Liquidação extrajudicial.* A ANS poderá decretar de plano a liquidação extrajudicial das operadoras de planos privados de saúde por razão de anormalidades econômicas, administrativas ou financeiras graves. A liquidação extrajudicial também pode ocorrer depois de decretado o regime de direção técnica/fiscal,[364] caso a operadora privada não cumpra as determinações emanadas ou não consiga manter os padrões técnicos e legais necessários para sua atuação. O art. 33 da Lei nº 9.961/2000 prevê a forma de remuneração do liquidante ou do diretor técnico/fiscal, estabelecendo que

> a ANS poderá designar servidor ou empregado da administração pública Federal, direta ou indireta, para exercer o encargo de diretor fiscal, diretor técnico ou liquidante de operadora de plano de assistência à saúde com remuneração equivalente à do cargo em comissão do Grupo-Direção e Assessoramento Superiores – DAS, de nível 5.

Interessante observação faz Paulo César Melo da Cunha:

---

[363] Destaque-se a possibilidade de uma espécie de regime de administração especial temporária (Raet), à semelhança do que ocorre na defesa do mercado de instituições financeiras, cuja função de regulador cabe ao Banco Central (Decreto-Lei nº 2.321/1987).

[364] Há entendimento de que, mesmo diante da permanência das anormalidades que deram ensejo à determinação da direção fiscal/técnica, esta poderia, dependendo da situação concreta, ser prorrogada (apesar de o art. 24 da Lei nº 9.656/1998 nada dispor nesse sentido) ou mesmo ser requisitado novo regime de direção, antes de se decretar a liquidação extrajudicial.

Cumpre destacar que a ANS não é a liquidante, mas, meramente, quem determina a liquidação em decorrência de sua atividade reguladora, nomeando, assim, o liquidante, que poderá ser um particular ou, em outra peculiaridade, um servidor da entidade, com amplos poderes de administração e liquidação, mormente no que se refere à verificação e classificação dos créditos devidos, podendo propor ações e representar a massa em juízo ou fora dele. O papel do liquidante, desta forma, é promover a realização do ativo, com o propósito de pagar os credores nos limites das possibilidades da massa. Se, todavia, não cumprir seus deveres, será destituído do encargo, podendo responder pelos eventuais prejuízos causados à massa liquidanda ou a terceiros, por negligência, abuso, má-fé ou infração das normas disciplinadoras do tema, em especial a Resolução de Diretoria Colegiada nº 47, de 3 de janeiro de 2001, da ANS.[365]

❑ *Liquidação judicial.* Inicialmente é importante destacar que não podem (por disposição legal) as operadoras e seguradoras de saúde privada requerer concordata, insolvência ou falência, estando sujeitas ao regime da liquidação extrajudicial (ou judicial) previsto no art. 23 da Lei nº 9.656/1998. Assim, caberia à ANS autorizar o respectivo liquidante extrajudicial a requerer a falência ou insolvência civil das referidas empresas privadas. Não obstante as possíveis controvérsias doutrinárias e jurisprudenciais sobre o tema, o entendimento dominante é de que a ANS pode se valer da via judicial (liquidação judicial) nas hipóteses em que entender ser esta mais adequada para a solução do conflito (por exemplo, quando no curso da liquidação extrajudicial se verificar que os ativos não são capazes de cobrir todos os encargos da massa), bastando,

---
[365] CUNHA, Paulo César Melo da. *A regulação jurídica da saúde suplementar no Brasil*, 2003, op. cit., p. 169.

para tanto, que demonstre haver uma atividade comercial (o que no caso da saúde suplementar será sempre presente – ver o art. 1º, I e II, da Lei nº 9.656/1998).[366]

❏ *Termo de compromisso de ajuste de conduta*. Será possível que a ANS adote esse tipo de procedimento sempre que se verificar ser ele mais proveitoso para a coletividade (inclusive para o próprio mercado regulado) do que a aplicação de uma sanção (que o infrator, em tese, deveria suportar), ocasião, então, em que deverá ser afastada a imposição de uma pena, substituindo-se esta por uma prestação positiva. O termo de compromisso de ajuste de conduta, previsto no art. 29 da Lei nº 9.656/1998,[367] pressupõe a existência de alguma

---

[366] "Art. 1º. [...] I. operadoras de planos privados de assistência à saúde: toda e qualquer pessoa jurídica de direito privado, independente da forma jurídica de sua constituição, que ofereça tais *planos mediante contraprestações pecuniárias*, com atendimento em serviços próprios ou de terceiros; II. operadoras de seguros privados de assistência à saúde: as pessoas jurídicas constituídas e reguladas em conformidade com a legislação específica para a *atividade de comercialização de seguros* e que garantam a cobertura de riscos de assistência à saúde, mediante livre escolha pelo segurado do prestador do respectivo serviço e reembolso de despesas, exclusivamente" (grifos nossos).

[367] "Art. 29. As infrações serão apuradas mediante processo administrativo que tenha por base o auto de infração, a representação ou a denúncia positiva dos fatos irregulares, cabendo à ANS dispor sobre normas para instauração, recursos e seus efeitos, instâncias e prazos. §1º. O processo administrativo, antes de aplicada a penalidade, poderá, a título excepcional, ser suspenso, pela ANS, se a operadora ou prestadora de serviço assinar termo de compromisso de ajuste de conduta, perante a diretoria colegiada, que terá eficácia de título executivo extrajudicial, obrigando-se a: I. cessar a prática de atividades ou atos objetos da apuração; e II. corrigir as irregularidades, inclusive indenizando os prejuízos delas decorrentes. §2º. O termo de compromisso de ajuste de conduta conterá, necessariamente, as seguintes cláusulas: I. obrigações do compromissário de fazer cessar a prática objeto da apuração, no prazo estabelecido; II. valor da multa a ser imposta no caso de descumprimento, não inferior a R$ 5.000,00 e não superior a R$ 1.000.000,00 de acordo com o porte econômico da operadora ou da prestadora de serviço. §3º. A assinatura do termo de compromisso de ajuste de conduta não importa confissão do compromissário quanto à matéria de fato, nem reconhecimento de ilicitude da conduta em apuração. §4º. O descumprimento do termo de compromisso de ajuste de conduta, sem prejuízo da aplicação da multa a que se refere o inciso II do §2º, acarreta a revogação da suspensão do processo. §5º. Cumpridas as obrigações assumidas no termo de compromisso de ajuste de conduta, será extinto o processo. §6º. Suspende-se a prescrição durante a vigência do termo de compromisso de ajuste de conduta. §7º. Não poderá ser firmado termo de compromisso de ajuste de conduta quando tiver havido

irregularidade inicial, devendo a prestadora do serviço de saúde privada se comprometer (termo de conduta) a cessar a prática irregular e a corrigir as infrações, com o intuito de manutenção da qualidade dos serviços. Caso seja descumprido o termo, poderá ser estipulada multa, ressarcimento aos consumidores, além da aplicação de penalidade (que havia sido substituída pelo termo de compromisso de ajuste de conduta, não podendo mais este ser celebrado com aquela mesma operadora privada pelo prazo de dois anos).

❑ *Termo de compromisso*. Está previsto no art. 29-A da Lei nº 9.656/1998[368] e difere do termo de compromisso de ajuste de conduta na medida em que visa ao aprimoramento do mercado (benefícios para os consumidores de planos de saúde), independentemente do cometimento de falta pelo operador privado de saúde. Assim, a ANS pode acordar com as prestadoras de planos privados de saúde ações que viabilizem novas práticas no campo da saúde, permitindo, inclusive com a prefixação de metas, que práticas aparentemente nocivas ao mercado possam vir a beneficiar os consumidores.

Gestão privada da educação

Conforme exposto anteriormente, a educação, direito de todos, deve ser prestada pelo Estado como serviço público, sendo possível que a sociedade atue em cooperação com o poder público na prestação da atividade de ensino.

---

descumprimento de outro termo de compromisso de ajuste de conduta nos termos desta Lei, dentro do prazo de dois anos. §8º. O termo de compromisso de ajuste de conduta deverá ser publicado no Diário Oficial da União. §9º. A ANS regulamentará a aplicação do disposto nos §§1º a 7º deste artigo."

[368] "Art. 29-A. A ANS poderá celebrar com as operadoras termo de compromisso, quando houver interesse na implementação de práticas que consistam em vantagens para os consumidores, com vistas a assegurar a manutenção da qualidade dos serviços de assistência à saúde."

Nesse sentido, a própria Constituição Federal de 1988 estabelece: "Art. 206. O ensino será ministrado com base nos seguintes princípios: [...]; VI. gestão democrática do ensino público, na forma da lei".

Logo, denota-se que na prestação do serviço público de ensino o Estado pode valer-se de instrumentos que permitam a colaboração de particulares na gestão do sistema. Nesse sentido, a Lei nº 9.637/1998 permite que instituições privadas sem fins lucrativos que tenham atividades voltadas para o ensino e a pesquisa possam ser qualificadas como OSs pelo poder público, e, portanto, após contrato de gestão, preste os serviços de ensino especificados no mesmo. Da mesma maneira, a Lei nº 9.790/1999 permite que entidades privadas, que tenham entre seus objetivos a promoção gratuita da educação (art. 3º, III, da referida lei), possam vir a ser qualificadas como Oscips, cooperando com o Estado na prestação do ensino, após celebração de um termo de parceira.[369]

Ao lado do serviço público de ensino, é lícito também que este seja promovido por empresas privadas, desde que estas respeitem as normas gerais emanadas do poder público sobre educação e se submetam às avaliações frequentes pelos órgãos estatais competentes (art. 209 da CRFB).

Observa-se no Brasil o grande crescimento do setor privado de ensino, com a multiplicação de escolas, faculdades e universidades particulares, que exercem atividades privadas de relevante interesse social, o que requer uma regulamentação por parte do Estado, justamente com o fito de manter uma uniformização do ensino no território nacional.[370]

---

[369] A fim de evitar repetição, informa-se que se aplicam aqui os pontos destacados no item deste trabalho intitulado "Atuação do terceiro setor (OS e Oscip)", com suas devidas adaptações, como a impossibilidade de que *as escolas privadas* dedicadas ao ensino formal não gratuito e suas mantenedoras sejam qualificadas como Oscips (art. 2º, inciso VIII, da Lei nº 9.790/1999).
[370] Destaca-se a edição da Lei nº 9.394/1996, que estabelece as diretrizes e bases da educação nacional, e do Plano Nacional de Educação (PNE), aprovado pela Lei nº 10.172/2001.

Cite-se a posição de Marcos Juruena Villela Souto[371] sobre o os campos da educação, cultura, pesquisa e informação:

> Tais campos, de baixa rentabilidade econômica – e, por isso, de pouca atratividade ao particular – ainda se encontram fortemente regulados operacionalmente pela presença do Estado, com as estruturas e recursos necessários ao seu desempenho.
>
> Ainda assim, podem-se observar algumas normas técnicas (despolitizadas) emanadas de órgãos como o Ministério da Educação, a Capes, a Finep sobre condições técnicas a serem atendidas pelas entidades privadas voltadas para a educação e pesquisa.

Frise-se que o referido autor propõe também para a educação a mudança do atual modelo de repasse de verbas entre entidades, com a implantação do chamado "cheque educação", nos mesmos moldes do já citado "cheque saúde".

Cumpre ainda observar que o poder público pode destinar recursos públicos para entidades privadas de ensino (escolas comunitárias, confessionais ou filantrópicas), desde que estas:

> I. comprovem finalidade não lucrativa e apliquem seus excedentes financeiros em educação;
>
> II. assegurem a destinação de seu patrimônio a outra escola comunitária, filantrópica ou confessional, ou ao Poder Público, no caso de encerramento de suas atividades [art. 213, I e II, da CRFB/1988].

Pode ainda o Estado, de acordo com o parágrafo único do citado art. 213 da Lei Maior, destinar

---

[371] SOUTO, Marcos Juruena Villela. *Direito administrativo regulatório*. Rio de Janeiro: Lumen Juris, 2002. p. 149.

bolsas de estudo para o ensino fundamental e médio, na forma da lei, para os que demonstrarem insuficiência de recursos, quando houver falta de vagas e cursos regulares da rede pública na localidade da residência do educando, ficando o Poder Público obrigado a investir prioritariamente na expansão de sua rede na localidade.

Nesses casos, como bem observa Maria Sylvia Zanella Di Pietro,

> o Estado não presta serviço público de ensino, mas apenas exerce a atividade de fomento, ou seja, ele apenas incentiva a atividade de interesse público exercida por iniciativa do particular.[372]

Dessa forma, observa-se que na área da prestação do serviço público de ensino (bem como no da prestação de saúde pública) as parcerias do Estado com os particulares ainda se mostram muito tímidas. Carecem, portanto, de um maior aprofundamento na cooperação entre o setor público e a sociedade, tendo em vista a importância do tema e a triste constatação de que milhares de pessoas no Brasil ainda sobrevivem sem acesso à educação e à saúde públicas de qualidade.

No que tange às prestações privadas, principalmente de ensino, urge que o poder público adote medidas mais eficazes de regulamentação no setor, não permitindo que a proliferação descontrolada de instituições privadas acarrete em eventual prejuízo para a qualidade da educação. Cabe, ainda, incentivar que essas empresas privadas colaborem de forma efetiva com a ampliação do acesso à educação no país (visando à redução dos

---

[372] DI PIETRO, Maria Sylvia Zanella. *Parcerias na administração pública*, 2005, op. cit., p. 245.

índices de analfabetismo, semianalfabetismo e evasão escolar precoce), adotando medidas que assegurem o legítimo direito de lucro por essas pessoas privadas, mas que também as impulsionem no sentido de conscientização do importante papel que desempenham no seio social, a fim de que possam contribuir de alguma forma para a expansão do ensino, principalmente para as populações de baixa renda.

Questões de automonitoramento

1. Após ler este capítulo, você é capaz de resumir o caso gerador do capítulo 8, identificando as partes envolvidas, os problemas atinentes e as possíveis soluções cabíveis?
2. De que forma a saúde e a educação estão disciplinadas na Constituição Federal? Trata-se de serviço exclusivo do Estado?
3. O que significa atividade privada de interesse público? Estabeleça sua diferença com os serviços públicos.
4. Quais são os principais mecanismos de atuação do setor privado na saúde?
5. Qual o papel precípuo da ANS e quais são suas formas principais de atuação?
6. De que forma o setor privado pode atuar na educação?
7. Descreva alternativas para a solução do caso gerador do capítulo 8.

7

Empresas públicas, sociedades de economia mista, privatização

Roteiro de estudo

Surgimento do Estado intervencionista

Para que melhor se compreenda a ampliação do espectro das funções administrativas, e o consequente processo de estatização (e, posteriormente, o de desestatização – em que se inserem as privatizações), é importante ter em mente que, com a decadência do modelo liberal, o Estado deixou os limites de sua órbita própria de atuação (serviços públicos), diante da necessidade de atuar (intervir) no âmbito de atividade reservada essencialmente à iniciativa privada (atividade imprópria).[373]

---

[373] Diogo de Figueiredo Moreira Neto ressalta: "Mas, ao Estado compete também, por cometimento constitucional ou legal, exercer inúmeras atividades administrativas impróprias, ou seja, que não necessitem ser por ele desempenhadas, o que ocorre, principalmente na prestação de serviços públicos, de atividades de ordenamento econômico, de ordenamento social e, notadamente, de fomento público" (MOREIRA NETO, Diogo de Figueiredo. *Curso de direito administrativo*. 13. ed. Rio de Janeiro: Forense, 2003a. p. 251).

Assim, no Estado liberal, o exercício de atividades econômicas e, consequentemente, a produção de riquezas competiam exclusivamente à iniciativa privada, estando a atuação do Estado limitada à prestação daqueles serviços tipicamente públicos. Segundo Marcos Juruena Villela Souto, nesse período, a "descentralização das funções administrativas personalizava apenas os serviços tipicamente públicos prestados pelo Estado (autarquias)".[374]

Ocorre que o modelo liberal se mostrou incapaz de evitar o mau uso da liberdade, a qual se transformou em "instrumento de dominação" dos mais fortes sobre os mais fracos.

Acontecimentos como a I Guerra Mundial, a quebra da Bolsa de Nova York e a II Guerra Mundial (ocorridos na primeira metade do século XX), todos com graves consequências, deixaram clara a necessidade de modificação nessa política, tornando imperiosa a intervenção do Estado, tanto na economia quanto na área social, para suprir as carências evidenciadas.

Surge, assim, o Estado intervencionista, legitimado a atuar sobre a atividade privada para condicionar o exercício dos direitos a determinados fins sociais.

Com a evolução desse modelo intervencionista, foram buscadas novas formas de gestão do serviço público e da atividade privada exercida pela administração, por meio da aplicação do princípio da descentralização.[375]

---

[374] SOUTO, Marcos Juruena Villela. *Direito administrativo da economia.* 3. ed. Rio de Janeiro: Lumen Juris, 2003. p. 138.

[375] Diogo de Figueiredo, no que é seguido por Marcos Juruena, identifica a descentralização como um dos princípios gerais do direito público, a informar diversos institutos na organização dos poderes do Estado, desde a separação orgânica dos poderes em Executivo, Legislativo e Judiciário (descentralização política), até a simples desconcentração dos serviços burocráticos nas repartições públicas (MOREIRA NETO, Diogo de Figueiredo. *Curso de direito administrativo*, 2003, op. cit., p. 90-91). Por seu turno, o Decreto-Lei nº 200, de 25 de fevereiro de 1967, que dispõe sobre a reforma administrativa federal, incluiu entre seus princípios norteadores o da descentralização (art. 6º, III, e art. 10),

Conforme bem sintetiza Maria Sylvia Zanella Di Pietro:

> À proporção que o Estado foi assumindo outros encargos nos campos social e econômico, sentiu-se necessidade de encontrar novas formas de gestão do serviço público e da atividade privada exercida pela Administração. De um lado, a ideia de especialização, com vistas à obtenção de melhores resultados, e que justificou e ainda justifica a existência de autarquias; de outro lado, e com o mesmo objetivo, a utilização de métodos de gestão privada, mais flexíveis e mais adaptáveis ao novo tipo de atividade assumida pelo Estado, em especial a de natureza comercial e industrial; em alguns países, como a Alemanha, isso foi feito com fins de socialização e, em outros, especialmente nos subdesenvolvidos, com vistas ao desenvolvimento econômico.[376]

Assim, chegou-se ao modelo atual,[377] no qual a administração pública, para desempenhar suas funções – de polícia administrativa, prestação de serviços públicos, ordenamento econômico e ordenamento social – pode funcionar de forma centralizada, modelo em que o poder é exercido diretamente pelo ente político criado pela Constituição Federal, ou descentralizada, por criaturas decorrentes de seu poder de auto-organização, por execução direta ou em colaboração com terceiros.

---

definindo expressamente que a execução das atividades da administração federal deverá ser "amplamente descentralizada".

[376] DI PIETRO, Maria Sylvia Zanella. Direito administrativo. 15. ed. São Paulo: Atlas, 2003. p. 354.

[377] O modelo atual de administração pública – descentralizada, pluricêntrica (conforme ensina ARAGÃO, Alexandre Santos de. Administração pública pluricêntrica. Revista de Direito Administrativo (RDA). Rio de Janeiro, n. 227, p. 131-150, 2002a) – teve início com o esgotamento do modelo centralizado e hierárquico e o consequente advento dos entes autônomos e das entidades da administração indireta (por meio da descentralização em sentido material), buscando tornar-se mais capaz de ponderar os diversos anseios e interesses de uma sociedade cada vez mais complexa e plural.

A descentralização e a opção pela criação de empresas estatais

Conforme mencionado, a gestão descentralizada envolve tanto a chamada administração indireta (em que há outorga legal da titularidade de competências administrativas e engloba as autarquias, sociedades de economia mista, empresas públicas e as fundações) como a administração com colaboração do setor privado – delegação, por meio de ato administrativo, da execução (sem envolver transferência de titularidade) de função estatal.

A Constituição, portanto, prevê quatro tipos de entidades na administração indireta, a saber: as autarquias, as empresas públicas, as sociedades de economia mista e as fundações.

A criação das entidades da administração indireta e o consequente exercício das funções de forma descentralizada é uma opção posta à disposição do administrador, quando não houver imposição constitucional de subordinação da função ao chefe do Poder Executivo (como há nos casos de defesa nacional e segurança pública), sendo, também, indispensável a possibilidade de seu exercício de forma autônoma, o que significa a não dependência de meios da administração direta (como a possibilidade de sustento com suas próprias receitas, por exemplo).

Frise-se que não há discricionariedade na escolha do formato da entidade descentralizada, posto que cada uma delas tem uma vocação distinta.

Nesse sentido, ensina Marcos Juruena Villela Souto que somente se justifica a criação de entidade de personalidade jurídica de direito público (autarquia) nos casos em que seja necessário o exercício da subordinação do interesse geral ao interesse individual, posto que tal formato desiguala as relações entre a administração e o administrado. Assim, nas palavras do autor:

[...] ao desigualar as relações, a norma reduz os direitos dos administrados em favor de prerrogativas nem sempre indispensáveis ao exercício das funções públicas. Surgem situações desfavoráveis aos administrados sem o correspondente ganho de eficiência na Administração ou no resultado da função. Exemplos disso podem ser vistos em litígios em que a Fazenda Pública tem tratamento processual diferenciado, como o prazo em quádruplo para contestar e em dobro para recorrer (o que decorre da dificuldade de obtenção dos elementos para a defesa de seus interesses, já que os órgãos públicos são diversos e dispersos), a execução em regime de precatório, o que também impede a penhora de bens (mesmo os dominicais, não afetados a qualquer função pública); cite-se, também, a prerrogativa de contratar em regime de direito público, com prerrogativas que envolvem a possibilidade de extinção ou alteração unilateral do contrato, aplicação unilateral de penalidades e ocupação provisória de bens.[378]

Por sua vez, o recurso às formas de direito privado da administração indireta, que envolve a criação de empresas ou de fundações, se justifica para o exercício de atividades em que não seja necessário o uso de autoridade, possibilitando à administração exercer, em igualdade de condições com os particulares, por meio de pessoas de direito privado, as funções cuja própria natureza permite serem mais adequadamente desenvolvidas no setor privado, por definição mais ágil, competitivo e mais receptivo às demandas da sociedade.

Nesse sentido, a criação de fundações destina-se ao desenvolvimento de atividades sem fins lucrativos, no âmbito do ordenamento social, não tendo por objetivo a exploração comer-

---

[378] SOUTO, Marcos Juruena Villela. *Direito administrativo da economia*, 2003, op. cit., p. 123.

cial ou industrial de bens e serviços, ao passo que as sociedades de economia mista e as empresas públicas são criadas com a finalidade de executar aquelas atividades tipicamente privadas, seja em regime de monopólio (nos casos indicados no art. 177 da Constituição), seja em regime de competição com a iniciativa privada, conforme o determine o interesse público ou razões de segurança nacional (art. 173 da CRFB).

No Brasil, o processo de criação dessas empresas – processo de estatização – consolidou-se durante a II Guerra Mundial, quando razões de "segurança nacional" levaram à criação da Fábrica Nacional de Motores (de aviões), da Companhia Siderúrgica Nacional, da Companhia Vale do Rio Doce, entre outras, para suprir a escassez da oferta de produtos importados.

Na década de 1950 houve a criação da indústria de base e, para dar o apoio financeiro necessário, do Banco Nacional de Desenvolvimento Econômico e Social. Esse processo se acelerou nas décadas de 1960 e 1970, quando o Estado brasileiro, objetivando estar presente em áreas complementares às empresas de base originariamente criadas, recorreu excessivamente às formas empresariais, criando os grandes grupos da Eletrobras, Siderbras, Nuclebrás, Portobras, Telebras, entre outros. Consta que nesse período, segundo a Secretaria de Controle das Estatais (Sest), mais de 300 empresas estatais teriam sido criadas.

Conceito de empresas estatais, empresas públicas e sociedades de economia mista

A Constituição Federal de 1988, ao dispor sobre a estrutura da administração pública (CRFB, art. 37, *caput*), exige autorização para a criação, por lei específica, de empresa pública, sociedade de economia mista, ou fundação pública, podendo a lei criar de imediato a autarquia (CRFB, art. 37, XIX). Também exige autorização legislativa para a criação de subsidiárias (art.

251 da Lei nº 6.404/1976) das entidades mencionadas acima, bem como a participação de qualquer delas em empresas privadas (CRFB, art. 37, XX), o que se afina com o conceito de administração pública já traçado no Decreto-Lei nº 200, de 25 de fevereiro de 1967, em seu art. 4º, II, c/c art. 5º – em especial o inciso III, que admite a sociedade de economia mista de segundo grau, criada por lei, com capital votante majoritário pertencente à administração indireta.

O conceito legal de empresa pública e sociedade de economia mista é encontrado no Decreto-Lei nº 200/1967, que trata da reforma administrativa federal, em seu art. 5º, II e III, *verbis*:

> II. empresa pública – a entidade dotada de personalidade jurídica de direito privado, com patrimônio próprio e capital exclusivo da União, criada por lei para a exploração de atividade econômica que o governo seja levado a exercer por força de contingência ou de conveniência administrativa, podendo revestir-se de qualquer das formas admitidas em direito;
>
> III. sociedade de economia mista – a entidade dotada de personalidade jurídica de direito privado, criada por lei para a exploração de atividade econômica, sob forma de sociedade anônima, cujas ações com direito a voto pertençam, em sua maioria, à União ou entidade da administração indireta.

Marcos Juruena Villela Souto,[379] por sua vez, propõe – em caráter complementar aos termos já consagrados do Decreto-Lei nº 200/1967 – conceituar *empresa pública* como

---

[379] SOUTO, Marcos Juruena Villela. Criação e função social das empresas estatais: a proposta de um novo regime jurídico para as empresas sob o controle acionário estatal. In: _____ (Coord.). *Direito administrativo empresarial*. Rio de Janeiro: Lumen Juris, 2006a. p. 1-10.

a entidade dotada de personalidade jurídica de direito privado, com patrimônio próprio e capital exclusivo de pessoas jurídicas de direito público, criada com autorização em lei para a exploração de atividade econômica, de caráter comercial ou industrial, de relevante interesse coletivo ou imperativo de segurança nacional, podendo revestir-se de qualquer das formas admitidas em lei [e *sociedade de economia mista* como] a entidade dotada de personalidade jurídica de direito privado, criada com autorização em lei para a exploração de atividade econômica, de caráter comercial ou industrial, de relevante interesse coletivo ou imperativo de segurança nacional, sob a forma de sociedade anônima, cujas ações com direito a voto pertençam em sua maioria à entidade da administração pública.

Estar-se-ia, portanto, complementando a definição dessas entidades, frisando seu traço distintivo[380] e, consequentemente, ressaltando a vocação de cada uma das formas, seguindo a ideia de que o constituinte não se valeu de nomenclaturas distintas, como se os formatos fossem fungíveis e pudessem ser empregados indistintamente, de acordo apenas com critérios de conveniência e oportunidade do administrador.

É imperioso ressaltar, aqui, que o conceito de empresas estatais introduzido pelo art. 2º do Decreto nº 84.128, de 29 de outubro de 1979, é mais abrangente do que o de empresas públicas e sociedades de economia mista, sendo que nem todas elas integram a administração pública.

Estatais são, portanto, as empresas públicas, as sociedades de economia mista, suas subsidiárias e todas as empresas controladas direta ou indiretamente pela União.[381]

---

[380] As empresas de capital público não exigem finalidade lucrativa – já que, em princípio, não é objetivo do Estado produzir riquezas –, enquanto as sociedades de economia mista, que vão buscar parceiros no mercado (financiadores ou sócios estratégicos) devem remunerar tal expectativa de retorno de investimento.
[381] O conceito foi repetido no art. 5º da Medida Provisória nº 980, de 25 de abril de 1995 (reeditada sob o nº 1.878-61, em 26 de agosto de 1999), que, ao cuidar da participação

As empresas controladas direta ou indiretamente pelo poder público – expressão que se vê em vários dispositivos da Constituição, como o art. 22, XXVII, *in fine* – não integram a administração pública.[382]

É a ausência do requisito formal (autorização legislativa) que afasta do conceito de administração pública todas as entidades em que, não tendo sido criadas ou autorizadas por lei, o poder público detenha o controle acionário, as quais se enquadram no conceito mais amplo de "empresas estatais" e submetem-se às normas de funcionamento das demais empresas privadas, estando inclusive sujeitas à falência e à liquidação sem qualquer tipo de privilégio (Lei nº 6.404/1976, art. 235, §2º).

Suas ações ou títulos são bens móveis da administração pública e, após avaliados, podem ser alienados até mesmo sem licitação (Lei nº 8.666, de 21/06/1993, art. 17, II, "c", "d" e "e"), sendo apenas necessário haver lei formal,[383] não necessariamente específica, se a venda das ações implicar a alienação do controle.

A exigência da autorização legislativa tem o objetivo de justificar a exploração direta de atividade econômica pelo Estado (CRFB, art. 173, §1º), a qual somente pode ser feita em

---

dos trabalhadores nos lucros das empresas, considera empresas estatais as empresas públicas, sociedades de economia mista, suas subsidiárias e controladas e demais empresas em que a União, direta ou indiretamente, detenha a maioria do capital social com direito a voto.

[382] Controle esse decorrente de exercício normal da função administrativa e/ou societária, posto que pode o administrador preferir criar, em cooperação com particulares, empresas que sejam instrumentos de participação pública na economia, mas sem a natureza de pessoas administrativas paraestatais. Além disso, o controle de empresas pode passar às mãos do Estado através de doações ou legados, dação em pagamento, desapropriações (por razões de segurança nacional ou para assegurar o regular abastecimento do mercado), por adjudicação em processo judicial, e, ainda, como previsto na Lei das S/A (art. 237, §§1º e 2º), para aplicação de imposto de renda em investimentos para o desenvolvimento regional ou setorial ou, no caso de as instituições financeiras participarem de outras entidades, na forma estabelecida pelo Banco Central.

[383] Conforme egrégio STF, no julgamento da Adin nº 234-1/RJ.

caráter excepcional, diante do regime de livre iniciativa (CRFB, art. 1º, IV).

Portanto, no que concerne ao controle acionário, é possível identificar três tipos de empresas estatais: (a) as empresas públicas e sociedades de economia mista de primeiro grau, criadas por autorização legislativa diretamente pela entidade política – União, estado ou município; (b) as sociedades de economia mista de segundo grau, cuja criação é ato decorrente do direito societário (comercial), com prévia autorização legislativa; e (c) as controladas por entidades da administração pública, criadas sem autorização legislativa.

Quanto à finalidade, a doutrina[384] faz a distinção entre as empresas estatais criadas para prestar serviços públicos e as criadas para explorar atividade econômica.

Segundo Marcos Juruena Villela Souto:[385]

> A utilidade da distinção – segundo a doutrina que a admite – está em afirmar que a igualdade de regime jurídico entre empresas privadas e empresas do Estado, prevista no art. 173, §1º, CF, só se aplica às empresas que intervêm, excepcionalmente, no domínio econômico; as prestadoras de serviço público seriam meras descentralizações administrativas da competência prevista no art. 175, CF, podendo ser merecedoras de favores fiscais. Chegou-se, ainda, a sustentar que só estas últimas estariam obrigadas ao concurso público para contratar seu pessoal (CF, art. 37, II) e, ainda, que aquelas exploradoras de atividade econômica não estariam sujeitas à prévia licitação para contratação de compras, obras, serviços e alienações [...].

---

[384] Segundo Maria Sylvia Zanella Di Pietro, essa distinção tem sido feita no âmbito doutrinário por autores como José Cretella Júnior, Celso Antônio Bandeira de Mello, Eros Roberto Grau e Toshio Mukai (DI PIETRO, Maria Sylvia Zanella. *Direito administrativo*. 15. ed. São Paulo: Atlas, 2003. p. 382).
[385] SOUTO, Marcos Juruena Villela. *Direito administrativo da economia*, 2003, op. cit., p. 84.

Há ainda quem entenda que a empresa estatal que preste serviço público, mormente em caráter monopolístico, por cometimento constitucional, teria natureza jurídica de autarquia,[386] sendo equiparada à administração pública para efeitos de incidência de benefícios como impenhorabilidade de bens e imunidade recíproca, embora tal posição não encontre respaldo na maioria da doutrina.

Por sua vez, dentre as empresas estatais que exploram atividades econômicas, cabe distinguir entre as empresas de intervenção concorrencial daquelas destinadas à intervenção monopolística, posto que, para a primeira, a Constituição exige apenas uma lei ordinária autorizando a exploração direta do Estado daquela atividade e, para a segunda, a CF de 1988 exige própria previsão constitucional, ou seja, só a Constituição (ou emenda constitucional) pode reservar determinado setor da atividade econômica para o Estado e, assim, excluir a possibilidade de atuação da iniciativa privada.

Tal exigência é naturalmente entendida diante da nova postura que o Estado tem assumido, conforme se observa da adoção, pelo legislador constituinte, do princípio da livre iniciativa e competição como fundamento da República Federativa do Brasil (art. 1º, IV, da CF). A própria Constituição tem sido objeto de inúmeras reformas, as quais acenam no sentido da flexibilização (e gradual extinção) dos monopólios.[387]

---

[386] O egrégio STF, no julgamento do RE nº 229.696/PE, entendeu ser constitucional o art. 12 do Decreto nº 509/1969 (que prevê a impenhorabilidade dos bens da ECT), por prestar serviço público monopolizado pela União e ostentar, na verdade, natureza jurídica de autarquia, sendo equiparada à Fazenda Pública.

[387] Nesse sentido, cumpre aqui transcrever as palavras do prof. Marcos Juruena: "Com a posse do Presidente Fernando Henrique Cardoso, foi novamente deflagrado um processo de reforma da Constituição, desta feita por via de emendas, que resultaram na flexibilização dos monopólios das telecomunicações (art. 21, XI e XII, CF – EC nº 8, de 15/8/95), da distribuição de gás canalizado pelos estados (art. 25, §2º, CF – EC nº 5, de 15/8/95) e do petróleo e gás natural (art. 177, CF – EC nº 9, de 9/11/95), além

Registre-se, por relevante, que a participação do Estado no capital social de uma empresa privada não tem o condão de transformá-la em uma entidade integrante da administração indireta. Nesse sentido, Caio Tácito:[388] "A simples participação societária estatal sem a prévia criação em lei não identifica a sociedade comercial como empresa pública ou sociedade de economia mista".

São, igualmente, sempre atuais os ensinamentos constantes da obra de Hely Lopes Meirelles:

> Na denominação genérica de empresas estatais ou governamentais incluem-se as empresas públicas, as sociedades de economia mista e as empresas que, não tendo as características destas, estão submetidas ao controle do Governo. Estas últimas, na verdade, surgiram no mundo jurídico nacional em momento expansionista do Estado Brasileiro, em que empresas estatais foram adquirindo outras, cujos objetos sociais eram depois adaptados aos interesses do Poder Executivo. Surgiram, assim, novas sociedades sem que tivesse havido qualquer autorização legal, motivo pelo qual não poderiam ser reconhecidas como empresas públicas ou sociedades de economia mista. A elas a Constituição se refere ao estabelecer a proibição de acumular cargos, empregos e funções (art. 37, XVII) e ao exigir presta-

---

do fim da reserva de mercado na navegação de cabotagem (art. 178, CF – EC nº 7, de 15/8/95) e da distinção entre empresas brasileiras e empresas brasileiras de capital nacional, com o fim da reserva de mercado no setor de mineração (revogação do art. 171 e modificação dos arts. 170, IX, e 176, §1º, CF – EC nº 6, de 15/8/95). Este conjunto de emendas reafirma um ideal de abertura do mercado à livre competição, onde não cabem reservas de setores ou monopólios absolutos, reduzindo-se, em consequência, as restrições ao capital estrangeiro e o tamanho da estrutura estatal. Reconhece-se, assim, que cabe à livre iniciativa o papel propulsor da economia, e ao Estado o acompanhamento e estímulo do mercado, reprimindo as situações de anormalidade" (SOUTO, Marcos Juruena Villela. *Direito administrativo da economia*, 2003, op. cit., p. 45).
[388] TÁCITO, Caio. *Temas de direito público*: estudos e pareceres. Rio de Janeiro: Renovar, 1997. v. 1, p. 682.

ção de contas, e agora também no §1º do art. 173 com a nova redação dada pela EC 19/98.[389]

No âmbito do estado do Rio de Janeiro, tal entendimento foi firmado quando, em determinado momento, àquele estado foi conferido o controle acionário de determinada sociedade empresária, com vistas ao desenvolvimento de determinado distrito industrial. Confira-se, por relevante, trecho do Parecer Conjunto s/nº 2001,[390] firmado pelos ilustres procuradores do estado do Rio de Janeiro – Marcos Juruena Villela Souto, Henrique Bastos Rocha, Sergio Luiz Barbosa Neves e Paolo Henrique Spilotros Costa:

> Observe-se, por oportuno, *que como asseverado no supracitado parecer, não é por conta da propriedade pública de ações que a sociedade se torna de economia mista*, e sim o fato de a lei atribuir a um determinado patrimônio a vocação pública, o que não se verifica na hipótese da Peugeot-Citroen do Brasil S/A, que se apresenta como uma sociedade anônima de capital fechado (a companhia aberta ou fechada de acordo com os valores mobiliários de sua emissão estarem ou não admitidos à negociação na bolsa ou mercado de balcão), de participação eventual do Estado do Rio de Janeiro, regulada eminentemente pelas regras do direito comercial, em especial a Lei nº 6.404/1976 [grifos nossos].

Note-se, por fim, que estados e municípios podem criar empresas estatais desde que para a prestação de serviços públi-

---

[389] MEIRELLES, Hely Lopes. *Direito administrativo brasileiro*. 24. ed. São Paulo: Malheiros, 1999. p. 323-324.
[390] *Revista de Direito da Procuradoria Geral do Estado do Rio de Janeiro*, n. 55, p. 216-217.

cos ou para intervir no domínio econômico na modalidade do fomento, mas não para concorrer com o setor privado.

Regime jurídico das empresas estatais

O regime jurídico das empresas públicas e das sociedades de economia mista tem, no dizer de alguns doutrinadores, natureza híbrida, uma vez que se sujeitam ao regime jurídico próprio das empresas privadas, mas estão sob o controle do Estado, com o qual se relacionam segundo as normas do regime publicista. Ressalte-se, por atual, que o novo projeto de Lei Orgânica da Administração Federal,[391] que pretende dispor sobre um regime geral das empresas estatais, consagrou os mais diversos entendimentos doutrinários sobre o tema:

> Art. 15. Empresa estatal é a pessoa jurídica de direito privado, de fins econômicos, controlada direta ou indiretamente por entidade ou entidades estatais, que executa serviços *públicos ou explora atividade econômica*, caracterizada pela produção ou comercialização de bens ou pela prestação de serviços em geral.
>
> §1º. Controlada por entidade estatal é a empresa em que esta é titular de direitos que lhe asseguram, de modo permanente, preponderância nas deliberações ou o poder de eleger a maioria dos administradores.
>
> §2º. A empresa cujo controle seja assumido por entidade ou entidades estatais mediante doação, dação em pagamento, herança ou legado ou em decorrência de crédito público constituirá ativo a ser alienado, salvo expressa disposição legislativa, ficando

---

[391] Disponível em: <www.direitodoestado.com.br/leiorganica/anteprojeto.pdf>. Acesso em: 26 jul. 2010.

submetida ao regime das empresas estatais ao fim do exercício subsequente ao da assunção do controle.

Requisitos constitucionais para criação e extinção das empresas estatais

Como dito, o art. 37, XIX, da Constituição Federal exige lei específica para autorizar a criação de empresa pública e sociedade de economia mista. Tal lei é de iniciativa privativa do chefe do Poder Executivo (CRFB, art. 61, §1º, II, "e"), por envolver uma opção de descentralização administrativa – decisão de direção superior da administração (CRFB, art. 84, II).

José dos Santos Carvalho Filho[392] explica que a participação do Poder Legislativo exigida pela Constituição visa evitar que somente o Executivo possa valorar os critérios de conveniência para a instituição de pessoas administrativas.

Note-se que, quando se tratar de empresa exploradora de atividade econômica, a referida lei deverá reconhecer o relevante interesse coletivo ou imperativo de segurança nacional que justifique a exceção ao princípio da abstenção (CRFB, art. 173).

Ocorre que tanto um como outro são conceitos jurídicos indeterminados, a merecer interpretação casuística diante da situação específica que motive o ato (formalmente legislativo, mas materialmente administrativo), o que dificulta a aplicação da regra, agora introduzida pela EC nº 19/1998, que, ao modificar a redação do art. 37, XIX, da CRFB, passou a exigir lei complementar para definir as hipóteses de atuação das empresas públicas, sociedades de economia mista e fundações.[393] Afinal,

---

[392] CARVALHO FILHO, José dos Santos. *Manual de direito administrativo*. 11. ed. Rio de Janeiro: Lumen Juris, 2004. p. 403.
[393] Há entendimento no sentido de que a lei complementar a que se refere o citado dispositivo se aplicaria, numa interpretação literal, apenas às hipóteses de criação de fundações.

é praticamente impossível enumerar, *a priori*, as hipóteses de relevante interesse coletivo ou de imperativo de segurança nacional.

Para Marcos Juruena Villela Souto,[394] "a lei complementar deve estabelecer um método para esse reconhecimento casuístico, método este que deve vincular a criação dessas empresas ao planejamento econômico exigido pelo art. 174, CF", de forma a contemplar sua função social.

O Plano de Desenvolvimento Econômico – indicativo para o setor privado e imperativo para o setor público –, previsto no art. 174 da CRFB, seria justamente a sede para definição da função social das empresas estatais, diagnosticando as carências e os interesses da sociedade e delimitando as áreas e a forma de atuação necessária, com vistas ao desenvolvimento econômico, observando-se os princípios da livre iniciativa (CRFB, art. 1º, IV), da abstenção (CRFB, art. 173, *caput*) e da subsidiariedade (CRFB, art. 173, *caput*).

Assim, o Estado somente estará autorizado/legitimado a explorar a atividade se o setor privado não se interessar pela área ou empreendimento previsto no plano como indispensável ao desenvolvimento econômico. Cuida-se de poder-dever de agir diante do interesse público, em atenção ao princípio da subsidiariedade.

Importante destacar também que só deve haver a opção pela forma empresarial para temas que não exijam o uso da autoridade do poder público sobre o particular, tais como as hipóteses de exercício de poder de polícia ou de exigência de tributos, que não comportam equiparação do Estado ao indivíduo, exigindo personalidade de direito público.

---

[394] SOUTO, Marcos Juruena Villela. *Direito administrativo da economia*, 2003, op. cit., p. 86.

Como o regime a ser adotado com a criação da empresa estatal é o regime de direito privado, cumpre ao Estado providenciar a inscrição do ato que contenha o estatuto, ou dos próprios atos constitutivos da entidade, no registro próprio, para que seja dado início à existência da pessoa jurídica de direito privado, conforme exigido pelo art. 45 do Código Civil.

Ainda segundo José dos Santos Carvalho Filho,[395] a extinção das empresas públicas e sociedades de economia mista também reclama lei autorizadora, por força do princípio da simetria/paralelismo das formas (uma vez que a Constituição exige lei para autorizar a criação), de forma que o Poder Executivo não tem competência exclusiva para dar fim às entidades, embora (segundo o referido autor) haja quem sustente não ser necessária autorização para extinção ou alienação, o que decorreria da própria atividade da empresa, no exercício de seus atos sociais, regidos pelo direito privado.

Formas de controle

As empresas públicas e as sociedades de economia mista não estão excluídas da observância dos princípios da legalidade, da finalidade, da motivação, da razoabilidade, da proporcionalidade, da moralidade, da ampla defesa, do contraditório, da segurança jurídica, do interesse coletivo e da eficiência, nem dos critérios previstos no art. 2º da Lei nº 9.784, de 29 de janeiro de 1999, que disciplina o processo administrativo no âmbito da administração pública Federal.[396]

---

[395] CARVALHO FILHO, José dos Santos. *Manual de direito administrativo*, 2004, op. cit., p. 403.
[396] Para Marcos Juruena, em nada prejudica a flexibilidade empresarial a observância de normas que impõem "direitos e deveres dos administrados", "desenvolvimento do processo", "competência, impedimentos e suspeição", "dever de decidir e motivação", que visam, justamente, dar aplicabilidade aos princípios constitucionais e legais a que

Nesse sentido, conforme aponta Marcos Juruena Villela Souto,[397] as empresas estatais devem também adotar o regime dos processos administrativos como mecanismo de controle, ainda que com formalidades distintas daquelas utilizadas no núcleo da administração direta.

Cite-se, como exemplos de processos administrativos aplicáveis às empresas públicas e de economia mista, a licitação, o processo disciplinar,[398] o processo de controle,[399] o processo de concurso público etc., todos os instrumentos do cotidiano das ações dessas entidades, que sempre se desenvolveram de acordo com os princípios administrativos agora explicitados na Lei nº 9.784/1999.

No que tange ao controle externo, pode o administrado recorrer à ação popular para invalidar atos de empresas públicas e de economia mista (CRFB, art. 5º, LXXIII, e Lei nº 4.717/1965, art. 1º), podendo também representar ao tribunal de contas – ao qual todas as entidades da administração indireta devem contas (CRFB, arts. 70 e 71) – denunciando irregularidades nas entidades da administração pública (CRFB, art. 74, §2º, e Lei nº 8.666/1993, art. 113, §1º).

Se pode o administrado provocar o controle externo, seja pela via judicial, seja por meio de representação ao tribunal de contas, com muito mais razão poderá prevenir tais incidentes, provocando o controle interno de cada entidade, que, sujeita ao princípio da legalidade, tem o dever de corrigir as anomalias detectadas.

---

estão sujeitas as entidades estatais (SOUTO, Marcos Juruena Villela. *Direito administrativo da economia*, 2003, op. cit.).
[397] Ibid.
[398] Há limitações, em função da impessoalidade, da moralidade e da legitimidade, para que a empresa estatal se comporte como um empregador comum.
[399] A aplicação da norma sobre processo administrativo, quanto ao processo de controle das estatais, tem fundamento no fato de que, nas suas relações com o Estado, aplica-se o direito administrativo e, portanto, a norma sobre processo administrativo, posto que o Estado acionista se submete integralmente ao direito público.

Quanto ao cabimento de mandado de segurança contra ato de empresa estatal, a matéria é controvertida. Segundo Marcos Juruena Villela Souto,[400] há quem defenda que, em se tratando de empresas públicas ou sociedades de economia mista exploradoras de atividades econômicas, titulares de personalidade jurídica de direito privado, não estariam sujeitas à ação mandamental, pois o regime de direito privado do art. 173, §1º, da CRFB transforma a sociedade de economia mista em simples particular que não pratica ato de autoridade; seus atos, então, seriam questionáveis pelas vias ordinárias, com eventual tutela cautelar, de competência das varas cíveis.[401]

Ao contrário senso, as prestadoras de serviços públicos, quando praticam atos concernentes aos fins a que estão prepostas (atividade pública posta a seu cargo), praticam atos de autoridade, contrastáveis judicialmente por "mandado de segurança".[402]

Nesse sentido, a jurisprudência,[403] para analisar a cabimento da ação mandamental, tem buscado verificar se a impetrada, quando do ato impugnado, estava agindo dentro da esfera de gestão própria da sua atividade ou no âmbito de poder delegado da administração pública, fazendo, assim, a distinção entre ato de gestão e ato de império, admitindo o *writ* apenas nesta última hipótese.[404]

---

[400] SOUTO, Marcos Juruena Villela. *Direito administrativo da economia*, 2003, op. cit.
[401] Essa a posição de Alfredo Buzaid (*Do mandado de segurança*. São Paulo: Saraiva, 1989. v 1, p. 177) e Celso Agrícola Barbi (*Do mandado de segurança*. 5. ed. Rio de Janeiro: Forense, 1987. p. 120).
[402] Assim sustenta MELLO, Celso Antônio Bandeira de. *Curso de direito administrativo*. 13. ed. São Paulo: Malheiros, 2001. p. 171.
[403] Súmula nº 60, TFR: RTJ 113/309, 149/887 e 140/693; Adcoas, verbetes nºˢ 147.703, 144.802 e 144.502.
[404] Essa formulação encontra respaldo na jurisprudência. Indeferindo mandado de segurança impetrado contra o BNDE, decidiu o TFR que "a seleção de preenchimento de emprego nos quadros de empresa pública é atividade de *ius gestionis*, ou ato de gestão interna". Em outro aresto, denegou mandado contra decisão do presidente da Caixa

Pacificou-se, portanto, a opinião de que as delegatárias de serviços públicos (paraestatais, concessionárias ou permissionárias) também se sujeitam ao controle jurisdicional através do mandado de segurança.

Mas somente os atos praticados nos lindes da faixa de delegação de competência seriam suscetíveis de controle mediante o *writ*, de forma que, quando uma delegatária atua como as demais pessoas de direito privado, contratando fornecimento de bens ou serviços, defendendo seu patrimônio ou provendo, de um modo geral, os meios necessários para atingir seus fins (ressalvada, obviamente, a imposição de contribuições compulsórias), se sujeita aos remédios do direito comum. Tanto é verdade que a Lei nº 12.016/2009 expressamente prevê, em seu art. 1º, §2º, que "não cabe mandado de segurança contra os atos de gestão comercial praticados pelos administradores de empresas públicas, de sociedade de economia mista e de concessionárias de serviço público".

Tal dispositivo, sem precedente no diploma anterior, vem ao encontro da jurisprudência do Superior Tribunal de Justiça no sentido do cabimento do *mandamus*, tão somente, em face de atos praticados por empresas estatais no exercício da função delegada.[405]

Daí por que Rafael Véras Freitas entende que o referido remédio não pode ser cabível no que tange às atividades-fim das estatais, como se vê da seguinte passagem:

Econômica Federal (também empresa pública), rescindindo contrato de trabalho, por não se tratar de "ato praticado por autoridade no exercício de competência delegada".

[405] Cite-se, por exemplo, o cabimento de mandado de segurança contra atos praticados durante seus procedimentos licitatórios, consoante o disposto no verbete sumular nº 333, que assim dispõe: "STJ. Súmula nº 333 – 13/12/2006 – DJ 14/2/2007. Mandado de Segurança – Ato em Licitação – Sociedade de Economia Mista ou Empresa Pública – Cabe mandado de segurança contra ato praticado em licitação promovida por sociedade de economia mista ou empresa pública".

Ora, como as empresas estatais tiveram a sua criação autorizada por lei com o escopo de corrigir falhas de mercado, em igualdade de condições com as empresas do setor privado, não se apresenta consentâneo com as suas finalidades que estes entes tenham a sua atuação empresarial obstaculizada por ações mandamentais que visam a coibir abusos do Poder Público. Some-se a isso o fato de que tais entidades não praticam, via de regra, atos de autoridade. Em suma, se é certo que não se podem conferir privilégios às estatais não extensíveis à iniciativa privada, não é menos exato que não se pode admitir que estas entidades sejam privadas de praticarem atos de gestão empresarial por ações mandamentais direcionadas ao Poder Público. Por todas estas razões, pode-se concluir que os atos de gestão das entidades empresariais – que obstam o cabimento do Writ – são aqueles praticados sob o regime privado, dentro da atuação da estatal do mercado.[406]

Contratos: descabimento das cláusulas exorbitantes

Como regra, os atos praticados por essas entidades são atos jurídicos de direito privado, sujeitos, portanto, às regras de direito civil e comercial (cf. art. 173, §1º, da CRFB).

Ocorre que a Lei nº 8.666/1993, em seu art. 1º, parágrafo único, que dispõe basicamente sobre os contratos administrativos, determinou, expressamente, que as empresas públicas e sociedades de economia mista, entre outras pessoas administrativas, ficariam sujeitas ao regime nela instituído. Muitos autores se insurgem contra essa disposição, defendendo que os contratos dessas entidades serão sempre privados quando

---
[406] FREITAS, Rafael Véras. Aspectos de direito público na nova Lei do Mandado de Segurança. *Interesse Público*: revista bimestral de direito público, Porto Alegre, n. 59, p. 137, jan./fev. 2010.

explorarem atividade econômica, e administrativos quando prestarem serviço público.[407]

Nesse sentido, Celso Antônio Bandeira de Mello:[408]

> Se a entidade for exploradora de atividade econômica, suas relações negociais com terceiros, salvo alguma exceção mais adiante anotada, serão sempre regidas integralmente pelo direito privado. Assim, seus contratos não serão contratos administrativos. Sua responsabilidade contratual ou extracontratual estará sob a mesma disciplina aplicável às empresas privadas e o Estado não responde subsidiariamente por seus atos.

José dos Santos Carvalho Filho, da mesma forma, leciona:

> Como regra, os atos praticados por essas entidades são atos jurídicos de direito privado, sendo, portanto, submetidos às regras do Direito Civil e Empresarial, fato consentâneo com o tratamento constitucional dado à matéria (artigo 173, §1º).[409]

Quanto ao prévio procedimento licitatório, a Constituição Federal de 1988 pôs fim às controvérsias existentes, estabelecendo a obrigatoriedade de licitação para as empresas públicas e sociedades de economia mista em todas as hipóteses, ou seja, sem distinguir-lhes a finalidade ou o regime jurídico que lhes é aplicável.

Diga-se, ainda, que a EC nº 19/1998, ao dar nova redação aos arts. 22, XXVII, e 173, §1º, estabeleceu que as normas gerais

---

[407] A EC nº 19/1998, alterando o art. 173, §1º, da CRFB, admitiu a edição de lei específica para regular a matéria de contratos e licitações para empresas públicas e sociedades de economia mista, e espera-se que, com esse novo estatuto legal, seja posto fim à presente controvérsia.
[408] MELLO, Celso Antônio Bandeira de. *Curso de direito administrativo*. 18. ed. São Paulo: Malheiros, 2005. p. 194.
[409] CARVALHO FILHO, José dos Santos. *Manual de direito administrativo*. Rio de Janeiro: Lumen Juris, 2008. p. 480.

de licitação somente são obrigatórias para as entidades de direito público; as licitações das empresas públicas, das sociedades de economia mista e suas subsidiárias ficam sujeitas a um "estatuto jurídico" próprio, devendo observar os princípios da administração pública. Nada se falou sobre as controladas.

Assim, a obrigação de licitar, já expressa na Lei nº 8.666/1993, art. 2º, encontra previsão constitucional (art. 173, §1º, após a EC nº 19) e tem por objetivo limitar a liberdade de escolha, assegurando aos interessados a igualdade de oportunidade e a obrigação de a administração pública selecionar a proposta mais vantajosa. No entanto, o dispositivo constitucional possibilita que tais entidades editem e adotem regulamentos próprios (aprovados pela autoridade de nível superior), estando apenas obrigadas a observar as regras básicas (os princípios gerais) da Lei de Licitações.

Reforçando esta tese, a então presidente do Supremo Tribunal Federal (STF), ministra Ellen Gracie, em 9 de julho de 2007, deferiu liminar requerida pela Petrobras, no Mandado de Segurança (MS) nº 26783,[410] contra acórdão do Tribunal de Contas da União (TCU) determinando que a empresa se abstivesse de aplicar procedimento licitatório simplificado, aprovado pelo Decreto Presidencial nº 2.745/1998.

Cumpre ressaltar que o procedimento prévio não autoriza o uso de prerrogativas em favor da entidade da administração pública, materializadas através das "cláusulas exorbitantes".

O entendimento, contudo, não é pacífico, pois há quem sustente, segundo Marcos Juruena Villela Souto,[411] que tais en-

---

[410] "MANDADO DE SEGURANÇA Nº 26783 ORIGEM: DF. RELATOR: REDATOR PARA ACÓRDÃO: IMPTE.(S): PETRÓLEO BRASILEIRO S/A – PETROBRAS ADV. (A/S): MICAELA DOMINGUEZ DUTRA E OUTRO(A/S) IMPDO.(A/S): TRIBUNAL DE CONTAS DA UNIÃO (TC Nº 00428720044). LITISC.(S): UNIÃO ADV.(A/S): ADVOGADO-GERAL DA UNIÃO."
[411] SOUTO, Marcos Juruena Villela. *Direito administrativo da economia*, 2003, op. cit., p. 99.

tidades, por estarem obrigadas a licitar, por prestarem contas ao tribunal de contas e por terem seu patrimônio tutelado por ação popular, dispõem de tais prerrogativas. Para o autor, a proteção dos interesses públicos em momento algum justifica o afastamento da norma que veda o regime jurídico diferenciado para as empresas do Estado.

No que tange à lei que dispuser sobre a disciplina do art. 173, §1º, da CRFB (instituindo o estatuto jurídico das empresas estatais – o qual, se espera, ponha fim às principais controvérsias), a maioria dos doutrinadores sustenta ser da União a competência para sua elaboração, em razão de o art. 22, I, da CRFB, atribuir a esta a competência para legislar sobre direito comercial, embora sustentem alguns que cada entidade da Federação deve dispor, em suas leis, sobre o tratamento jurídico de suas entidades da administração indireta, em especial as empresas, desde que não contrariem as normas de direito comercial.

Falência e execução

Quanto à possibilidade de falência, o art. 242 da Lei das S/A (revogado pela Lei nº 10.303/2001), excluía expressamente as sociedades de economia mista da possibilidade de falência, mas admitia a penhora de seus bens. Tal dispositivo foi objeto de muitas críticas pelos que entendiam haver aí uma incoerência e uma exceção não autorizada pelo art. 173, §1º, da CRFB.[412]

---

[412] Marcos Juruena sustenta posição em contrário, entendendo que o dispositivo da Lei das S/A – para a sociedade de economia mista – apenas esclarece o que está implícito no ordenamento jurídico, i.e., o interesse privado não se sobrepõe ao interesse público. Dessa forma, as estatais, quanto à sua existência, estão sujeitas ao direito público – CRFB, art. 173 c/c art. 37, XIX, in fine – e, quanto ao funcionamento, apenas parcialmente estão sujeitas ao direito privado (SOUTO, Marcos Juruena Villela. *Direito administrativo da economia*, 2003, op. cit.).

Com a nova redação dada ao art. 173, §1º, da CRFB pela EC nº 19/1998, foi explicitado que, além das obrigações fiscais e trabalhistas, as empresas públicas e sociedades de economia mista deveriam também se submeter às obrigações civis e comerciais a que estão sujeitas as empresas privadas. Ocorre que, o art. 10 da Lei nº 10.303/2001 – que introduziu sensíveis alterações na Lei das S/A – revogou expressamente o art. 242 do referido diploma, de forma que as sociedades de economia mista, no entender de alguns doutrinadores, passaram a sujeitar-se ao regime falimentar.

Mesmo quem assim entende faz aqui também a distinção entre as sociedades de economia mista que exploram atividade econômica e as que prestam serviços públicos, posto que, conforme leciona José dos Santos Carvalho Filho,[413] somente as que exercem atividade estritamente econômica – que são equiparadas pela Constituição às empresas privadas no que concerne aos direitos e obrigações civis, comerciais, trabalhistas e tributários – é que poderiam se sujeitar ao regime falimentar, posto que o interesse da coletividade na continuidade do serviço é que deve preponderar sobre os direitos decorrentes da má gestão da entidade, quando esta for prestadora de serviços públicos.

Entretanto, com o advento da Lei nº 11.101/2005, que disciplina a recuperação judicial, a extrajudicial e a falência do empresário e da sociedade empresária, não existe mais qualquer questionamento de que tais empresas não se submetem ao regime falimentar. "Art. 2º. Esta Lei não se aplica a: I. empresa pública e sociedade de economia mista".

Nesse sentido também, com relação à execução de seus bens – a respeito do que não existe muita controvérsia na doutrina –

---

[413] CARVALHO FILHO, José dos Santos. *Manual de direito administrativo*, 2004, op. cit., p. 416-417.

entende-se que somente são penhoráveis e executáveis os bens que não estejam diretamente vinculados ao serviço público, quando for esta a atividade desempenhada pela empresa.[414]

A revogação do citado dispositivo da Lei das S/A criou uma lacuna não preenchida pela nova Lei de Falências e Recuperação das Empresas, que, em seu art. 2º, II, excluiu de seu âmbito de incidência as empresas públicas e sociedades de economia mista.

Para Celso Rodrigues Ferreira Júnior,[415] a exclusão expressa das estatais da aplicação das normas contidas no indigitado diploma não deve ser entendida como manifestação do legislador no sentido de excluí-las do procedimento de falência, e sim que seu procedimento falimentar deverá ser objeto de outro diploma legal.[416]

Com relação às empresas públicas, conforme sustenta José dos Santos Carvalho Filho,[417] o tratamento deve ser o mesmo adotado para as de economia mista.

Em qualquer caso, frise-se, há responsabilidade subsidiária da pessoa instituidora.

---

[414] Entretanto, assim entendeu o egrégio STF, com relação aos bens da ECT, no julgamento do RE nº 407.099: "No caso, tem-se uma empresa pública prestadora de serviço público – a Empresa Brasileira de Correios e Telégrafos – ECT –, o serviço postal (CF, art. 21, X). Além de não estar, portanto, equiparada às empresas privadas, integra o conceito de fazenda pública. Assim, seus bens não podem ser penhorados, estando ela sujeita à execução própria das pessoas públicas" (STF. Relator: ministro Carlos Velloso. *DJ*, 6 ago. 2004).

[415] FERREIRA JÚNIOR, Celso Rodrigues. Do regime de bens das empresas estatais: alienação, usucapião, penhora e falência. In: SOUTO, Marcos Juruena Villela (Coord.). *Direito administrativo empresarial*. Rio de Janeiro: Lumen Juris, 2006. p. 86.

[416] Entretanto, Carvalho Filho, em edições mais recentes de seu *Manual de direito administrativo*, atualizado após o advento da Lei nº 11.101, de 9 de fevereiro de 2005 – que regula a recuperação judicial, a extrajudicial e a falência da empresa, revogado o Decreto-Lei nº 7.661/1945 – sustenta que, por força de seu art. 2º, II, que dispõe que a lei não se aplica a empresa pública e sociedade de economia mista, a matéria ficou definida, de forma que "deve-se concluir que não se aplica o regime falimentar a essas pessoas paraestatais" (CARVALHO FILHO, José dos Santos. *Manual de direito administrativo*. 24. ed. Rio de Janeiro: Lumen Juris, 2010. p. 470-471).

[417] Ibid., p. 417.

Pessoal e remuneração de dirigentes

Os empregados das empresas públicas e sociedades de economia mista se submetem ao regime trabalhista comum (regras da Consolidação das Leis do Trabalho), conforme as demais empresas privadas (art. 173 §1º, da CRFB), por possuírem vínculo de natureza contratual com a entidade (contrato de trabalho típico), sendo competente para processar e julgar eventual litígio decorrente desta relação a Justiça Trabalhista (art. 114 da CRFB). A Constituição apenas exige que o ingresso desses empregados seja precedido de aprovação em concurso público (art. 37, II), embora haja quem entenda[418] que essa exigência ou não se aplica ou deve ser atenuada para as empresas que exploram atividades econômicas.

Ressalta-se, ainda, que os empregados das empresas públicas e das sociedades de economia mista não podem acumular seus empregos com cargos ou funções públicas (art. 37, XVII, da CRFB), são equiparados a funcionários públicos para fins penais (art. 327, §1º, do CP), são considerados agentes públicos para a incidência de sanções por improbidade administrativa (Lei nº 8.429/1992) e não possuem estabilidade (própria do regime estatutário).

Quanto aos dirigentes das empresas estatais, Celso Antônio Bandeira de Mello[419] explica que exercem mandatos, quando investidos em decorrência de providências governamentais exercidas em nome da supervisão ministerial (art. 26, parágrafo único, "a", do DL nº 200/1967), acumulando a "dupla função de agentes da empresa estatal e representantes da entidade que

---

[418] Posição de MELLO, Celso Antônio Bandeira de. *Curso de direito administrativo*, 2001, op. cit., p. 181.
[419] MELLO, Celso Antônio Bandeira de. *Curso de direito administrativo*. 18. ed. São Paulo: Malheiros, 2005. p. 180-181.

a supervisiona". Estes não são empregados da empresa e, salvo se já mantinham vínculo desta natureza, não possuem vínculo contratual (não se aplicando as regras da CLT).

No que concerne à remuneração dos dirigentes, as sociedades de economia mista e as empresas públicas estão excluídas do limite máximo remuneratório insculpido no art. 37, XI, da Constituição Federal, salvo se receberem recursos da União, dos estados, do Distrito Federal ou dos municípios para pagamento de despesas de pessoal ou de custeio em geral, conforme passou a determinar o §9º do art. 37 da Constituição Federal, com a redação dada pela EC nº 19/1998. Assim, para as estatais autossuficientes livres do teto, nada impede que sejam oferecidos benefícios aos seus dirigentes, observados os limites da Lei das S/A, na forma prevista nos estatutos e aprovada pela assembleia geral.

Foro processual

A Constituição Federal (art. 109, I) privilegiou as empresas públicas federais no que se refere às ações em que figurem como autoras, rés, assistentes ou oponentes, situações em que serão processadas e julgadas perante a Justiça federal.

Quanto às sociedades de economia mista, por força do silêncio da Constituição a seu respeito, as ações que as envolvam serão processadas e julgadas perante a Justiça estadual,[420] salvo quando a União intervier como assistente ou oponente, quando então se justificará o deslocamento para a Justiça federal.

Regime tributário

O art. 173 da CRFB, em seus §§1º e 2º, prevê o nivelamento das empresas públicas e das sociedades de economia mista com

---

[420] BRASIL. Supremo Tribunal Federal. Súmulas nºs 517, 556 e 42.

as empresas privadas e estabelece que elas não poderão gozar de privilégios fiscais não extensivos às do setor privado, embora alguns autores sustentem poder haver privilégios em favor daquelas que prestem serviços públicos,[421] ou pelo menos daquelas que prestem serviço público monopolizado.[422]

Consoante observa Simone de Almeida Carrasqueira,[423] o STF tem reconhecido, em recentes decisões,[424] para a Empresa Brasileira de Correios e Telégrafos (ECT), o benefício da imunidade recíproca (prevista no art. 150, VI, "a", da CRFB), calcado na posição do exmo. ministro Carlos Veloso, que sustenta que as empresas públicas prestadoras de serviços públicos possuem natureza jurídica de autarquias.

Responsabilidade civil

As constituições pretéritas já haviam consagrado a teoria da responsabilidade objetiva das pessoas jurídicas de direito público por danos causados a terceiros. A Constituição de 1988, por sua vez, ao prevê-la no art. 37, §6º, estende a teoria da responsabilidade objetiva também às pessoas jurídicas de direito privado prestadoras de serviços públicos.

Para José dos Santos Carvalho Filho,[425] uma vez que o dispositivo não fez menção expressa à administração indireta nem a nenhuma de suas entidades, a melhor interpretação para

---

[421] A exemplo de DI PIETRO, Maria Sylvia Zanella. *Direito administrativo*, 2003, op. cit.
[422] Conforme sustenta CARVALHO FILHO, José dos Santos. *Manual de direito administrativo*, 2004, op. cit., p. 410.
[423] CARRASQUEIRA, Simone de Almeida. Revisitando o regime jurídico das empresas estatais prestadoras de serviço público. In: SOUTO, Marcos Juruena Villela (Coord.). *Direito administrativo empresarial*. Rio de Janeiro: Lumen Juris, 2006. p. 278.
[424] BRASIL. Supremo Tribunal Federal. RE nº 230.072/RS e RE nº 407.049-5/RS. Julgados em 22 jun. 2004.
[425] CARVALHO FILHO, José dos Santos. *Manual de direito administrativo*, 2004, op. cit., p. 418.

o art. 37, §6º, da CRFB é no sentido de incluir em seu âmbito de incidência – da responsabilidade objetiva – todas as empresas que prestem serviços públicos típicos.

A responsabilidade do Estado (pessoa instituidora) será sempre subsidiária, o que significa que os credores poderão postular os créditos remanescentes – caso o patrimônio dessas entidades não seja suficiente – por meio de ação movida contra a pessoa política controladora.

Bens das empresas estatais

É controvertida, na doutrina, a natureza dos seus bens. Para Hely Lopes Meirelles, os bens das empresas estatais são

> bens públicos, com destinação especial, sob administração particular da empresa a que foram incorporados, para a consecução de seus fins estatutários. Com essa qualificação, tais bens podem ser utilizados, onerados ou alienados, sempre na forma estatutária e independentemente de autorização legislativa especial, porque tal autorização está implícita na lei que autorizou a criação da empresa e lhe outorgou poderes necessários para realizar as atividades, obras ou serviços que constituem o objetivo da organização.[426]

Na mesma linha, Odete Medauar,[427] após citar a polêmica, conclui que "o ordenamento jurídico inclina-se à publicização", embasando seu posicionamento na necessidade de submissão das alienações à Lei de Licitações, no controle exercido pelo

---

[426] MEIRELLES, Hely Lopes. *Direito administrativo brasileiro*. 30. ed. São Paulo: Malheiros, 1995. p. 355.
[427] MEDAUAR, Odete. *Direito administrativo moderno*. São Paulo: RT, 1996. p. 269-270.

tribunal de contas (CRFB, arts. 70 e 71, IV, VII) e na lesão a tal patrimônio submeter-se à reparação via ação popular (Lei nº 4.717/1965, art. 1º) e à penalização por improbidade administrativa (Lei nº 8.249/1992). Marcos Juruena Villela Souto[428] e José dos Santos Carvalho Filho,[429] em sentido contrário, sustentam que, ao criar uma empresa pública ou de economia mista, o poder público transfere bens para compor seu capital, não a título de mera "administração", mas sim de alienação, ou seja, o patrimônio transferido perderia sua característica original passando a caracterizar-se como bens privados.[430] Qualquer bem, após a liquidação, retorna aos acionistas. Não há distinção de tratamentos em razão de a integralização se operar em dinheiro ou em imóveis. Embora afetados a um interesse público, os bens desligam-se do patrimônio da empresa, que pode ser utilizado, onerado ou alienado na forma estatutária. Dá-se uma alienação jurídica (embora não econômica).

Também o Código Civil, em seu art. 98, deixou claro que somente são públicos os bens pertencentes às pessoas jurídicas de direito público. Aliás, tais bens estão, via de regra, sujeitos à penhora.[431]

Assim, os bens que integram o patrimônio de empresas públicas ou de economia mista, quer sejam prestadoras de serviços públicos, quer exploradoras de atividades econômicas, compreendidos tanto os empregados no serviço público como os patrimoniais disponíveis, são privados e obedecem, salvo

---

[428] SOUTO, Marcos Juruena Villela. *Direito administrativo da economia*, 2003, op. cit., p. 108.
[429] CARVALHO FILHO, José dos Santos. *Manual de direito administrativo*, 2004, op. cit., p. 413.
[430] Assim também entendeu o egrégio STF no julgamento da Adin nº 562/DF, pelo voto do eminente ministro Ilmar Galvão. *RTJ* 146, p. 456-457.
[431] Note-se que, conforme já citado, o STF decidiu que os bens da ECT são impenhoráveis, por ser ela prestadora de serviço público em regime monopolístico, embora não seja essa a posição majoritária.

peculiaridades (de controle), ao regime jurídico de direito privado. São assim considerados porque, apesar de sua destinação ser ainda de interesse público, sua administração é efetuada por uma entidade de direito privado, que irá utilizá-los de acordo com a lei instituidora e com o estatuto regedor da instituição.

Ressalte-se, contudo, que a legislação distingue utilização de alienação. Diversa, portanto, é a situação dos bens imóveis cedidos à empresa para execução das atividades previstas no seu objeto social. Na cessão não acontece à transferência da propriedade; daí esses bens, que ainda pertencem à administração, serem regidos pelo regime jurídico de direito público, apesar de se encontrarem na posse da empresa.

Igualmente de natureza discricionária é a decisão de transferir, remunerada ou gratuitamente, os bens da estatal para o concessionário, desde que tal ato seja devidamente justificado; afinal, se a Lei nº 8.987/1995 admite, em seus arts. 11 e 17, que sejam outorgados subsídios ao concessionário como forma de proporcionar modicidade à tarifa, pode, igualmente, amenizar o investimento (e, consequentemente, o custo para o usuário), disponibilizando bens vinculados à prestação do serviço público.

Entre as formas de utilização dos bens imóveis das empresas públicas, sociedades de economia mista e fundações instituídas pelo poder público, quando não forem necessários aos seus serviços, a legislação incluiu a locação, a cessão de uso ou concessão de uso, gratuita ou com encargos, a pessoas jurídicas de direito público interno, desde que para fins de relevante interesse público, mediante autorização do chefe do Poder Executivo. A inclusão das formas de cessão e permissão de uso (atos administrativos unilaterais) e concessão de uso (contrato administrativo regido pelo direito público) pode ser objeto de crítica,[432] uma

---

[432] Conforme o faz SOUTO, Marcos Juruena Villela. *Direito administrativo da economia*, 2003, op. cit., p. 112.

vez que tais bens são submetidos ao regime jurídico de direito privado e não podem ser transferidos a terceiros por atos típicos de gestão de bens públicos.

Não há necessidade de autorização legislativa para a alienação de imóveis de propriedade da estatal, embora devam ser obedecidas as disposições estatutárias e ser obtida a autorização do chefe do Poder Executivo, que representa o acionista controlador.

O mesmo se diga quanto a bens móveis, em especial ações ou empresas controladas pelas próprias estatais. Quando se trata de ações pertencentes à sociedade de economia mista, sujeita ao regime de direito privado, não se necessita de autorização legislativa para alienação de seu patrimônio, conforme se depreende do art. 17, I, "e", da Lei nº 8.666/1993.

Tal orientação não se confunde com a alienação de ações do Estado nas empresas públicas e de economia mista. Quanto a estas, aplica-se o art. 17, II, da Lei nº 8.666/1993, desde que as ações não representem o controle; do contrário, há necessidade de lei formal, eis que a venda do controle descaracteriza o conceito de empresa pública ou de economia mista reconhecido por lei em face da ocorrência de um relevante interesse público ou imperativo de segurança nacional.

Diga-se também que, para a sociedade de economia mista ou empresa pública permutar imóveis de sua propriedade que não estejam atendendo ao seu objeto social, com terceiros ou entidades da administração direta ou Indireta, será necessária somente autorização governamental (se houver norma nesse sentido), prescindindo, portanto, de autorização legislativa.

Quanto aos bens de instituições financeiras oficiais ou agências na atividade de fomento (que têm implícito o poder de comprar e vender ações), tais ações podem ser definidas como "bem comercializado em virtude de suas finalidades" (mercadoria), dispensando, até mesmo, a licitação (Lei nº 8.666/1993, art. 17, II, "c", "d", e "e").

Desestatização

Introdução

O já referido modelo de Estado intervencionista, calcado na forte e marcante presença/intervenção do Estado por meio das estatais, começou a mostrar-se também inadequado. A intervenção do Estado na economia deveria ser temporária, ou seja, deveria durar apenas o tempo necessário para suprir as eventuais carências detectadas em determinado momento da história.

O enorme crescimento do aparelho estatal e a existência de um excessivo número de empresas estatais dispendiosas e dependentes em muito contribuíram para o esgotamento da capacidade de investimento do setor público e para a gradual deterioração do próprio serviço por elas prestado.

Nas palavras de Marcos Juruena Villela Souto:

> O grande problema, com o aumento do número de empresas estatais – como, de resto, de toda a estrutura da administração –, foi o fato de que se esgotaram os recursos públicos para financiar a atuação de todas as tarefas assumidas pelo Estado. O princípio da subsidiariedade, no sentido de que a atividade econômica do Estado deve ser complementar à da iniciativa privada, embora não mais explícito no texto constitucional, é uma consequência natural da opção pela livre iniciativa, sendo, pois, um limite à criação, encampação ou nacionalização de empresas.[433]

Por força do princípio da economicidade, que impõe que só se conserve na estrutura da administração – direta, indireta ou fundacional – a atividade que não seja mais bem desenvolvida

---

[433] Ibid., p. 128.

pela iniciativa privada, o aporte de capital do setor público só deve ocorrer em situações que tragam resultados mais eficientes que aqueles produzidos pela iniciativa privada. Vigorando o princípio da livre iniciativa, o setor público deve atuar onde o particular for ineficiente ou insuficiente, devendo ser observado um plano de desenvolvimento (CRFB, art. 174).

Este é o objetivo primordial da privatização: devolver à iniciativa privada um espaço que, em situação de normalidade, a ela compete, retornando o Estado às suas funções próprias/típicas, especialmente no que concerne ao essencial, como saúde pública, segurança, educação e saneamento.

Conforme explica Marcos Juruena Villela Souto,[434] os "Programas de Reforma do Estado estão calcados na Desestatização, que tem nas privatizações, concessões e alienação de bens de empresas em liquidação as suas molas mestras".

Assim, desestatização é o gênero do qual são espécies a privatização, a concessão, a permissão, a terceirização e a gestão associada de funções públicas.

Privatização é a mera alienação de direitos que assegurem ao poder público, diretamente ou por meio de controladas, preponderância nas deliberações sociais e o poder de eleger a maioria dos administradores da sociedade.

Na concessão, o Estado, mediante contrato administrativo, delega a um particular a gestão e a execução de uma atividade definida por lei como serviço público (CRFB, art. 175).

A permissão difere da concessão, em doutrina, pelo fato de ser considerada um ato administrativo precário, e não um contrato, aplicando-se, no mais, os princípios gerais regedores da concessão.

Já a terceirização envolve atividades instrumentais da administração para realização de seus fins, caracterizando-se,

---

[434] Ibid., p. 110.

basicamente, pela contratação de serviços, disciplinada pela Lei nº 8.666/1993.

Objetivos da desestatização

Os objetivos da desestatização estão previstos no art. 1º da Lei nº 9.491, de 9 de setembro de 1997, que trata do Programa Nacional de Desestatização, e podem assim ser resumidos: (a) reordenar a intervenção do estado na economia; (b) concentrar esforços em áreas e setores em que seja fundamental a presença do Estado; (c) reduzir ou melhorar o perfil da dívida pública; (d) ampliar os investimentos da iniciativa privada; (e) contribuir para o fortalecimento do mercado de capitais.

Dispensa de licitação para a venda de ações

O art. 17 da Lei nº 8.666/1993, ao dispor sobre as condições para a alienação de bens da administração pública, em seu inciso II, "c", dispensa a licitação para a "venda de ações, que poderão ser negociadas em bolsa, observada a legislação específica".

Verifica-se, portanto, que, em se tratando de ações, a própria lei autorizou hipótese em que a licitação é dispensada, facultando ao administrador, no exercício da sua discricionariedade, vendê-las diretamente.[435]

---

[435] Quanto ao modo para que tais ações sejam alienadas diretamente, há divergência doutrinária. Parte da doutrina sustenta que estas ações deveriam necessariamente ser negociadas em bolsa. Nesta linha, se posicionam Marçal Justen Filho e Jorge Ulisses Jacoby Fernandes (citados por SOUTO, Marcos Juruena Villela. *Direito administrativo da economia*, 2003, op. cit., p. 157 e 158), que entendem que, embora a venda de ações em bolsa de valores não seja reconhecida pela legislação pátria como modalidade de licitação, esse procedimento também possui natureza licitatória, posto que a competição é da própria essência do leilão em bolsa e, assim, não se estaria efetivamente dispensando a licitação. Para outros, todavia, nada obsta a que se entenda que a venda das ações, em qualquer hipótese, prescinde de licitação e que sua negociação em bolsa é apenas uma faculdade prevista na norma.

Na hipótese em exame, a licitação se mostra como o meio mais indicado para alcançar o interesse público envolvido – a economicidade desejada, que, no caso, é retratada pela busca da melhor proposta, a ser alcançada por meio de procedimento licitatório.

Pré-qualificação e habilitação de interessados

Os requisitos para a pré-qualificação e a habilitação de interessados destinam-se a selecionar, entre o universo de competidores, aqueles que dispõem de capacidade técnica e financeira de operar a atividade objeto de desestatização, evitando-se que as participações alienadas sejam objeto de mera especulação financeira, desvinculadas de uma preocupação com o atendimento do interesse público.

A pré-qualificação é cabível mesmo nas hipóteses de privatização de empresas estatais exploradoras de atividades econômicas, exigindo-se experiência, profissionais, equipamentos e instalações compatíveis com a complexidade do objeto social da empresa privatizada.

Assim, pode-se exigir da figura do operador técnico: (a) que preencha requisitos de capacidade técnica, por meio de documentos, atestados, declarações; (b) que preencha requisitos de capacidade financeira, que podem se limitar a um depósito; (c) que tenha participação financeira no empreendimento por prazo mínimo fixado no edital, que estabelecerá, ainda, as condições para sua substituição.

Também é lícito impor restrições à participação no processo, com vistas à proteção da soberania nacional ou a evitar dominação do mercado (por exemplo, Decreto nº 1.068, de 2 de março de 1994), bem como condicionar certas atividades a um adequado atendimento do consumidor usuário (a exigir, na maioria dos casos, uma pré-qualificação).

Entidades do setor público podem ter sua participação vedada, eis que o objetivo do programa é a retirada do Estado de certos setores e atividades.

Há de se cuidar para que o poder discricionário do administrador, no momento de elaborar o edital, não transforme esses requisitos numa licitação dirigida a um determinado licitante ou reduza desnecessariamente o universo de competidores. Do contrário, o procedimento poderá ser invalidado por desvio de finalidade e por violação dos princípios da isonomia e da competitividade.

Não se confundem os conceitos de pré-qualificação e habilitação com pré-identificação, que é mera apresentação documentada dos participantes.

Formas de desestatização e operacionalização das privatizações

O art. 4º da Lei nº 9.491/1997 define como formas de desestatização:

I. a alienação de participação societária, inclusive de controle acionário, preferencialmente mediante a pulverização de ações;

II. a abertura de capital;

III. o aumento de capital, com renúncia ou cessão, total ou parcial, de direitos de subscrição;

IV. a alienação, arrendamento, locação, comodato ou cessão de bens e instalações;

V. a dissolução de sociedades ou desativação parcial de seus empreendimentos, com a consequente alienação de seus ativos;

VI. a concessão, permissão ou autorização de serviços públicos;

VII. aforamento, remição de foro, permuta, cessão, concessão de direito real de uso resolúvel e alienação mediante venda de bens imóveis de domínio da União.

O §1º do dispositivo citado estabelece ainda, como formas de viabilizar a implementação da modalidade operacional escolhida, a possibilidade de haver transformação, incorporação, fusão ou cisão de sociedades, ou ainda a criação de subsidiárias integrais.

Programa Nacional de Desestatização

O Programa Nacional de Desestatização é disciplinado pela Lei nº 9.491, de 9 de setembro de 1997 (que revogou a Lei nº 8.031, de 12 de abril de 1990) e tem como órgão superior de decisão (trata-se de órgão técnico consultivo) o Conselho Nacional de Desestatização (CND), diretamente subordinado ao presidente da República, com a função primordial de indicar as empresas a serem privatizadas e sugerir políticas de execução do processo e de gestão dos recursos obtidos.

O Fundo Nacional de Desestatização, previsto no art. 9º da Lei nº 9.491/1997, tem natureza contábil, sendo nele depositadas ações ou cotas das empresas a serem desestatizadas, objetivando o pagamento de despesas do programa, a redução de dívidas, os investimentos em atividades sociais e os empréstimos para investimentos privados em infraestrutura.

Esse fundo é gerido por um órgão executivo (o BNDES), o qual fornece apoio administrativo e operacional, necessário ao funcionamento do CND, aí se incluindo os serviços de secretaria e demais atividades práticas para a implementação das desestatizações (gerenciamento, acompanhamento e realização da venda das empresas incluídas no programa, salvo quando se tratar de instituições financeiras – casos em que a competência será do Banco Central, sendo o Conselho Monetário Nacional o órgão competente para aprovar as medidas necessárias à desestatização dessas instituições).

É necessário, também, haver uma lei geral autorizando a desestatização de todas as empresas sob controle do Estado, cabendo ao chefe do Poder Executivo incluir as empresas no programa (iniciando processo administrativo de avaliação e modelagem). Assim, cabe ao chefe do Executivo (CRFB, art. 61, §1º, II, "e"), por meio de lei de sua iniciativa, autorizar tal providência, desafetando a finalidade pública atrelada ao patrimônio a ser alienado (as ações e equipamentos), sem que isso implique alienar o serviço ou o interesse público (eis que inalienáveis).

Após a autorização legislativa, as etapas subsequentes são: deliberação do órgão superior do programa para a inclusão da empresa; aprovação da desestatização pelos órgãos previstos no estatuto da empresa; contratação (mediante licitação) de consultorias especializadas para proceder à avaliação e ao estudo da modelagem da desestatização, com posterior deliberação do órgão superior e decisão do chefe do Poder Executivo sobre a avaliação e modelagem; o leilão, o pagamento e a liquidação financeira (com o devido anúncio de encerramento, com parecer dos auditores independentes, atestando a regularidade do procedimento e a liquidação de todas as operações).

Entre as formas de pagamento permitidas, que incluem desde capital estrangeiro e títulos da dívida pública interna e externa, a que chamou mais atenção, sendo objeto de críticas, foi a possibilidade de utilização das chamadas "moedas podres" ou "moedas de privatização", que consistem em títulos de dívidas de entidades da administração federal já vencidos e não honrados. A crítica fundamentava-se na alegação de que seu recebimento como pagamento de ações pelo valor de face implicaria grave lesão ao patrimônio público, embora a intenção do governo federal tenha sido reduzir o endividamento, acabando com os compromissos financeiros decorrentes dessas dívidas. São exemplos desses títulos as obrigações do Fundo Nacional de Desenvolvimento (OFND), debêntures da Siderbras, letras hipotecárias da CEF e os títulos da dívida agrária.

Em cada caso, no entanto, deve haver um balanceamento entre títulos e moeda corrente, nacional ou estrangeira, de acordo com os estudos constantes da modelagem, para contemplar as necessidades de caixa do poder público, de modo que compete ao presidente da República estabelecer o percentual mínimo de moeda corrente a ser utilizada.

Questões de automonitoramento

1. Após ler este capítulo, você é capaz de resumir o caso gerador do capítulo 8, identificando as partes envolvidas, os problemas atinentes e as possíveis soluções cabíveis?
2. A escolha do formato da entidade da administração indireta é discricionária? Por quê?
3. Qual a importância da distinção feita, pela doutrina, entre empresas públicas e sociedades de economia mista prestadoras de serviços públicos típicos e exploradoras de atividades econômicas?
4. Você é capaz de apontar as principais controvérsias acerca do regime jurídico das empresas estatais?
5. Quais são os princípios que devem reger a atuação do Estado na economia?
6. Pense e descreva, mentalmente, alternativas para a solução do caso gerador do capítulo 8.

8

Sugestões de casos geradores

A administração pós-moderna: a evolução e as mutações do direito administrativo (cap. 1)[436, 437]

O poder público de um estado-membro resolve delegar à iniciativa privada a prestação do serviço de distribuição de água e coleta de esgoto. Para tanto, realiza procedimento licitatório na modalidade concorrência, que culmina na celebração de contrato administrativo com a empresa Água Limpa S/A, ficando a fiscalização da execução da atividade a cargo da agência reguladora estadual, sendo certo que entre suas competências está a aplicação das penalidades previstas no respectivo contrato administrativo.

O referido contrato prevê uma sistemática de aplicação de multas atrelada à apuração de indicadores de qualidade

---

[436] Baseado em parecer de MARQUES NETO, Floriano de Azevedo. Aspectos jurídicos do exercício do poder de sanção por órgão regulador do setor de energia elétrica. *Revista de Direito Administrativo (RDA)*, Rio de Janeiro, v. 221, p. 353-371, 2000.
[437] Em 5 de janeiro de 2007, foi promulgada a Lei nº 11.445, concernente à temática do caso gerador, por estabelecer as diretrizes nacionais para o saneamento básico e para a política federal de saneamento básico.

dos serviços. A partir de indicadores, regionais e gerais, foram estipulados parâmetros que devem ser atingidos pela concessionária, sendo que sempre que forem apurados desvios ou insuficiências nos indicadores encaminhados por esta última, estabelece-se um procedimento sancionado, ao cabo do qual, verificado o desatendimento do parâmetro, cabe a aplicação de multa advinda de fórmulas que consideram, inclusive, o nível da distorção ou insuficiência.

Constatado o descumprimento dos parâmetros, a comissão sancionadora da agência reguladora estadual consulta-o sobre a possibilidade de, à luz da legislação aplicável, substituir a aplicação da penalidade prevista no contrato pela assunção, por parte do concessionário, de encargos (antecipação de metas e/ou a concessão de benefícios aos usuários) não previstos inicialmente no contrato de concessão. Pergunta-lhe, ainda, sobre a existência ou não de discricionariedade no exercício da função sancionadora, bem como a respeito do papel do poder sancionador dentro da atividade regulatória.

A passagem do Estado liberal ao Estado regulador e o Plano Diretor da Reforma do Estado (cap. 2)

A empresa ABC S/A, multinacional do setor de alimentos, resolve entrar no mercado nacional no ramo de laticínios. Para tanto, instala filial no norte do estado do Rio de Janeiro e notabiliza-se pela aquisição de diversas indústrias ligadas à produção de laticínios, antes controladas por cooperativas e empresas de pequeno porte, passando, em poucos anos, a deter parte relevante do mercado brasileiro (em torno de 35%) e a ser responsável pela compra de quase toda a produção leiteira fluminense.

Aos poucos, a empresa ABC S/A fortaleceu sua filial, desmontou e fechou paulatinamente as fábricas adquiridas, de forma a concentrar sua produção exclusivamente em sua unidade no norte do estado.

Ocorre que, anos mais tarde, o grupo empresarial detentor da empresa ABC S/A passou por graves dificuldades financeiras que acabaram por afetar os negócios da filial brasileira e ocasionar a suspensão dos pagamentos aos fornecedores e demais credores.

Diante do risco imposto à economia das regiões norte e noroeste do estado do Rio de Janeiro, cujas atividades econômicas dependem precipuamente dos recursos obtidos pelos produtores rurais, seria legítima a intervenção direta do Estado no setor, em que pese a Constituição assegurar, no capítulo da ordem econômica, o princípio da livre iniciativa? Sendo possível a atuação estatal, esta seria compatível com que modelo estatal? Haveria outro momento em que a intervenção estatal poderia ter ocorrido? De que forma?

Administração direta, autárquica e fundacional: introdução às agências reguladoras e executivas (cap. 3)

"A", servidor público de uma agência reguladora estadual legalmente constituída, após regular processo administrativo (respeitadas todas as garantias constitucionais e legais) para apuração de supostos crimes funcionais por ele cometidos, é *demitido* por ato do presidente da respectiva agência reguladora.

Inconformado, "A" ingressa com ação judicial alegando irregularidade em sua demissão, uma vez que os atos de demissão de servidores públicos seriam privativos do chefe do Poder Executivo, e não do presidente daquela autarquia.

A agência reguladora estadual, por não dispor de um quadro próprio de procuradores para representá-la judicialmente, remete o caso para a procuradoria-geral do respectivo estado da Federação, a fim de que esta, então, a represente no processo judicial instaurado.

Considerando o caso acima, pergunta-se:

a) Qual é a natureza jurídica das agências reguladoras?
b) Diante das características das agências reguladoras, quem teria competência para demitir servidor público a ela vinculado?
c) É possível que um órgão da administração direta represente judicialmente uma autarquia especial? E se houver conflito de interesses entre o poder concedente e o regulador?

Os princípios, os atos administrativos e as atividades administrativas (cap. 4)

1. A Anvisa editou portaria com o objetivo de defesa da saúde do consumidor impondo a colocação de advertência nos maços de cigarro com o uso de tinta preta, para assegurar o contraste com as outras colorações contidas naquela embalagem. As empresas do setor de fumo disseram estar impossibilitadas de atender ao comando, em vista de tal cor não constar dos cilindros utilizados e de que deveria haver fabricação de novos cilindros a custos elevadíssimos, inviabilizando a produção e favorecendo a proliferação do mercado ilegal. Alega, ainda, que não houve audiência pública para a edição de tal norma. Opine a respeito.
2. Pode o Estado criar uma empresa para venda de tíquete refeição?
3. Como uma mesma empresa sempre ganhava as licitações para fornecimento de alimentação preparada aos presídios do Rio de Janeiro, o secretário de Estado de Segurança fez incluir uma cláusula no edital de licitação dizendo que ficava impedida de participar da licitação a empresa que tivesse fornecido para a administração estadual nos últimos dois anos. A empresa alegou violação dos princípios da impessoalidade e da livre concorrência. Como resolver a questão?

4. Determinada licitação exigia que as propostas fossem apresentadas em papel timbrado da empresa e com carimbo contendo número do CNPJ e do telefone. Abertas as propostas, constatou-se que a empresa vencedora não atendeu tais requisitos, vindo a ser desclassificada, com base no princípio da vinculação ao instrumento convocatório, sendo adjudicado o objeto da licitação ao segundo colocado. Inconformada, recorreu da decisão. Assiste razão à empresa?
5. Determinada empresa do setor de limpeza alegou, durante a fase de habilitação em uma licitação, que não poderia ser admitida a participação de cooperativas no procedimento, tendo em vista que, por não terem estas os mesmos encargos de uma empresa, tal participação violaria o princípio da isonomia. Assiste razão à empresa?
6. Na licitação da concessão de serviço público de loteria *on-line*, o edital impediu a participação de empresas competidoras da Loterj. Acusou-se a administração de desvio de finalidade, com violação do princípio da impessoalidade, eis que a exigência veio para atingir a impetrante. A alegação foi: por força da legislação vigente, a Caixa Econômica Federal é a única concorrente da Loterj. Como a impetrante já atendera a CEF, estaria, logicamente, proibida de operar com a Loterj. Comente.

A administração consensual: o contrato de gestão com organizações sociais, os termos de parceria com organizações da sociedade civil de interesse público (cap. 5)

O prefeito do município Z, localizado no interior do estado do Rio de Janeiro e com população estimada de 8 mil habitantes, encontra-se preocupado com a prestação do serviço público de saúde. Isso porque o único hospital da cidade, carente de reformas de infraestrutura e de pessoal, pertence à Associação de

Assistência Social do Município Z, constituída por fazendeiros nos áureos tempos da produção leiteira e cafeeira, e que, atualmente, enfrenta grave crise financeira. É certo que a prefeitura conta apenas com um pequeno posto de saúde, incapaz de atender a todas as demandas da população.

Diante dessa situação, a autoridade municipal convoca reunião com seu secretariado para auferir propostas de soluções para o problema. Após descartarem a hipótese de construção de uma unidade hospitalar devido aos altos custos serem incompatíveis com o limitado orçamento municipal, o chefe do Executivo foi aconselhado a realizar parceria com o hospital da associação e lembrado do sucesso obtido pelo município vizinho ao prestar o serviço de saúde com a colaboração de uma organização da sociedade civil de interesse público (Oscip).

Animado, o prefeito convida você como assessor jurídico para uma nova reunião com o secretariado e o presidente da Associação de Assistência Social do Município Z. Acertadas as questões de ordem política, você é questionado sobre:

a) a viabilidade jurídica da implementação da gestão associada no presente caso;
b) a possibilidade de enquadramento da associação como uma Oscip e os respectivos procedimentos;
c) a obrigatoriedade de o poder público realizar prévio processo licitatório para a escolha da Oscip com quem celebrará termo de parceria, considerando-se: (i) o inciso XXVII do art. 22 e o inciso XXI do art. 37, ambos da Constituição da República; (ii) as disposições das leis federais nº 8.666/1993 e nº 9.790/1999; e (iii) as disposições do Decreto nº 3.100/1999.

O presidente da Associação de Assistência Social do Município Z levanta ainda, diante da proposta do prefeito de utilizar recursos de programa federal para a realização de melhorias e expansão do hospital da associação, a questão da incidência do Decreto Federal nº 5.504, de 5 de agosto de 2005, cujo art. 1º estipula:

> Os instrumentos de formalização, renovação ou aditamento de convênios, instrumentos congêneres ou de consórcios públicos que envolvam repasse voluntário de recursos públicos da União deverão conter cláusula que determine que as obras, compras, serviços e alienações a serem realizados por entes públicos ou privados, com os recursos ou bens repassados voluntariamente pela União, sejam contratados mediante processo de licitação pública, de acordo com o estabelecido na legislação federal pertinente.

E o §5º do citado artigo estabelece:

> Aplica-se o disposto neste artigo às entidades qualificadas como Organizações Sociais, na forma da Lei nº 9.637, de 15 de maio de 1998, e às entidades qualificadas como Organizações da Sociedade Civil de Interesse Público, na forma da Lei nº 9.790, de 23 de março de 1999, relativamente aos recursos por elas administrados oriundos de repasses da União, em face dos respectivos contratos de gestão ou termos de parceria.

A participação do setor privado na ordem social: a gestão privada de saúde e educação (cap. 6)

A regulação normativa exercida pela Agência Nacional de Saúde Suplementar (ANS) parte de uma realidade do mercado que contempla um cenário heterogêneo de operadores privados. Nesse contexto, a busca do equilíbrio passa a ser uma condição para a manutenção das relações reguladas – de parte a parte, operadores e consumidores devem pautar seu relacionamento pela harmonia dos interesses, baseada na boa-fé contratual.

A par destas preocupações, e em homenagem à constante adequação voltada para a estabilidade destas relações reguladas, a ANS edita um ato normativo determinando a introdução de novos benefícios a serem oferecidos aos consumidores e, portanto, cobertos pelas operadoras privadas, cuidando, inclusive, da possibilidade de portabilidade de carências dos beneficiários entre as operadoras a ela submetidas.

Diante deste cenário, pergunta-se: o estabelecimento destas regras com a introdução de novos direitos (fruto, até mesmo, de uma atualidade tecnológica) fere o direito adquirido de a operadora privada não ter violado o equilíbrio econômico-financeiro dos contratos? De que maneira a segurança jurídica das relações contratuais pode ser alcançada diante das constantes intervenções regulatórias que se fazem necessárias para criar um padrão de eficiência no mercado?

Empresas públicas, sociedades de economia mista, privatização (cap. 7)

O governador do estado X da Federação, dando continuidade ao programa estadual de desestatização, promulga lei que dispõe sobre a organização societária e patrimonial do setor energético, via fusão, cisão ou incorporação das empresas existentes.

Entretanto, tal lei contém dispositivo que veda a participação, como proponente à aquisição de ações de propriedade de estado nas concessionárias de eletricidade, a toda e qualquer empresa estatal estadual, à exceção das do próprio estado X, com o objetivo de viabilizar a implementação da modalidade de desestatização.

Por sua vez, representando os interesses de seu estado, o governador do estado Y propõe uma Adin contra a referida norma, alegando, em síntese, que ela cerceia o processo licitatório, restringindo contingente de empresas que, pela sua própria especialidade (concessionárias estaduais de energia elétrica), poderiam pretender – e pretendem – participar do processo, ampliando a competição, que é o objetivo para a seleção da melhor proposta. Assim, estar-se-ia se cerceando o processo em detrimento do objeto e dos fins buscados com a licitação.

Ademais, a norma impõe discriminação às empresas estaduais em benefício, inclusive, das empresas estrangeiras, ainda que estatais de seus países, que não esbarram em qualquer óbice à sua participação no processo de alienação e compra de ações do capital social das empresas concessionárias de energia elétrica do estado X.

Considerando o caso acima, pergunta-se:

a) A empresa estatal integra a administração pública?
b) A empresa estatal está sujeita ao direito público ou privado?
c) A venda de ações de empresas estatais está sujeita a licitação?
d) É válida a interferência restritiva imposta pelo legislador no processo licitatório em exame?

Conclusão

O objetivo do estudo aqui proposto foi o de buscar elementos que orientassem o leitor às novas diretrizes que pautariam igualmente a nova interpretação do modelo de Estado que vivenciávamos até o final da década de 1990.

A intenção, portanto, foi mostrar uma linha de corte na história democrática brasileira, servindo de anteparo para a nova representação social que se avizinhava àquela altura.

O Estado não suportava mais a manutenção de dispendiosas estruturas que não se coadunavam com a leitura de um modelo que pugnava pela redução dos custos e otimização da gestão.

O ajuste ao novo modelo estatal vem em absoluta consonância com a proposta de manter o poder público naqueles panoramas constitucionalmente admitidos – de um lado, legitimador de um exercício na função empresarial que se harmonizasse com as exceções consagradas pelos imperativos de segurança nacional e de relevante interesse coletivo e, de outro, como agente normativo e regulador da atividade econômica.

Com este propósito, a concepção de atendimento dos interesses coletivos é tratada pelo Estado em graus diversos de ação, reservando-se o capital público para aqueles cenários em que o particular, de fato, não demonstrasse interesse no exercício de uma atividade lucrativa. Não se justifica, assim, a permanência do Estado como um agente econômico, visto que, pelo novo modelo, se dispôs a renunciar àquele intervencionismo.

Em outras palavras, não há mais espaço para uma matriz interventiva que represente uma distorção da realidade. A proteção aos institutos jurídicos deve ser contextualizada e garantista, a ponto de certificar aos titulares do exercício da liberdade de iniciativa a segurança jurídica que lhes assegure a aplicação de investimentos com a consequente e adequada responsabilidade estatal, na sua vertente confiança legítima. Não se presume que sobressaltos ou induções a erro, que nada contribuem para o crescimento nacional – ao contrário, só desestimulam a aplicação dos recursos necessários ao progresso –, continuem a ter vez na metodologia das políticas públicas.

Assim, a desconstrução de todo um arcabouço que um dia se impôs mostrou-se absolutamente necessária para justificar esta administração pós-moderna, adaptada às mutações do direito administrativo, que passa a assumir novas funções orientadoras do desenvolvimento social.

Referências

AGUILLAR, Fernando Herren. *Controle social de serviços públicos*. São Paulo: Max Limonad, 1999.

ALECIAN, Serge; FOUCHER, Dominique. *Guia de gerenciamento no setor público*. Rio de Janeiro: Revan, 2001.

ALESSI, Renato. *Sistema istituzionale del diritto amministrativo italiano*. 2. ed. Milão: Giuffrè, 1960.

AMARAL, Antônio Carlos Cintra do. *Extinção do ato administrativo*. São Paulo: Revista dos Tribunais, 1978.

ANDRÉ, Maristela Afonso de. A efetividade dos contratos de gestão na reforma do Estado. *Revista de Administração de Empresas*, São Paulo, v. 39, n. 3, p. 42-52, jul./set. 1999.

ARAGÃO, Alexandre Santos de. Administração pública pluricêntrica. *Revista de Direito Administrativo (RDA)*, Rio de Janeiro, v. 227, jan./mar. 2002a.

_____. Agências reguladoras e agências executivas. *Revista de Direito Administrativo (RDA)*, Rio de Janeiro, v. 228, abr./jun. 2002b.

_____. Agências reguladoras e a evolução do direito administrativo brasileiro. Rio de Janeiro: Forense, 2002c.

_____. Regulação da economia: conceito e características contemporâneas. *Revista de Direito da Associação dos Procuradores do Novo Estado do Rio de Janeiro*: direito regulatório, Rio de Janeiro, v. 11, p. 3-42, 2002d.

_____. O princípio da eficiência. *Revista Brasileira de Direito Público* (*RBDP*), Belo Horizonte, ano 1, n. 4, p. 78, abr./jun. 2003.

_____. *Agências reguladoras e a evolução do direito administrativo econômico*. Rio de Janeiro: Forense, 2004a.

_____. O princípio da eficiência. *Revista de Direito Administrativo* (*RDA*), Rio de Janeiro, n. 237, p. 1-6, jul./set. 2004b.

_____. *A dimensão e o papel dos serviços públicos no Estado contemporâneo*. Tese (Doutorado) – Faculdade de Direito da Universidade do Estado de São Paulo, São Paulo, 2005a.

_____. A "supremacia do interesse público" no advento do estado de direito e na hermenêutica do direito público contemporâneo. In: SARMENTO, Daniel (Org.). *Interesses públicos versus interesses privados*: desconstruindo o princípio da supremacia do interesse público. Rio de Janeiro: Lumen Juris, 2005b. p. 3.

_____. Atividades privadas regulamentadas. In: OSÓRIO, Fábio Medina; SOUTO, Marcos Juruena Villela (Coord.). *Direito administrativo*: estudos em homenagem a Diogo de Figueiredo Moreira Neto. Rio de Janeiro: Lumen Juris, 2006. p. 757.

ARIÑO ORTIZ, Gaspar. El retorno a lo privado: ante una nueva encrucijada histórica – tiempo. In: _____ (Org.). *Privatización y liberalización de servicios*. Madri: Universidad Autónoma de Madrid, 1999. p. 19-35.

ARISTÓTELES. *Ética a Nicômaco*. São Paulo: Martin Claret, 2005.

ÁVILA, Humberto Bergmann. Repensando o "princípio da supremacia do interesse público sobre o particular". In: PASQUALINI, Alexandre. *O direito público em tempos de crise*: estudos em homenagem a Ruy Ruben Ruschel. Porto Alegre: Livraria do Advogado, 1999. p. 99-127.

_____. Moralidade, razoabilidade e eficiência na atividade administrativa. *Revista Brasileira de Direito Público (RBDP)*. Belo Horizonte, ano 1, n. 1, abr./jun. 2003.

_____. Repensando o princípio da supremacia do interesse público sobre o particular. In: SARMENTO, Daniel (Org.). *Interesses públicos versus interesses privados*: desconstruindo o princípio da supremacia do interesse público. Rio de Janeiro: Lumen Juris, 2005.

BAPTISTA, Patrícia Ferreira. *Transformações do direito administrativo*. Rio de Janeiro: Renovar, 2003.

BARACHO, José de Oliveira. *O princípio da subsidiariedade*: conceito e evolução. Rio de Janeiro: Forense, 1996.

BARBI, Celso Agrícola. *Do mandado de segurança*. 5. ed. Rio de Janeiro: Forense, 1987.

BARBIERI, Carla Bertucci et al. (Coord.). *Aspectos jurídicos do terceiro setor*. São Paulo: IOB/Thomson, 2005.

BARBOSA, Maria Nazaré Lins. Os termos de parceria como alternativa aos convênios: aspectos jurídicos. In: SZAZI, Eduardo (Org.). *Terceiro setor*: temas polêmicos. São Paulo: Peirópolis, 2004.

_____; OLIVEIRA, Carolina Felippe de. *Manual de ONGs*: guia prático de orientação jurídica. 3. ed. Rio de Janeiro: FGV, 2002.

BARCELLOS, Ana Paula de; BARROSO, Luís Roberto. O começo da história: a nova interpretação constitucional e o papel dos princípios no direito brasileiro. *Revista de Direito da Procuradoria Geral do Estado do Rio de Janeiro*, n. 57, 2004.

BARROSO, Luís Roberto. A igualdade perante a lei: algumas reflexões. *Revista de Direito da Procuradoria Geral do Estado do Rio de Janeiro*, n. 38, p. 64-79, 1986.

_____. *Interpretação e aplicação da Constituição*. São Paulo: Saraiva, 1996a.

_____. *O direito constitucional e a efetividade de suas normas*. Rio de Janeiro: Renovar, 1996b.

_____. Agências reguladoras: Constituição, transformação do Estado e legitimidade democrática. In: BINENBOJM, Gustavo (Coord.). *Agências reguladoras e democracia*. Rio de Janeiro: Lumen Juris, 2006.

BASTOS, Celso Ribeiro. Regime jurídico da exploração das redes ferroviárias. *Caderno de Direito Constitucional e Ciência Política*, São Paulo, ano 5, v. 22, p. 323-335, jan./mar. 1998.

BAÚ, Marilise Kostelnaki. *O contrato de assistência médica e a responsabilidade civil*. 2. ed. Rio de Janeiro: Forense, 2001.

BENJÓ, Isaac. *Fundamentos de economia da regulação*. Rio de Janeiro: Thex, 1999.

BINENBOJM, Gustavo. Da supremacia do interesse público ao dever de proporcionalidade: um novo paradigma para o direito administrativo. In: SARMENTO, Daniel (Org.). *Interesses públicos versus interesses privados*: desconstruindo o princípio da supremacia do interesse público. Rio de Janeiro: Lumen Juris, 2005a.

_____. Da supremacia do interesse público ao dever de proporcionalidade: um novo paradigma para o direito administrativo. *Mundo Jurídico*, 3 set. 2005b. Disponível em: <www.mundojuridico.adv.br/sis_artigos/artigos.asp?codigo=228>. Acesso em: 18 nov. 2012.

_____. *Uma teoria do direito administrativo*: direitos fundamentais, democracia e constitucionalização. Rio de Janeiro: Renovar, 2006.

BOBBIO, Norberto. *Estado, governo e sociedade*: para uma teoria geral da política. 4. ed. Rio de Janeiro: Paz e Terra, 1987.

_____. *A era dos direitos*. 18. ed. Trad. Carlos Nelson Coutinho. Rio de Janeiro: Campus, 1992.

_____; MATTEUCCI, Nicola; PASQUINO, Gianfresco. *Dicionário de política*. Brasília: UnB, 2004.

BOCKMANN, Egon; CUELLAR, Leila. *Estudos de direito econômico*. Belo Horizonte: Fórum, 2004.

BOECHAT, Jefferson C. O estado do desenvolvimento e o desenvolvimento do Estado: lições do passado imediato para o futuro imediato. *Res Pvblica*, Brasília, ano II, n. 2, p. 9-28, maio 2003.

BOGOSSIAN, Andre Martins. O diálogo concorrencial. *Boletim de Direito Administrativo*, São Paulo, v. 26, n. 4, p. 432-448, abr. 2010.

BONAVIDES, Paulo. *Do Estado liberal ao Estado social*. 7. ed. São Paulo: Malheiros, 2004.

BRANDÃO, Rodrigo. Entre a anarquia e o Estado do bem-estar social: aplicações do libertarianismo à filosofia constitucional. In: SARMENTO, Daniel (Coord.). *Filosofia e teoria constitucional contemporânea*. Rio de Janeiro: Lumen Juris, 2009. p. 571.

BRASIL. Ministério da Administração Federal e Reforma do Estado. *Cadernos Mare da Reforma do Estado*: agências executivas, Brasília, n. 9, 1998.

_____. Ministério da Administração Federal e Reforma do Estado. *Cadernos Mare da Reforma do Estado*: organizações sociais, Brasília, n. 2, 1998.

_____. Presidência da República. Ministério da Administração Federal e Reforma do Estado. Câmara da Reforma do Estado. *Plano Diretor da Reforma do Aparelho do Estado*. Brasília, 1995. Disponível em: <www.planejamento.gov.br/noticia.asp?p=not&cod=524&cat=238&sec=25>. Acesso em: 15 jul. 2010.

BRESSER-PEREIRA, Luiz Carlos. Uma reforma gerencial da administração pública no Brasil. *Revista de Serviço Público (RSP)*, Brasília, ano 49, n. 1, p. 5-42, jan./mar.1988. Texto apresentado no Congresso da Associação Internacional de Ciência Política, Seul, em ago. 1997.

_____. *Crise econômica e reforma do Estado no Brasil*: para uma nova interpretação da América Latina. São Paulo: Ed. 34, 1996.

_____. *Reforma do Estado para a cidadania*: a reforma gerencial brasileira na perspectiva internacional. Brasília: Enap, 1998a.

_____. Da administração pública burocrática à gerencial. In: _____; SPINK, Peter (Org.). *Reforma do Estado e administração pública gerencial*. 2. ed. Rio de Janeiro: FGV, 1998b. p. 244.

_____. Instituições, bom Estado e reforma da gestão pública. *Revista Eletrônica sobre a Reforma do Estado (Rere)*, Salvador, n. 1, mar. 2005.

_____. *Democracia, Estado social e reforma gerencial*: intervenção no VI Fórum da Reforma do Estado. Rio de Janeiro, 1 out. 2007. Disponível em: <www.bresserpereira.org.br/papers/2008/07.17.DemocraciaEstadoSocialEReformaGerencial.28.2.08.pdf>. Acesso em: 15 jul. 2010.

BUZAID, Alfredo. *Do mandado de segurança*. São Paulo: Saraiva, 1989. v. 1.

CAL, Arianne Brito Rodrigues. *As agências reguladoras no direito brasileiro*. Rio de Janeiro: Renovar, 2003.

CAMARGO, Ricardo Antônio Lucas. *Agências de regulação no ordenamento jurídico-econômico brasileiro*. Porto Alegre: Safe, 2000.

CAMPOS, Francisco. *Direito administrativo*. Rio de Janeiro: Freitas Bastos, 1958.

CANOTILHO, Joaquim José Gomes. *Constituição dirigente e vinculação do legislador*. Coimbra: Coimbra, 1982.

_____. *Direito constitucional e teoria da Constituição*. 4. ed. Coimbra: Almedina, 1992.

CAPISTRANO FILHO, David. *Da saúde e das cidades*. São Paulo: Hucitec, 1995.

CARNOY, Martin. *Estado e teoria política*. 4. ed. Campinas: Papirus, 1994.

CARRASQUEIRA, Simone de Almeida. Revisitando o regime jurídico das empresas estatais prestadoras de serviço público. In: SOUTO, Marcos Juruena Villela. *Direito administrativo empresarial*. Rio de Janeiro: Lumen Juris, 2006. p. 278.

CARRION, Rosinha Machado. Organizações privadas sem fins lucrativos: a participação do mercado no terceiro setor. *Tempo Social*: revista de sociologia da USP, São Paulo, v. 12, n. 2, p. 237-255, nov. 2000.

CARVALHO FILHO, José dos Santos. *Manual de direito administrativo*. Rio de Janeiro: Lumen Juris, 2002.

_____. *Manual de direito administrativo*. 11. ed. Rio de Janeiro: Lumen Juris, 2004.

_____. *Manual de direito administrativo*. 16. ed. Rio de Janeiro: Lumen Juris, 2006.

_____. *Manual de direito administrativo*. Rio de Janeiro: Lumen Juris, 2008.

_____. *Manual de direito administrativo*. 24. ed. Rio de Janeiro: Lumen Juris, 2010.

CASTRO, Carlos Roberto Siqueira. O princípio da isonomia e as classificações legislativas. *Revista da Ordem dos Advogados do Brasil*, Rio de Janeiro, v. 7, n. 15, p. 27-47, 1981.

COELHO, Fábio Ulhoa. Reforma do Estado e direito concorrencial. In: SUNDFELD, Carlos Ari. (Org.). *Direito administrativo econômico*. São Paulo: Malheiros, 2000. p. 192.

COMPARATO, Fábio Konder. A nova cidadania. In: _____. *Direito público*: estudos e pareceres. São Paulo: Saraiva, 1996. p. 3-24.

COPOLA, Gina. *Desestatização e terceirização*. São Paulo: NDJ, 2006.

COSTA, Geraldo de Faria Martins da. A proteção da saúde do consumidor na ordem econômica: direito subjetivo público. *Revista de Direito do Consumidor*, n. 21, p. 132-141, jan./mar. 1997.

COUTO, Luiz. *Cartilha Oscip*: organização da sociedade civil de interesse público. Brasília: Coordenação de Publicações da Câmara dos Deputados, 2003.

CRETELLA JR., José. *Curso de direito administrativo*. Rio de Janeiro: Forense, 1986.

CUÉLLAR, Leila. *As agências reguladoras e seu poder normativo*. São Paulo: Dialética, 2001.

CUENCA, Joaquim Falcão Carlos (Org.). *Mudança social e reforma legal*: estudos para uma nova legislação do terceiro setor. Brasília: Conselho de Comunidade Solidária/Unesco/BID/FBB, 1999.

CUNHA, Paulo César Melo da. *A regulação jurídica da saúde suplementar no Brasil*. Rio de Janeiro: Lumen Juris, 2003.

CUNILL GRAU, Nuria. A rearticulação das relações Estado-sociedade: em busca de novos significados. *Revista do Serviço Público*, Brasília, ano 47, v. 120, n. 1, p. 113-140, jan./abr. 1996.

_____. *Repensando o público através da sociedade*: novas formas de gestão pública e representação social. Rio de Janeiro: Revan, 1998.

CYRINO, André. *O poder regulamentar autônomo do presidente da República*: a espécie regulamentar criada pela EC nº 32/2001. Belo Horizonte: Fórum, 2005.

DAGNINO, Evelina (Org.). *Sociedade civil e espaços públicos no Brasil.* São Paulo: Paz e Terra, 2002.

DALLARI, Dalmo de Abreu. *Elementos de teoria geral do Estado.* 2. ed. São Paulo: Saraiva, 2000.

D'AURIA, Gaetano. Os controles. *Revista do Serviço Público*, Brasília, ano 47, v. 120, n. 3, p. 129-143, set./dez. 1996.

DIAS, Maria Tereza Fonseca. *Direito administrativo pós-moderno.* Belo Horizonte: Mandamentos, 2003.

DI PIETRO, Maria Sylvia Zanella. *Direito administrativo.* 3. ed. São Paulo: Atlas, 1992.

_____. *Direito administrativo.* 12. ed. São Paulo: Atlas, 2000.

_____. *Parcerias na administração pública*: concessão, permissão, franquia, terceirização e outras formas. 4. ed. São Paulo: Atlas, 2002.

_____. *Direito administrativo.* 15. ed. São Paulo: Atlas, 2003.

_____. *Parcerias na administração pública*: concessão, permissão, terceirização e outras formas. 5. ed. São Paulo: Atlas, 2005.

DRAIBE, S. M. O *welfare State* no Brasil: características e perspectivas. *Ciências Socais Hoje*, São Paulo, Anpocs, 1989.

DUARTE, David. *Procedimentalização, participação e fundamentação*: para uma concretização do princípio da imparcialidade administrativa como parâmetro decisório. Coimbra: Almedina, 1996.

DUQUE POBLETE, Luis Fernando. Reforma administrativa. *Revista de Administração Pública*, São Paulo, v. 31, n. 3, p. 133-188, maio/jun. 1997.

EDWARDS, Michael; HULME, David. *NGOs, States and donors*: too close for comfort? Nova York: St. Martin's, 1997.

ESTORNINHO, Maria João. *A fuga para o direito privado*: contributo para o estudo da actividade de direito privado da administração pública. Coimbra: Almedina, 1999.

FARIA, José Eduardo. *O direito na economia globalizada*. São Paulo: Malheiros, 1999.

FARIAS, Sara Jane Leite de. Evolução histórica dos princípios econômicos da Constituição. In: SOUTO, Marcos Juruena Villela; MARSHALL, Carla C. (Org.). *Direito empresarial público*. Rio de Janeiro: Lumen Juris, 2002. p. 95.

FAUSTO, Boris. *História concisa do Brasil*. São Paulo: Edusp, 2002.

FERNÁNDEZ, Tomás-Ramón; GARCÍA DE ENTERRÍA, Eduardo. *Curso de derecho admnistrativo*. 9. ed. Madri: Civitas, 1999. v. 1.

FERRAREZI, Elizabete. *Oscip – Organização da sociedade civil de interesse público*: a lei 9.790/1999 como alternativa para o terceiro setor. 2. ed. Brasília: Comunidade Solidária, 2000.

FERRAZ, Isadora Selig. Aspectos relevantes dos contratos de assistência privada à saúde sob a tutela do Código de Defesa do Consumidor. In: EFING, Antonio Carlos (Coord.). *Direito do consumo*. Curitiba: Juruá, 2001.

FERRAZ JÚNIOR, Tercio Sampaio. Agências reguladoras: legalidade e constitucionalidade. *Revista Tributária e de Finanças Públicas e Direito Administrativo*, São Paulo, n. 35, p. 144, 2000.

FERREIRA, Sérgio de Andréa. As organizações sociais e as organizações da sociedade civil de interesse público: considerações sobre seu regime jurídico. *Revista de Direito Administrativo (RDA)*, Rio de Janeiro, n. 217, p. 105-118, jul./set. 1999.

FERREIRA JÚNIOR, Celso Rodrigues. Do regime de bens das empresas estatais: alienação, usucapião, penhora e falência. In: SOUTO, Marcos Juruena Villela. *Direito administrativo empresarial*. Rio de Janeiro: Lumen Juris, 2006. p. 86.

FIGUEIREDO, Lucia Valle. Direitos e garantias individuais: o princípio da isonomia. *Revista de Direito Público*, São Paulo, n. 49-50, p. 121-132, jan./jun. 1979.

_____. *Curso de direito administrativo*. 5. ed. São Paulo: Malheiros, 2001.

_____. *Curso de direito administrativo*. 7. ed. São Paulo: Malheiros, 2004.

FRANÇA, Vladimir da Rocha. Reflexões sobre a prestação de serviços públicos por entidades do terceiro setor. *Interesse Público*: revista bimestral de direito público, Porto Alegre, ano 7, n. 34, p. 91, 2005.

FREITAS, Rafael Véras. O dever de planejamento como corolário ao direito fundamental à boa administração pública. In: SOUTO, Marcos Juruena Villela (Coord.). *Direito administrativo*: estudos em homenagem a Francisco Mauro Dias. Rio de Janeiro: Lumen Juris, 2009. p. 245.

_____. Aspectos de direito público na nova Lei do Mandado de Segurança. *Interesse Público*: revista bimestral de direito público, Porto Alegre, n. 59, p. 137, jan./fev. 2010.

FRIGOTTO, Gaudêncio; CIAVATTA, Maria. Educação básica no Brasil na década de 1990: subordinação ativa e consentida à lógica do mercado. *Educação & Sociedade*, Campinas, v. 24, n. 82, p. 93-130, abr. 2003. Disponível em: <www.cedes.unicamp.br/>. Acesso em: 30 jul. 2007.

FUNDAÇÃO ESCOLA NACIONAL DE ADMINISTRAÇÃO PÚBLICA. *O contrato de gestão no serviço público*. Brasília: Enap, 1993.

FUX, Luiz. *Tutela de urgência e plano de saúde*. Rio de Janeiro: Espaço Jurídico, [2000].

GABARDO, Emerson. *Princípio constitucional da eficiência administrativa*. São Paulo: Dialética, 2002.

GASPARINI, Diógenes. *Direito administrativo*. São Paulo: Saraiva, 1992.

_____. *Direito administrativo*. 4. ed. São Paulo: Saraiva, 1995.

GIACOMUZZI, José Guilherme. A moralidade administrativa: história de um conceito. *Revista de Direito Administrativo (RDA)*, Rio de Janeiro, n. 230, p. 291-303, out./dez. 2002.

GIANNINI, Massimo Severo. *Il pubblico potere*: stati e amministrazioni pubbliche. Bolonha: Il Mulino, 1986.

GRAU, Eros Roberto. *A ordem econômica na Constituição de 1988*. 8. ed. São Paulo: Malheiros, 2003.

_____. *A ordem econômica na Constituição de 1988*: interpretação e crítica. 9. ed. rev. e atual. São Paulo: Malheiros, 2004.

GROTTI, Dinorá Adelaide Musetti. Teoria dos serviços públicos e sua transformação. In: SUNDFELD, Carlos Ari (Coord.). *Direito administrativo econômico*. São Paulo: Malheiros, 2006.

GUERRA, Sérgio. *Discricionariedade e reflexividade*. Belo Horizonte: Forense, 2008.

HOBBES, Thomas. *Leviatã*: ou matéria, forma e poder de um Estado eclesiástico e civil. São Paulo: Martin Claret, 2004.

HULME, David; TURNER, Mark W. *Governance, administration and development*: making the state work. Nova York: Palgrave, 1997.

IBAM. *A saúde no município*: organização e gestão. Rio de Janeiro: Ibam, 1991.

JORGE NETO, Francisco Ferreira; CAVALCANTE, Jouberto de Quadros Pessoa. *Manual de direito do trabalho*. Rio de Janeiro: Lumen Juris, 2004. t. I.

JUNGSTEDT, Luiz Oliveira Castro. Formas alternativas de gestão pública. In: OSÓRIO, Fábio Medina; SOUTO, Marcos Juruena Villela (Coord.). *Direito administrativo*: estudos em homenagem a Diogo de Figueiredo Moreira Neto. Rio de Janeiro: Lumen Juris, 2006. p. 629-635.

JUSTEN, Mônica Spezia. *A noção de serviço público no direito europeu.* São Paulo: Dialética, 2003.

JUSTEN FILHO, Marçal. Conceito de interesse público e a "personalização" do direito administrativo. *Revista Trimestral de Direito Público,* São Paulo, n. 26, p. 115-136, 1999.

_____. *O direito das agências reguladoras independentes.* São Paulo: Dialética, 2002.

_____. *Comentários à Lei de Licitações e Contratos Administrativos.* 11. ed. São Paulo: Dialética, 2005a.

_____. *Curso de direito administrativo.* São Paulo: Saraiva, 2005b.

LINARES, Juan Francisco. *Caso administrativo no previsto.* Buenos Aires: Astrea, 1976.

MACEDO, Ubiratan Borges de. *Liberalismo e justiça social.* São Paulo: Ibrasa, 1995.

MADEIRA, José Maria Pinheiro. *Administração pública centralizada e descentralizada.* Rio de Janeiro: América Jurídica, 2000.

MAJONE, Giandomenico; LA SPINA, Antonio. *La Stato regulatore.* Bolonha: Il Mulino, 2000.

MÂNICA, Fernando Borges. *Terceiro setor e imunidade tributária.* Belo Horizonte: Fórum, 2005.

_____; OLIVEIRA, Gustavo Henrique Justino de. Organizações da sociedade civil de interesse público: termo de parceria e licitação. *Fórum administrativo:* direito público, Belo Horizonte, ano 5, n. 4, 2005.

MARINI, Caio. Aspectos contemporâneos do debate sobre reforma da administração pública no Brasil: a agenda herdada e as novas perspectivas. *Revista Eletrônica sobre a Reforma do Estado (Rere),* Salvador, n. 1, 2005. Disponível em: <www.direitodoestado.com.br>. Acesso em: 25 maio 2005.

MARQUES, Claudia Lima. *Saúde e responsabilidade*: seguros e planos de assistência privada à saúde. São Paulo: RT, 1999.

MARQUES NETO, Floriano de Azevedo. Aspectos jurídicos do exercício do poder de sanção por órgão regulador do setor de energia elétrica. *Revista de Direito Administrativo (RDA)*, Rio de Janeiro, v. 221, p. 353-371, 2000.

_____. Público e privado no setor de saúde. *Revista de Direito Público da Economia*, Belo Horizonte, v. 3, n. 9, p. 105-154, jan./mar. 2005.

MARTINS, Leonardo Resende. Regime legal das organizações da sociedade civil de interesse público (Oscips). *Revista do Tribunal de Contas dos Municípios do Estado do Ceará*, Fortaleza, n. 15, p. 114-128, 2001/2002.

MARTINS, Sérgio Pinto. *A terceirização e o direito do trabalho*. 2. ed. São Paulo: Malheiros, 1996.

MASTROBUONO, Cristina M. Wagner. Agências reguladoras e agências executivas. *Revista Trimestral de Advocacia Pública*, São Paulo, ano VII, n. 13, p. 11-18, mar. 2001.

MATEUS, Wilson Roberto. Parceria público-privada. O novo modelo gerencial do Estado. Da outorga dos serviços públicos a particulares: o princípio da eficiência e a discussão sobre permissões e concessões, e contratos de gestão com as organizações sociais e organizações da sociedade civil de interesse público. *Direito Administrativo, Contabilidade e Administração Pública*, São Paulo, v. 9, n. 1, p. 3-28, jan. 2005.

MATOS, Mauro Roberto Gomes. Agências reguladoras e suas características. *Revista de Direito Administrativo (RDA)*, Rio de Janeiro, n. 218, p. 76, out./dez. 1999.

MAZZA, Alexandre. *Agências reguladoras*. São Paulo: Malheiros, 2005. Col. Temas de Direito Administrativo, v. 13.

MEDAUAR, Odete. *Direito administrativo moderno*. São Paulo: RT, 1996.

_____. *Direito administrativo moderno*. 5. ed. São Paulo: RT, 2001.

_____. *Direito administrativo em evolução*. 2. ed. rev., atual. e ampl. São Paulo: Revista dos Tribunais, 2003.

MEIRELLES, Hely Lopes. *Direito administrativo brasileiro*. 13. ed. São Paulo: Revista dos Tribunais, 1987.

_____. *Direito administrativo brasileiro*. São Paulo: Revista dos Tribunais, 1991.

_____. *Direito administrativo brasileiro*. 20. ed. São Paulo: Malheiros, 1995.

_____. *Direito administrativo brasileiro*. 24. ed. São Paulo: Malheiros, 1999.

_____. *Direito administrativo brasileiro*. São Paulo: Malheiros, 2000.

_____. *Direito administrativo brasileiro*. 30. ed. São Paulo: Malheiros, 1995.

MELLO, Celso Antônio Bandeira de. *Curso de direito administrativo*. 6. ed. São Paulo: Malheiros, 1995.

_____. *Curso de direito administrativo*. 11. ed. São Paulo: Malheiros, 1999.

_____. *Curso de direito administrativo*. 13. ed. São Paulo: Malheiros, 2001.

_____. *Curso de direito administrativo*. 15. ed. São Paulo: Malheiros, 2003.

_____. *Curso de direito administrativo*. 18. ed. São Paulo: Malheiros, 2005.

MELLO, Vanessa Vieira de. *Regime jurídico da competência regulamentar*. São Paulo: Dialética, 2001.

MEREGE, Luiz Carlos (Coord.); BARBOSA, Maria Nazaré (Org.). *Terceiro setor*: reflexões sobre o marco legal. Rio de Janeiro: FGV, 2001.

MERQUIOR, José Guilherme. *O liberalismo antigo e moderno*. Rio de Janeiro: Nova Fronteira, 1991.

MINISTÉRIO DA SAÚDE. Agência Nacional de Saúde Suplementar. *O impacto da regulamentação no setor de saúde suplementar*. Rio de Janeiro: ANS, 2000.

_____. *Regulação & saúde*: estrutura, evolução e perspectivas de assistência médica suplementar. Rio de Janeiro: ANS, 2002.

MODESTO, Paulo. Reforma administrativa e marco legal das organizações sociais no Brasil: as dúvidas dos juristas sobre o modelo das organizações sociais. *Boletim de Direito Administrativo (BDA)*, São Paulo, p. 231-244, abr. 1998.

_____. Agências executivas: a organização administrativa entre o casuísmo e a padronização. *Revista Diálogo Jurídico*, Salvador, v. I, n. 6, set. 2001. Disponível em: <www.direitopublico.com.br>. Acesso em: 16 mar. 2009.

MONCADA, Luís S. Cabral de. *Direito económico*. 3. ed. rev. e atual. Coimbra: Coimbra, 2000.

MONTESQUIEU. Charles-Louis de Secondat. *O espírito das leis*: as formas de governo, a federação, a divisão dos poderes, presidencialismo versus parlamentarismo. 7. ed. Intr., trad. e notas de Pedro Vieira Mota. São Paulo: Saraiva, 2000.

MONTONE, Januário. *Evolução e desafios da regulação do setor de saúde*. Rio de Janeiro: ANS, 2003. Série n. 4.

MOREIRA, Egon Bockmann. Organizações sociais, organizações da sociedade civil de interesses público e seus "vínculos contratuais" com o Estado. In: BOCKMANN, Egon; CUELLAR, Leila. *Estudos de direito econômico*. Belo Horizonte: Forum, 2004. p. 259-277.

MOREIRA, Vital. Serviço público e concorrência: a regulação no setor elétrico. In: NUNES, António José Avelãs. *Os caminhos da privatização da administração pública*. Coimbra: Coimbra, 2001. p. 223-247.

MOREIRA NETO, Diogo de Figueiredo. Arbitragem nos contratos administrativos. *Revista de Direito Administrativo (RDA)*, Rio de Janeiro, v. 209, 1997.

_____. Coordenação gerencial na administração pública: administração pública e autonomia gerencial. Contrato de gestão. Organizações sociais. A gestão associada de serviços públicos. Consórcios e convênios de cooperação. *Revista de Direito Administrativo (RDA)*, Rio de Janeiro, n. 214, p. 35-53, out./dez. 1998.

_____. *Apontamentos sobre a reforma administrativa*. Rio de Janeiro: Renovar, 1999a.

_____. *Fundações e entidades de interesse social*: aspectos jurídicos, administrativos, contábeis e tributários. Brasília: Brasília Jurídica, 1999b.

_____. *Mutações do direito administrativo*. Rio de Janeiro: Renovar, 2000.

_____. Agências reguladoras (descentralização e deslegalização). In: _____. *Mutações de direito administrativo*. 2. ed. Rio de Janeiro: Renovar, 2001a.

_____. *Mutações de direito administrativo*. 2. ed. Rio de Janeiro: Renovar, 2001b.

_____. *Curso de direito administrativo*. 13. ed. Rio de Janeiro: Forense, 2003a.

_____. Novas tendências da democracia: consenso e direito público na virada do século: o caso brasileiro. *Revista Brasileira de Direito Público*, Belo Horizonte, n. 3, 2003b.

_____. Novos institutos consensuais da ação administrativa. *Revista de Direito Administrativo (RDA)*, Rio de Janeiro, n. 231, p. 129-156, jan./mar. 2003c.

_____. *Curso de direito administrativo*. 14. ed. Rio de Janeiro: Forense, 2005.

_____. *Mutações do direito público*. Rio de Janeiro: Renovar, 2006a.

_____. O futuro das cláusulas exorbitantes nos contratos administrativos. *Revista de Direito da Associação dos Procuradores do Novo Estado do Rio de Janeiro*: parcerias público-privadas, Rio de Janeiro, v. XVIII, 2006b.

_____. *Curso de direito administrativo*. 15. ed. Rio de Janeiro: Forense, 2007.

_____. *Quatro paradigmas do direito administrativo pós-moderno*. Belo Horizonte: Fórum, 2008a.

_____. *Novas tendências da democracia: consenso e direito público na virada do século. O caso brasileiro. Revista Eletrônica sobre a Reforma do Estado (Rere)*, Salvador, n. 13, mar./abr./maio, 2008b. Disponível em: <www.direitodoestado.com/revista/RERE-13-MAR%C7O-2008-DIOGO-DE-FIGUEIREDO-MOREIRA-NETO.PDF>. Acesso em: 10 dez. 2012.

MOTTA, Paulo Roberto Ferreira. As estruturas do serviço público. *Revista de Direito Administrativo e Constitucional*, Belo Horizonte, ano 4, n. 17, p. 75, 2004.

MOURA E CASTRO, Flávio Régis Xavier de. As ONGs estão isentas de licitação para serviços ou obras de entidades públicas? *Fórum de Contratação e Gestão Pública*, ano 3, n. 27, p. 3477-3479, mar. 2004.

NOGUEIRA, Marco Aurélio. *Um Estado para a sociedade civil*: temas éticos e políticos da gestão democrática. São Paulo: Cortez, 2004.

NORONHA, Silvia. O terceiro setor: as ONGs avançam no Brasil. Solução ou problema? *Rumos*: economia & desenvolvimento para os novos tempos, São Paulo, v. 25, n. 182, p. 24-31, mar. 2001.

NUNES, Luiz Antonio Rizzato. *Comentários à lei do plano privado de assistência à saúde*. 2. ed. São Paulo: Saraiva, 2000.

NUNES, Marcos Alonso. *Agências executivas*: estratégias de reforma administrativa. Brasília: Mare/Enap, 1997. Texto para discussão, n. 18.

NUSDEO, Fábio. *Curso de economia*: introdução ao direito econômico. São Paulo: RT, 1997.

OFFE, Claus. *Capitalismo desorganizado*. São Paulo: Brasiliense, 1989.

OLIVEIRA, Fábio Corrêa Souza de. *Por uma teoria dos princípios*: o princípio constitucional da razoabilidade. Rio de Janeiro: Lumen Juris, 2003.

OLIVEIRA, Gustavo Henrique Justino de. Pregão: definindo "bens e serviços comuns". A&C: revista de direito administrativo e constitucional, Belo Horizonte, ano 3, n. 14, p. 177-183, out./dez. 2003.

_____. As Oscips e o meio ambiente. Boletim de Direito Administrativo (BDA), São Paulo, ano 20, n. 11, p. 1266-1267, nov. 2004.

_____. As Oscips e a Lei Federal nº 8.666/93. Fórum de Contratação e Gestão Pública, Belo Horizonte, ano 4, n. 46, p. 6177-6180, out. 2005a.

_____. Contrato de gestão e modernização da administração pública Brasileira. Revista Brasileira de Direito Público da Economia (RBDP), Belo Horizonte, ano. 3, n. 10, jul./set. 2005b.

_____. Direito ao desenvolvimento na Constituição de 1988. Revista de Direito Público da Economia (RDPE), Belo Horizonte, ano 3, n. 11, p. 145-162, jul./set. 2005c.

_____. Estado contratual, direito ao desenvolvimento e parceria público-privada. In: TALAMINI, Eduardo et. al. (Coord.). Parceria público-privada: uma abordagem multidisciplinar. São Paulo: RT, 2005d.

_____. O contrato de gestão na administração pública brasileira. Tese (Doutorado) – Faculdade de Direito da USP, São Paulo, 2005e.

_____. Parceria público-privada e direito ao desenvolvimento: uma abordagem necessária. Revista de Direito da Associação dos Procuradores do Novo Estado do Rio de Janeiro, v. XVII, 2005f.

OLIVEIRA, Rafael Carvalho Rezende. A constitucionalização do direito administrativo: o princípio da juridicidade, a releitura da legalidade administrativa e a legitimidade das agências reguladoras. Rio de Janeiro: Lumen Juris, 2009.

_____. Administração pública, concessões e terceiro setor. 2. ed. Rio de Janeiro: Lumen Juris, 2011a.

_____. Princípios do direito administrativo. Rio de Janeiro: Lumen Juris, 2011b.

OSÓRIO, Fábio Medina. Existe uma supremacia do interesse público sobre o privado no direito administrativo brasileiro? *Revista de Direito Administrativo (RDA)*, Rio de Janeiro, v. 220, p. 89, 2000.

OTERO, Paulo. *Legalidade e administração pública*: o sentido da vinculação administrativa à juridicidade. Coimbra: Almedina, 2003.

PAES, José Eduardo Sabo. *Fundações e entidades de interesse social*: aspectos jurídicos, administrativos, contábeis e tributários. Brasília: Brasília Jurídica, 1999.

_____. Terceiro setor: conceituação e observância dos princípios constitucionais aplicáveis à administração pública. *Fórum administrativo*: direito público, Belo Horizonte, ano 5, n. 48, p. 5093-5098, fev. 2005.

PAREJO ALFONSO, Luciano. La eficacia, principio de la actuación de la administración. In: _____. *Eficacia y administración*: tres estudios. Madri: Inap, 1995. p. 89-152.

PEREIRA JÚNIOR, Jessé Torres. *Da reforma administrativa do Estado*. Rio de Janeiro: Renovar, 1999.

PETRUCCI, Vera Schwarz (Org.). *Administração pública gerencial*: a reforma de 1995. Ensaios sobre a reforma administrativa brasileira no limiar do século XXI. Brasília: Enap, 1999.

PRATS I CATALÁ, Joan. Direito e gerenciamento nas administrações públicas: notas sobre a crise e renovação dos respectivos paradigmas. *Revista do Serviço Público*, Brasília, ano 47, v. 120, n. 2, p. 23-46, maio/ago. 1996.

RAMOS, Dora Maria de Oliveira. As organizações sociais na área de saúde: o modelo adotado no estado de São Paulo. *Idaf*, n. 5, p. 430-438, dez. 2001.

RAMOS, Saulo. Serviços de saúde prestados pela iniciativa privada e o contrato de seguro de saúde. *Cadernos de Direito Constitucional e Ciência Política*, São Paulo, ano 3, n. 12, jul./set. 1998.

RIZZARDO, Arnoldo. *Plano de assistência e seguros de saúde*. Porto Alegre: Livraria do Advogado, 1999.

ROCHA, Sílvio Luís Ferreira da. *Terceiro setor*. São Paulo: Malheiros, 2003.

ROUBAN, Luc; ZILLER, Jacques. De la modernisation de l'administration a la réforme de l'état. *Revue Française d'administration Publique*, Paris, n. 75, p. 345-354, jul./set. 1995.

SANTOS, Aricê Moacyr Amaral. Função administrativa. *Revista de Direito Público*, São Paulo, ano 22, n. 89, jan./mar. 1989.

SANTOS, Boaventura de Sousa. *Pela mão de Alice*: o social e político na pós-modernidade. São Paulo: Cortez, 1995.

SANTOS FILHO, José Carvalho dos. *Manual de direito administrativo*. 11. ed. Rio de Janeiro: Lumen Juris, 2004a.

_____. *Manual de direito administrativo*. 14. ed. Rio de Janeiro: Lumen Juris, 2004b.

SÃO PAULO (Estado). Secretaria de Planejamento e Gestão. Resolução SPG-11, de 23 de outubro de 1993. Dispõe sobre instruções para elaboração dos contratos de gestão de 1994. *Diário Oficial do Estado de São Paulo*, seção I, v. 103, n. 197, p. 7-10, 21 out. 1993.

SARLET, Ingo Wolfgang. *A eficácia dos direitos fundamentais*. 3. ed. Porto Alegre: Livraria do Advogado, 2003.

SARMENTO, Daniel. *Ponderação de interesses na Constituição Federal*. Rio de Janeiro: Lumen Juris, 2000.

_____. Supremacia do interesse público? As colisões entre os direitos fundamentais e interesse da coletividade. In: ARAGÃO, Alexandre Santos de; MARQUES NETO, Floriano de Azevedo. *Direito administrativo e seus novos paradigmas*. Belo Horizonte: Fórum, 2008. p. 125.

SENNA, Homero; MONTEIRO, Clóvis Zobaran. *Fundações*: no direito, na administração. Rio de Janeiro: FGV, 1970.

SIÈYES, Emmanuel Joseph. *A constituinte burguesa*. 4. ed. Org. e intr. de Aurélio Wander Bastos. Rio de Janeiro: Lumen Juris, 2001.

SILVANO, Ana Paula Rodrigues. *Fundações públicas e o terceiro setor*. Rio de Janeiro: Lumen Juris, 2003.

SOUTO, Marcos Juruena Villela. *Desestatização*: privatização, concessões, terceirizações e regulação. 4. ed. Rio de Janeiro: Lumen Juris, 2001.

_____. *Direito administrativo regulatório*. Rio de Janeiro: Lumen Juris, 2002.

_____. *Direito administrativo da economia*. 3. ed. Rio de Janeiro: Lumen Juris, 2003.

_____. *Direito administrativo contratual*. Rio de Janeiro: Lumen Juris, 2004a.

_____. *Direito administrativo das concessões*. Rio de Janeiro: Lumen Juris, 2004b.

_____. *Direito administrativo em debate*. Rio de Janeiro: Lumen Juris, 2004c.

_____. *Direito administrativo das parcerias*. Rio de Janeiro: Lumen Juris, 2005a.

_____. Parceria mediante convivência entre funções públicas e privadas. *Fórum Administrativo*: direito público, Belo Horizonte, ano 5, n. 54, p. 5935-5950, ago. 2005b.

_____. Criação e função social das empresas estatais: a proposta de um novo regime jurídico para as empresas sob o controle acionário estatal. In: _____ (Org.). *Direito administrativo empresarial*. Rio de Janeiro: Lumen Juris, 2006a. p. 1-10.

_____ (Org.). *Direito administrativo empresarial*. Rio de Janeiro: Lumen Juris, 2006b.

_____. *Direito administrativo em debate*. 2. ed. Rio de Janeiro: Lumen Juris, 2007.

SUNDFELD, Carlos Ari. *Direito administrativo econômico*. São Paulo: Malheiros, 2000.

_____. *Fundamentos do direito público*. 4. ed. São Paulo: Malheiros, 2007.

SZAZI, Eduardo (Org.). *Terceiro setor*: temas polêmicos. São Paulo: Petrópolis, 2004.

TÁCITO, Caio. *Temas de direito público*: estudos e pareceres. Rio de Janeiro: Renovar, 1997. v. 1.

_____. Prefácio. In: PEREIRA JÚNIOR, Jessé Torres. *Da reforma administrativa do Estado*. Rio de Janeiro: Renovar, 1999. p. 2.

TEIXEIRA JÚNIOR, Amílcar Barca; CIOTTI, Lívio Rodrigues. *Cooperativas de trabalho na administração pública*. Belo Horizonte: Mandamentos, 2003.

TORRES, Ricardo Lobo. *Direitos humanos e tributação*. Rio de Janeiro: Renovar, 1995.

_____. A legalidade tributária e seus subprincípios constitucionais. *Revista da Procuradoria Geral do Estado*, Rio de Janeiro, v. 58, p. 193-219, 2004.

_____. Prefácio. In: MOREIRA NETO, Diogo de Figueiredo. *Mutações de direito público*. Rio de Janeiro: Renovar, 2006.

TORRES, Silvia Faber. *Princípio da subsidiariedade no direito público contemporâneo*. Rio de Janeiro: Renovar, 2001.

TROIANELLI, Gabriel Lacerda. A taxa de saúde suplementar e suas inconstitucionalidades. *Revista Dialética de Direito Tributário*, São Paulo, n. 56, 2000.

VILLORIA MENDIETA, Manuel. *La modernización de la administración como instrumento al servicio de la democracia*. Madri: Inap, 1996.

Organizadores

Na contínua busca pelo aperfeiçoamento de nossos programas, o Programa de Educação Continuada da FGV Direito Rio adotou o modelo de sucesso atualmente utilizado nos demais cursos de pós-graduação da Fundação Getulio Vargas, no qual o material didático é entregue ao aluno em formato de pequenos manuais. O referido modelo oferece um material didático padronizado, de fácil manuseio e graficamente apropriado, contendo a compilação dos temas que serão abordados em sala de aula durante a realização da disciplina.

A organização dos materiais didáticos da FGV Direito Rio tem por finalidade oferecer o conteúdo de preparação prévia de nossos alunos para um melhor aproveitamento das aulas, tornando-as mais práticas e participativas.

Joaquim Falcão – diretor da FGV Direito Rio

Doutor em educação pela Université de Génève. *Master of laws* (LL.M) pela Harvard University. Bacharel em direito pela Pontifícia Universidade Católica do Rio de Janeiro (PUC-Rio).

Diretor da Escola de Direito do Rio de Janeiro da Fundação Getulio Vargas (FGV Direito Rio).

Sérgio Guerra – vice-diretor de pós-graduação da FGV Direito Rio

Doutor e mestre em direito. Professor titular da FGV Direito Rio (graduação e mestrado), na qual ocupa o cargo de vice-diretor de pós-graduação (*lato e stricto sensu*). Diretor-executivo da *Revista de Direito Administrativo (RDA)* e coordenador do mestrado profissional em Poder Judiciário. Possui pós-graduação (especialização) em direito ambiental, direito processual civil e direito empresarial e cursos de educação continuada na Northwestern School of Law e na University of California – Irvine.

Rafael Almeida – coordenador geral de pós-graduação

Doutorando em políticas públicas, estratégias e desenvolvimento pelo Instituto de Economia da UFRJ. *Master of laws* (LL.M) em *internacional business law* pela London School of Economics and Political Science (LSE). Mestre em regulação e concorrência pela Universidade Candido Mendes (Ucam). Formado pela Escola de Magistratura do Estado do Rio de Janeiro (Emerj). Bacharel em direito pela UFRJ e em economia pela Ucam.

Colaboradores

Os cursos de pós-graduação da FGV Direito Rio foram realizados graças a um conjunto de pessoas que se empenhou para que eles fossem um sucesso. Nesse conjunto bastante heterogêneo, não poderíamos deixar de mencionar a contribuição especial de nossos professores e pesquisadores em compartilhar seu conhecimento sobre questões relevantes ao direito. A FGV Direito Rio conta com um corpo de professores altamente qualificado que acompanha os trabalhos produzidos pelos pesquisadores envolvidos em meios acadêmicos diversos, parceria que resulta em uma base didática coerente com os programas apresentados.

Nosso especial agradecimento aos colaboradores da FGV Direito Rio que participaram deste projeto:

Alexandre Santos de Aragão

Mestre em direito público pela Universidade do Estado do Rio de Janeiro (Uerj), na qual é professor adjunto de direito administrativo. Doutor em direito do Estado pela Universidade de São Paulo (USP). Procurador do estado do Rio de Janeiro. Advogado.

Daniel Rosa Imbardelli

Bacharel em direito pela Universidade Federal do Rio de Janeiro (UFRJ). Advogado.

Eliana Pulcinelli

Pós-graduada em direito administrativo, mestre em direito público e doutoranda em direito pela Universidade Estácio de Sá (Unesa). Professora de direito tributário (FGV Law Program da FGV Direito Rio). Professora de direito tributário e administrativo na Universidade Gama Filho (UGF).

Gabriel Pacheco Ávila

Procurador do estado do Rio de Janeiro (2006 em diante) e assessor da presidência do Tribunal Regional do Trabalho da 1ª Região (2007 a 2009 e 2012 até a presente data). Tem curso de educação continuada em direito tributário pela FGV e é bacharel em direito pela Universidade do Estado do Rio de Janeiro (Uerj).

Gustavo Henrique Justino de Oliveira

Pós-doutor em direito administrativo pela Faculdade de Direito da Universidade de Coimbra. Doutor em direito do Estado pela Universidade de São Paulo (USP), na qual é professor de direito administrativo (graduação, mestrado e doutorado). Professor visitante de direito administrativo da Universidade de

Lisboa (2012). Integrante da Comissão de Direito do Terceiro Setor da Ordem dos Advogados do Brasil (OAB) – Seção do Estado de São Paulo. Vice-presidente do Instituto Brasileiro de Advogados do Terceiro Setor (Ibats) e diretor da *Revista de Direito do Terceiro Setor (RDTS)*. Participa das discussões sobre o papel da sociedade civil no contexto internacional, junto a agências da Organização das Nações Unidas (ONU), tais como Ecosoc, DPI e DPADM. Ex-procurador do estado do Paraná (1992-2006) e sócio-fundador do escritório Justino de Oliveira Advogados.

Julio Rogério Almeida de Souza

Procurador do estado de São Paulo. Ex-procurador do município de Itaboraí e ex-assessor jurídico da Secretaria de Estado do Ambiente. Pós-graduando em direito do Estado pela Escola Superior da Procuradoria Geral do Estado de São Paulo (ESPGE). Pós-graduado em direito privado pela Universidade Gama Filho (UGF). Graduado em direito pela Universidade Federal Fluminense (UFF).

Marcos Juruena Villela Souto (em memória)

Doutor em direito econômico e sociedade pela Universidade Gama Filho (UGF). Professor visitante da Université de Poitiers (França). Professor do mestrado em direito da Universidade Candido Mendes (Ucam) e da UGF. Presidente da Comissão de Direito Administrativo do Instituto de Arquitetos do Brasil (IAB). Membro do Instituto de Direito Administrativo do Estado do Rio de Janeiro (Idaerj). Procurador do estado do Rio de Janeiro e sócio do escritório Juruena & Associados – Advogados.

Paolo Henrique Spilotros Costa

Mestre em direito pela Universidade Candido Mendes (Ucam). Procurador do estado do Rio de Janeiro e professor de direito administrativo da Escola Superior de Advocacia Pública (Esap), da FGV, do Ibmec e da Universidade Federal Fluminense (UFF). Membro da banca de direito administrativo de concursos para procurador do estado do Rio de Janeiro. Autor dos livros *Planejamento e regulação do transporte metroviário* e *Licitações e contratos municipais*, bem como de diversos artigos sobre direito administrativo. Ex-presidente da Comissão de Licitação da Procuradoria Geral do Estado, ex-corregedor da Procuradoria Geral do Estado. Atualmente, ocupa a chefia da Coordenadoria das Procuradorias Regionais.

Patrícia Baptista

Doutora em direito do Estado pela Universidade de São Paulo (USP). Mestre em direito público pela Universidade do Estado do Rio de Janeiro (Uerj). Professora de direito administrativo da Uerj e do Programa de Mestrado em Direito da Universidade Candido Mendes (Ucam). Procuradora do estado do Rio de Janeiro.

Paulo César Melo da Cunha

Mestre em direito empresarial pela Universidade Candido Mendes (Ucam) e especialista em advocacia pública pela Universidade do Estado do Rio de Janeiro (Uerj). Coordenador adjunto de pós-graduação da FGV Direito Rio e professor dos cursos de pós-graduação em direito do Estado e da regulação e em direito empresarial da FGV. Sócio do escritório Juruena & Associados – Advogados.

Rafael Oliveira

Procurador do município do Rio de Janeiro. Doutorando em direito pela Universidade Gama Filho (UGF) e mestre em teoria do Estado e direito constitucional pela Pontifícia Universidade Católica do Rio de Janeiro (PUC-Rio). Especialista em direito do Estado pela Universidade do Estado do Rio de Janeiro (Uerj). Membro do Instituto de Direito Administrativo do Estado do Rio de Janeiro (Idaerj). Professor de direito administrativo da Escola da Magistratura do Estado do Rio de Janeiro (Emerj) e do Curso Forum. Professor dos cursos de pós-graduação da FGV, da Uerj e da Universidade Candido Mendes (Ucam). Atua como advogado e consultor jurídico.

Rafael Véras de Freitas

Professor da pós-graduação em direito do Estado e da regulação da FGV Direito Rio e da pós-graduação em direito administrativo empresarial da Universidade Candido Mendes (Ucam). Especialista em direito do Estado e da regulação pela FGV Direito Rio e em direito administrativo empresarial pela Ucam. Membro da Comissão de Energia Elétrica da OAB-RJ e do Instituto de Direito Administrativo do Estado do Rio de Janeiro (Idaerj).

Raphael Monteiro Silveira de Araújo

Pós-graduado em direito privado pela Universidade Gama Filho (UGF) e bacharel em direito pela Universidade Federal Fluminense (UFF). Advogado. Procurador do município de Maricá (RJ) e membro de diretoria da 38ª subseção da OAB-RJ – Comissão Permanente de Direito Tributário.

Rodrigo Zambão

Procurador do estado do Rio de Janeiro. Advogado. Professor dos cursos de pós-graduação da Universidade Candido Mendes (Ucam), da FGV e da Escola Superior de Advocacia Pública (Esap).

Sara Jane Leite de Farias

Professora de direito administrativo e direito constitucional econômico. Mestre em direito pela Universidade Candido Mendes (Ucam). Assessora jurídica do Tribunal de Contas do Município do Rio de Janeiro desde fevereiro de 2005.

Vânia Maria Castro de Azevedo

Graduada em comunicação social, com habilitação em jornalismo, pelas Faculdades Integradas Hélio Alonso (Facha). Especializada em *publishing management* – o negócio do livro, na FGV Rio. Atua no mercado editorial como copidesque e revisora de livros técnicos e científicos e, atualmente, como revisora do material didático dos cursos de extensão e especialização da FGV Direito Rio.

Este livro foi impresso nas oficinas gráficas da Editora Vozes Ltda.,
Rua Frei Luís, 100 – Petrópolis, RJ.